人工智能 法律概论

主　编　王崇

副主编　陈石　薛波　邢政

中山大学出版社
SUN YAT-SEN UNIVERSITY PRESS

·广州·

图书在版编目（CIP）数据

人工智能法律概论/王崇主编；陈石，薛波，邢政副主编 . —广州：中山大学出版社，2023.4

ISBN 978 - 7 - 306 - 07766 - 0

Ⅰ . ①人… 　Ⅱ . ①王… ②陈… ③薛…④邢… 　Ⅲ . ①人工智能—科学技术管理法规—研究—中国 　Ⅳ . ①D922.174

中国国家版本馆 CIP 数据核字（2023）第 048401 号

出　版　人：王天琪
策划编辑：李先萍
责任编辑：李先萍
封面设计：曾　斌
责任校对：卢思敏
责任技编：靳晓虹
出版发行：中山大学出版社
电　　话：编辑部 020 - 84110283，84113349，84111997，84110779，84110776
　　　　　发行部 020 - 84111998，84111981，84111160
地　　址：广州市新港西路 135 号
邮　　编：510275　　　　传　真：020 - 84036565
网　　址：http://www.zsup.com.cn　　E-mail：zdcbs@ mail. sysu. edu. cn
印　刷　者：广东虎彩云印刷有限公司
规　　格：787mm×1092mm　　1/16　　17.375 印张　　315 千字
版次印次：2023 年 4 月第 1 版　　2023 年 11 月第 2 次印刷
定　　价：62.00 元

本教材获"中山大学本科教学改革与教学质量工程项目""南方海洋科学与工程广东省实验室（珠海）资助项目（项目号：SML2020SP005）"的资助

编 委 会

主　编：王　崇

副主编：陈　石　薛　波　邢　政

成　员（按姓氏音序排列）：

柏祎雯　黄俊杰　雷飞飞　刘恩池

彭玉瑶　王灏琳　王梓洺　张煦之

章芷凡

序

黄　瑶

　　人工智能是新一轮科技革命和产业变革的重要驱动力，随着其与经济社会生活深度融合，对法学在内的各学科的发展也提出了新的挑战和新的要求。法律既有相对稳定的一面，也有因应前沿、动态革新的一面。法律与人工智能之间的关系是什么？在人工智能的影响下，法律在当下及未来的变化又该当如何？这些问题是人工智能和法学两大领域在学界和实务界都密切关注的问题。王崇老师在他主编的教材《人工智能法律概论》中围绕这些问题展开了系统的阐释，并运用多种研究方法深度剖析了人工智能与法律的深刻连接。

　　《人工智能法律概论》一书从基本概念出发，立足实践与理论，放眼国内和国际，旨在从法学视角厘清法律与人工智能的本质关系，并在总结现有经验的基础上，探索我国法律今后在相关领域的努力方向与目标。具体而言，作者以部门法为切入点，将人工智能在刑法、民法、诉讼法及经济法中所出现的问题分别展开分析，详细论述了在现有法律框架下人工智能对法学传统理论、基本概念、制度归属和认定所产生的影响。在动态实践方面，本书通过分析人工智能在立法、行政、司法过程中的应用实例和经验，展现了我国在全面建设法治化国家的进程中与人工智能的紧密关联。值得称赞的是，作者聚焦于国际人权法、国际海洋法和武装冲突法，对人工智能的相关国际法问题也进行了系统性梳理，这也是当前国际法最前沿的热点法律问题之一，或将影响到未来国际法规则的修改与发展。

　　目前，我国在人工智能领域的法治水平还有待进一步提升，许多规则还亟待修正、完善。本书作者以前瞻性的眼光，深入探讨人工智能和法律两门学科背后的原理，将研究成果凝练于此书，以助益我国未来人工智能法治体系的构建，也为后来的研究者奠定了良好的基础。

　　我作为王崇老师的同事及同行，对其研究成果即将付梓表示祝贺，也深为他在研究上的进步而高兴，衷心希望他在未来的学术研究中能够致知力行，勇攀新的高峰，贡献更多的智识成果。

是为序。

2023 年 3 月 31 日于广州康乐园

[黄瑶：中山大学法学院教授、博士研究生导师，逸仙优秀学者；南方海洋科学与工程广东省实验室（珠海）海洋法团队首席科学家]

目　　录

第一编

导 论

第一章　法律与人工智能的基本问题

作为计算机学科的一个分支，人工智能是研究、开发用于模拟、延伸和扩展人的智能的理论、方法、技术及应用系统的一门新的技术科学。从事与人工智能相关工作的人既要懂得技术性知识，又应熟悉与人工智能领域相关的，包括法学在内的社会科学知识，否则整个人工智能技术行业的发展会处于无序的、无规制的状态。相比较传统的立法领域，目前学界对人工智能的立法及相关法学理论的研究仍处于起步阶段，多数基本问题亟待达成共识。尽管如此，我国已经开始逐步重视人工智能的立法规制问题。从 2017 年首次将人工智能相关内容写进《2017 年国务院政府工作报告》，到 2019 年第十三届全国人民代表大会第二次会议将其正式列入立法规划，国家对人工智能的调整与规制是稳步推进的。在具体研究人工智能与各部门法相结合的若干问题前，我们应首先把握一些基本问题。

第一节　法律与人工智能的相关概念

法律与人工智能所涉及的概念比较多，不同学者对相关名词的使用也有一定的差别，我们应从概念之间的包容关系出发，正确地厘清法律与人工智能的概念或概念群。本书所谈及的法律与人工智能主要侧重于人工智能的法律问题，即将人工智能置于法学学科的视野下来分析其中的法律问题，而不是割裂性地分析法学与人工智能学两个问题。因此，在辨析相关概念的过程中，也指的是诸多具有一定联系的法学概念。

一、法律与人工智能相关概念的界定

（一）智慧法治与智慧法学

智慧法治，是信息化时代网络技术、大数据、云计算、人工智能、区块链与立法、行政执法、司法、守法活动相结合而使法治呈现动态运行过

程的一种新的法治形态。以互联网、物联网、云计算、大数据、人工智能、区块链为代表的现代信息科学技术使人类的生产方式、生活方式和思维方式都发生了深刻的变革，这些现代科技牵引着人类社会跨入了智能社会。智慧法治有狭义和广义之分，狭义的智慧法治是指充分运用互联网与人工智能技术的法治类型，广义的智慧法治是指运用现代科技和发挥人类思维智慧以实现法律正义的法治。智慧法治就是运用人类智慧解决法治理论和实践问题的一种高级的法治形态，其特征是：法治运行的智能性、正义实现的必然性、问题解决的准确性、证据确定的快速性、信息处理的丰富性、逻辑思维的健全性、价值判断的正确性、判决结论的质优性。

2003年，中国智能自动化会议（中国香港）提出了"智能法学"的学科设想。2018年11月，习近平总书记在主持十九届中共中央政治局第十次集体学习时指出，要加强对人工智能发展潜在风险的研判和防范，维护人民利益和国家安全，确保人工智能安全、可靠、可控。要整合多学科力量，加强对人工智能相关法律、伦理、社会问题的研究，建立健全保障人工智能健康发展的法律法规、制度体系、伦理道德。为此，2021年9月25日，为促进人工智能健康发展，《新一代人工智能伦理规范》发布，旨在将伦理融入人工智能全生命周期，为从事人工智能相关活动的自然人、法人和其他机构等提供伦理指引，促进人工智能健康发展。可见，未来针对人工智能出台相关立法是可期的。

智慧法学，是以网络法、数据法与人工智能法领域为研究对象的新型法学学科。随着人工智能技术渗透到人类生活的方方面面，国家有必要出台相应的法律以适应人工智能时代的发展。既要推动人工智能与法治的深度融合，推动人工智能在法治领域、司法领域、社会治理领域的应用；也要积极推动人工智能法治建设，把人工智能发展纳入法治轨道，促进、保障人工智能健康有序发展，解决人工智能可能出现的风险和挑战等问题。目前，西南政法大学设立了人工智能法学院，以"智慧法治研究前沿、法律实务教育高地"为发展目标，于2018年在全国率先增设"人工智能法学"二级学科，涵盖数据法学、网络法学、算法规制和计算法学四个方向，旨在培养深谙规则和精通技术的复合型双料人才，以满足人工智能时代对"人工智能+法律"横向复合型人才的渴求。

（二）大数据、人工智能、互联网与计算法治

除了智慧法治这一概念，还有很多相关的概念，其中最为重要的近似

概念是大数据法治。大数据法治，强调的是经由大数据这一工具性手段分析法治的实践运行，提升法治的实施效果，实现基于数据的科学决策，助力法治效能的实现。运用大数据这一技术，使得法治决策从原来的依靠自身判断变为依靠数据判断，从效果上来看，表现更为智能、精准和高效。大数据法治在全面运行的过程中，需要法律规范为其保驾护航。2021年9月，《中华人民共和国数据安全法》（简称《数据安全法》）开始施行，该法对使用大数据从事相关活动及数据安全等问题进行了全面的规范。随着《数据安全法》的出台，我国在网络与信息安全领域的法律法规体系得到了进一步的完善。

数据是人工智能得以运行的基础，人工智能是数据集成的一种表现形态。人工智能强调的是由人类制造出来的机器所表现出来的智能。人工智能的运行、发展离不开大数据的支持，也无法完全脱离计算机程序及相应的数据编码，而大数据运行的实体产物或载体也不只是人工智能一种，比如绝大多数电子计算机就不具备人工智能的基本属性，但它却是大数据运行的另一种载体。因此，虽然我们习惯称呼"大数据与人工智能"，但是两者之间的关系却并不一定是并列的。人工智能的历史最早可追溯至1956年，然而它引起世界的广泛关注并被广泛运用却是在2016年之后。人工智能法治是一个新概念、新理念、新领域，是伴随着人工智能的发展而产生的，是人工智能时代法治发展的必然需求。这个概念是在2018年世界人工智能大会期间，由上海市法学会联合相关单位共同主办的"人工智能与法治"高端研讨会上所提出的。因此，从时间来看，相比数据立法，我国对人工智能进行立法的进度稍为滞后。

如果说人工智能体现的是大数据运行载体或产物中更为"灵活"的一面，那么互联网与计算机表现的就是其中相对"死板"的一面，因为互联网与计算机本身不具备人工智能的属性。包括我国在内的绝大多数国家在互联网与计算机领域都出台了相关的立法。以我国为例，在《数据安全法》出台至施行以前，2016年就曾出台了《中华人民共和国网络安全法》（简称《网络安全法》），其立法的目的是保障网络安全，维护网络空间主权和国家安全、社会公共利益，保护公民、法人和其他组织的合法权益，促进经济社会信息化健康发展。虽然网络空间的构建和相应设备设施的运行与大数据紧密相关，但是该法与《数据安全法》之间还是存在较大的差别，与人工智能这一新兴领域之间的交集并不多。

二、法律与人工智能相关概念间的关联

在理解法律与人工智能相关概念时，需要理解一个关键性的问题，即：研究法律与人工智能的本质究竟是人工智能问题的法律化，还是法律问题的人工智能化？对此，法学理论学界有两种不同的回应。

一种观点支持法律问题的人工智能化。这种观点的支持者认为，法律与人工智能本身不是一个真正的、单纯的法律问题，需要那些具备深厚的人工智能技术基础的人去研究。从事法学领域相关研究的人此时要做的只是从社会科学的角度分析科学家所构造出的"代码"，并使之保持立法逻辑上的协调，实质上仍是通过计算机科学与逻辑学的方法，将这一研究最终归于计算机代码之中，比如人工智能司法应用的技术建设。实际上，依靠技术来解决某个法律问题，并由此推动法律规范形成的做法并不少见，甚至有许多法律规范的制定和推动本身是由自然科学家所牵头和带动的。例如，国际法委员会在研究大陆架划界问题时，就接受了由水文地理学家组成的专家委员会的建议，把适用于领海划界的等距离方法，类推后适用于大陆架划界，这种等距离的划界方法最终形成一种法律规范被纳入1958 年《大陆架公约》，成为该公约缔约国解决划界问题的主要方式。

另一种观点支持人工智能问题的法律化。这种观点的支持者认为，只有人工智能问题的法律化才是法学研究的对象，而法律问题的人工智能化不是一个真正的法学问题。例如，构建出人工智能时代的"自动售货机式法院"属于人工智能司法应用的技术建设，不属于法学研究的对象。法学研究的方向只能是解决智慧司法与法治理念的矛盾、现行制度的冲突、新型制度的构建、法律风险的防范等问题，而不是解决一个技术操作问题。这一观点明显与前者不同，其侧重的方向是法律，而不再是技术。

实际上，厘清是技术问题还是法律问题是区分"智慧法治"与"智慧法学"两个概念的关键。从这个角度来看，"智慧法治"这个概念更为广泛，它既包括人工智能问题的法律化，又包括法律问题的人工智能化。因为，智慧法治是指运用各种高新技术来更好地实现法治社会，它是一个动态的过程，其目的不仅是要"技术硬"，还要"制度好"。只有在接受动静结合的磨砺之后，才能建设智慧法治社会。否则，如果技术不达标，那就不可能存在"智慧"这一说法；而如果制度本身出了问题，以致无法解决人工智能在发展和运行中所产生的现实问题，那自然也不能称之为

实现了"法治"。但是智慧法学则局限于解决其中的法学问题，即只能是人工智能问题的法律化，因为"智慧法学"一词最终落脚在某一学科，即"法学"之中，而对它的体系构建则直接关系到"数据法学""网络法学"等新型学科的发展。因此，这些概念之间的区别是比较明显的。

除此之外，在理解法律与人工智能相关概念间的关系时，还要注意不同概念之间的交叉性。从智慧法治的产生来看，它源于互联网、物联网、云计算、大数据、人工智能、区块链等现代信息科学技术，而人工智能只是这些技术中的一个部分。因此，智慧法治本身能够包容大数据、人工智能、互联网与计算法治等下位的概念。当需要研究的领域已经不单是人工智能、物联网或大数据的法治建设问题时，或者所要研究的这些问题涉及多个技术性领域时，我们就会广义地使用"智慧"这一概念。然而，人工智能在操作和使用的过程中必然会与其他的几个领域发生交叉和重叠，其运用也会伴随着大数据、互联网及云计算的使用。这表明，大数据、人工智能、物联网和互联网等概念之间并非互相孤立，彼此之间还存在着概念上的交叉，而这也是使用"智慧法治"这一概念的原因之一。研究法律与人工智能的相关问题必然会涉及数据法学等相关学科的知识，我们建议采用广义的概念来理解法律与人工智能，而不是孤立地研究人工智能的法律问题，那会使所要研究的领域变得相对狭窄。

第二节　法律与人工智能的发展

一、人工智能发展的简要概况

1956 年，在达特茅斯学院举办的"达特茅斯夏季人工智能研究计划"会议首次提出了人工智能的概念，这是人工智能（AI）确定名称、明确使命的一次历史性会议。自此之后，人工智能历经了低谷与高潮交替起伏的 60 多年发展历程。2016 年 3 月 9 日，谷歌研发的深度学习人工智能项目阿尔法围棋（AlphaGo）以 4∶1 的压倒性优势战胜围棋顶尖高手李世石（韩国）。2017 年，阿尔法围棋又战胜了围棋世界冠军柯洁（中国）。这两次胜利，标志着人工智能技术已经发展到了相当高的水平，人工智能机器甚至已经具备了独立思考学习、战胜人类思维的强大能力。

7

中国人工智能产业于 2014 年兴起，随后涌现出了一批优秀的创业公司。2017 年，中国人工智能行业的企业总数就达到 670 家，占全球人工智能企业总数的 11.10%。2019—2020 年，中国人工智能产业发展迅猛，人工智能技术进步与行业发展的数据、算法、算力条件日益成熟，智能芯片、智能无人机、智能网联汽车、智能机器人等细分产业，以及医疗健康、金融、供应链、交通、制造、家居、轨道交通等重点应用领域势头良好。截至 2017 年，欧洲人工智能企业总数为 657 家，约占全球人工智能企业总数的 10.88%。其中，英国人工智能企业的数量最多，有 267 家，占全球人工智能企业总数的 4.42%。相比欧洲、中国而言，美国的人工智能企业数量更多，其科研及技术发展也走在了世界的前列。截至 2017 年，美国拥有人工智能企业 2905 家，约占全球人工智能企业总数的 48.11%，位列全球第一。美国的这些人工智能企业主要集中在旧金山湾区、大洛杉矶地区及纽约。其中，加州人工智能企业数量达到 1155 家，占全球人工智能企业总数的 19.13%。[①]

二、人工智能法治发展的总体方向与趋势

在我国，人工智能法治发展的研究与运用大体可以分为以下几个阶段，不同阶段的基本特征有一定的差别。

（一）宏观规划与人工智能创新应用先导区

第一个阶段是整体的规划阶段。2017 年 7 月 8 日，中国政府发布《新一代人工智能发展规划》，重点对 2030 年我国新一代人工智能发展的总体思路、战略目标和主要任务、保障措施进行系统地规划和部署。虽然该规划并不是一部系统的法律规范，但却是未来人工智能立法的重要基础，同时，该规划也对我国未来人工智能发展的重要方向进行了指引。在此基础上，国内各个省份也相继发布了人工智能指导规划。截至 2019 年，我国就有 19 个省份发布了相关的规划，其中上海、深圳、青岛等地还制订了具体的产业规模发展目标，并形成了首批人工智能创新应用先导区。

---

① 数据来源：《2018—2023 年中国人工智能行业市场前瞻与投资战略规划分析报告》。

阅读拓展

2021年，工业和信息化部印发通知，支持创建北京、天津（滨海新区）、杭州、广州、成都国家人工智能创新应用先导区。根据工业和信息化部的要求，国家人工智能创新应用先导区建设要坚持应用牵引，开放场景带动产业落地；坚持改革创新，用新思路、新机制激发活力；坚持部省联动，优势互补形成工作合力；坚持特色发展，因地制宜发展智能经济。

截至2021年，全国人工智能创新应用先导区已增至8个。国家支持成立先导区，主要是希望这些地区能够在人工智能创新应用等方面发挥积极的示范作用。评价是否适宜建立先导区的因素是多方面的，包括良好的产业发展环境、丰富的应用场景、产业格局、整体经济实力等。一旦获批成立先导区，这些城市将会在特定区域内打造人工智能产业集群高地，利用国家所提供的优惠政策来建立相应的技术平台，并与诸多的合作项目签约，使其利用好现行的政策优势，突破人工智能发展的技术瓶颈。

以杭州为例，在获批成立先导区之后到2023年，杭州制订的目标是：杭州人工智能总体发展水平将达到全国领先、国际先进，城市数字治理模式创新取得显著成果，智造赋能能力获得明显提升，数据"采集—交易—使用"过程得到有效规范，公共服务平台基础支撑能力更强大。①

（二）由宏观规划逐步转向出台具体措施

在2017年7月8日国家发布《新一代人工智能发展规划》的基础上，国务院各部委、各地方政府在产业、科研、教育、环境、智能汽车等具体领域逐步出台落地政策，并在具体领域制定相关规范的细致化措施。例如，在教育方面，2018年4月，教育部出台了《高等学校人工智能创新行动计划》；2020年，国家发展和改革委员会（简称"发改委"）等部门出台了《智能汽车创新发展战略》。除了各部委，我国不同省市也结合自身发展的实际，制定了相关规范性文件，例如，2020年2月广东省发改

---

① 《工业和信息化部支持创建北京、天津（滨海新区）、杭州、广州、成都国家人工智能创新应用先导区》，见中华人民共和国中央人民政府网（http://www.gov.cn/xinwen/2021-02/20/content_5587935.htm），访问日期：2022年2月20日。

委公布的《广州人工智能与数字经济试验区建设总体方案》、2020 年 5 月上海市政府常务会议审议通过的《上海市推进新型基础设施建设行动方案（2020—2022 年）》等。尽管这些规范性文件不能被称为法律，但是，这些规范性文件具有明显的针对性，其制定的主要目的是解决人工智能发展过程面对的一些具体问题，而不再只是做方向性的规划。

（三）制度规范逐渐体系化

从宏观规划再到具体措施，这些与人工智能相关的规范性文件大多是结合实际的需要而制定的技术性规范，其系统性、逻辑性还有待进一步完善，多数规范还不能发挥类似法律的调整作用。但是自 2021 年开始，人工智能的立法问题已逐步得到学者的关注。现在人工智能技术的发展对制度规范的要求已逐步提高，传统的技术性规范或一般性的发展战略已不能满足当下调整和规范人工智能活动的现实需要。因此，未来人工智能的相关制度体系会更加完善，但总体仍保持着"制度、规范、原则先行，规制审慎"的趋势。实际上，我国已经进行了一些尝试，2022 年 9 月 6 日，我国首部人工智能产业专项立法——《深圳市经济特区人工智能产业促进条例》正式公布，该条例提出创新产品准入制度，对于国家、地方尚未制定标准但符合国际先进产品标准或者规范的低风险人工智能产品和服务，允许其通过测试、试验、试点等方式开展先试先行。

阅读拓展

如何看待法律与政策之间的关系？[①]

在法政策学的视角下，应该着眼于法的工具性、合目的性以审视法律如何实现政策目标。同时也应立足于政策的正当性、合法性和可行性以检视政策是否适合转化为法律。简而言之，法政策学试图在"法"与"公共政策"之间寻求一个相对平衡的衔接关系。正如日本学者平井宜雄所指出的："法政策学的目的，是提供一个有关法制度设计的批判与论辩的场合，法的正当性不在于权威学者的观点，也不在于最高法院的判决，而是经过反复评价、批评而不倒之实践经验，而这种实践可以通过政策的表达和在社会中的运用进行。"

---

① ［日］平井宜雄：《追寻"法的思考样式"：三十五年回顾与展望》，章程译，载《北航法律评论》2014 年第 1 期，第 24 页。

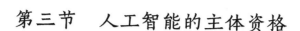

第三节 人工智能的主体资格

一、人工智能主体资格的理论争辩

对于人工智能是否具有法律主体地位，在理论界一直存在着较大的争议。所谓主体资格，即人工智能系统可以在法律层面上成为人这一主体，从而享有相应的权利，承担相应的义务。人工智能的主体资格问题是研究具体领域里其他相关问题的前提和基础。实践中，一些案例为这一问题提供了更多的思考空间。例如，2016 年美国国家公路交通安全管理局表示，根据美国联邦法律，谷歌自动驾驶汽车中的自动驾驶系统可被视为"驾驶员"；2017 年，沙特阿拉伯授予香港汉森机器人公司生产的机器人索菲亚以公民身份；等等。这些案例引发学者深思，不同学者对此问题的认识存在较大的差别。这也吸引了学界就人工智能主体资格的认定问题开展讨论。归纳起来，大体可以分为以下三种观点。

（一）否定论

有的学者认为人工智能拥有类似人类的智能，但是并未发展出人类理性，也不能为自己立法，不可取得类似自然人的法律主体地位。[①] 人工智能超强的智能蕴含着巨大的风险，必须处于人类的支配和控制之下，只能是法律关系客体，而非主体。鉴于人工智能的智能性和自主性，可以将高度智能化的人工智能作为客体中的特殊物，予以特殊的法律规制。机器人或者是目前已经具有深度学习能力的人工智能，归根结底是人类创造的，服务于生产的工具，人工智能也只是算法等软件的代理，其传递的是用户要求的信息，因此无法具有法律人格和行为能力。从主观来说，人工智能既没有基于内心观察（认识）、判断、选择等一系列复杂行为构成的意思能力，也没有独立的财产能力和责任能力，因此，其无法被赋予人格。

---

① 刘洪华：《论人工智能的法律地位》，载《政治与法律》2019 年第 1 期，第 11 – 12 页。

（二）肯定论

有的学者认为人工智能应当具备权利主体的资格。[①] 一方面，赋予机器人公民身份实际上是因为机器人的发展日益影响到了人们的日常和社会生活，其生产、服务和交互等活动越来越多地涉及各种权利和责任问题，这些发展迫使人们开始考虑赋予其身份，以便理清相关的法律和伦理上的问题。另一方面，越来越多的案例已经表明，许多人工智能设备已经不能完全处于人类的控制之下。例如，"许霆案""数字妓院案"，还有2015年"德国大众汽车公司的机器人杀人"事件。就目前来看，现有的法律一般都以意外事件处理，最多涉及民事上的赔偿问题，他们认为机器人本身不具备独立的意识，因而也就不具备"自主犯罪"的能力。但是，"阿尔法狗零"（AlphaGo Zero）已证明智能机器人完全有自我学习的能力，它们或许在未来的世界具备"独立的意识"或"自主犯罪"的能力。所以，否定论的观点并非毫无瑕疵。况且，从法律上来说，将某一种不存在生命的物质进行法律上的拟制已有过成熟的先例，因此可以类比对法人的规定来赋予人工智能以法律人格。

（三）折中论

有学者认为智能机器人民事法律地位的认定应以"理性本位"为理念，以"理性"作为智能机器人享有民事主体地位的依据。[②] 将"理性"具化为智能机器人的智能化程度与理性指数，把机器人划分为"无民事行为能力的机器人""限制民事行为能力机器人"和"完全民事行为能力机器人"三种类型，再据此明确不同法律地位的智能机器人民事权利、义务与责任的范围。因此，智能机器人是否具备相应的法律主体资格，还要结合它本身的实际情况来定，不宜一概而论。

二、人工智能的类型对主体资格的影响

关于人工智能主体资格的理论争辩，我们应认识到，无论是哪种情

---

① 周详：《智能机器人"权利主体论"之提倡》，载《法学》2019年第10期，第3－17页。
② 叶明、朱静洁：《理性本位视野下智能机器人民事法律地位的认定》，载《河北法学》2019年第6期，第10－21页。

况，人工智能都是一个相对较为广泛的概念，针对不同种类的人工智能，在面对其是否具有主体资格这一问题时不能一概而论。因此，如何将一部分人工智能排除在主体地位之外，而又将另一部分人工智能纳入主体地位之中，便是这个主体问题的核心与关键。对于主体的资格问题，有很多学者提出了他们的划分依据，比如，有学者在其著作中就认为，人工智能的智能性能精准地被研发者、使用者所控制和识别是一个非常重要的因素。如果研发者和使用者无法做到，就意味着人工智能拥有自我意识，可以属于具有主体资格的那一类，相反则无。但目前学界较为通行的一种说法是以人工智能的"强弱"为主体资格获取的依据。

1980 年，约翰·塞尔（John Searle）在《心灵、语言与程序》一书中将人工智能划分为强人工智能与弱人工智能，这也是当下研究人工智能分类最主要的技术划分手段。塞尔强调人工智能本身就具有思维，也有自己的"心智体系"。据此，人工智能按强弱划分，大体可以分为两种类型。

（一）强人工智能

强人工智能是指那些具有相当程度人类智慧，且在未来将逐步提升甚至有可能完全超越人类智慧的智能型机器或个体。[1] 塞尔认为强人工智能就是一个足以产生人类所具有的那种心灵或意识的计算机。[2] 创新工场董事长兼首席执行官李开复对强人工智能与弱人工智能在特性上进行了区分，使得这层理论分界线变得更为清晰。在他看来，强人工智能有如下特性：①可以通过学习、训练等方式扩大知识储备、提高认知水平；②可以进行包括常识性知识的知识表示；③可以在存在不确定因素的情况下推理和解决问题；④可以使用自然语言进行沟通交流；⑤可以进行规划，实现既定目标。能够具备这些特性的人工智能应归为强人工智能，反之，若不能完全具备这些要素或具备这些要素但仍有瑕疵的，则为弱人工智能。

（二）弱人工智能

如果某种类型的计算机不具备人类智慧，其编程也无法产生人类所具

---

① 朱凌珂：《赋予强人工智能法律主体地位的路径与限度》，载《广东社会科学》2021 年第 5 期，第 240 – 242 页。

② ［美］约翰·塞尔：《心灵、语言与程序》，见［英］玛格丽特·博登编《人工智能哲学》，刘西瑞、王汉琦译，上海译文出版社 2001 年版，第 90 – 102 页。

有的那种心灵和意识的，就属于弱人工智能。与强人工智能所不同的是，弱人工智能完全受控于人类的操作，脱离人的控制就无法正常、自主地运行。换言之，我们还可以通过观察人工智能的行为是否超过研发设计的预料来判断其强弱问题。如果人工智能的行为及所做出的意思表示完全是其研发生产者与使用者所为，则意味着其受控于人，应称之为弱人工智能，不具有相应的自主性，这一理论被称为受控性理论。受控性理论有很明显的动态特征，它并不能直接通过外观来进行识别，而是需要观察人工智能的实际活动及变化，并判断这些活动是否完全地被研发者和使用者所控制或应当被控制。对于人工智能那些明显超出控制，且在合理的操作和使用中完全不能预料的行为，就应当被判定是强人工智能。

阅读拓展

是否有其他标准来界定强人工智能与弱人工智能？①

除了受控性理论之外，有学者从人工智能运行的内部机理出发，认为意识和智能这些认知行为是通过一个"控制—反馈"循环系统实现的。仅有意识和单纯的智能并不一定能够被视为强人工智能，它们可能还是一些低等的生物或动物，但如果它们拥有了自反性，即不断地对目标向自身输入反馈信号，进而指挥自我进行输出和行动，那么它可能就符合了真正意义上的人工智能，也就具备了作为主体的资格。

第四节　法律与人工智能的特色研究方法

"人工智能法律概论"是一门具备双重学科属性的课程，因此，其研究方法既包括传统的法学研究方法，例如文献研究法、比较研究法、实地调研法等，也包括学科交叉研究法。大部分学科在研究的过程中都会用到传统的研究方法，不太具有鲜明性，而学科交叉研究法则是一种比较有研究特色的方法。

---

① 魏屹东：《论具身人工智能的可能性和必要性》，载《人文杂志》2021年第2期，第5页。

一、学科交叉研究法的基本概述

学科交叉研究法，又称跨学科研究法，是一种运用多学科的理论、方法和成果，并从整体上对某一问题进行综合研究的方法。相较于文献研究法、比较研究法和实地调研法等传统法学研究方法，学科交叉研究法为研究者提供了更为广阔的思考路径。正如学者所言："在人类思想史上，重大成果的发现常常发生在两条不同的思维路线的交叉点上。"[①] 对于研究而言，跨学科的思维与方法具有不可替代的重要作用。

学科交叉研究法可综合概括为6种：①观同察异法，即通过最简单的比较方法找出各个学科之间的联系与区别。②话语移植法，即创造性地进行学科间话语的迁移以解释研究中的新现象。③互补共融法，即通过多学科之间的多向互动达到由局部交叉到全局交叉的推演。④连锁辐射法，即在多学科间进行创造性的联想和探索，从而产生连锁反应。⑤辐集聚焦法，即将多门学科聚合于一个主题上，有机组合并全方位地集中攻关。⑥横断综析法，即在多学科中截取某一或某些特定的共同侧面作为对象进行综合研究。这几种具体的学科交叉研究方法中，每一种研究方法都有其特定的、最佳的适用范围，它们之间亦可两两组合或多个融合，以帮助研究者更好地从事学科交叉的研究。学科交叉研究法的应用已较为普遍。在进行学术研究时，不同于以往只拘泥于某一学科研究领域，越来越多的学者倾向于综合两个或多个学科以进行学科间的交叉分析。

在法律与人工智能这一新兴研究领域中，学科交叉研究法也不可或缺。无论是探析人工智能对法律运行机制的影响，抑或是研究人工智能产品对现有法律的冲击，都离不开"法律＋科学"式的跨学科综合研究。例如，在进行"无人船与无人设备相关法律问题"的研究时，我们至少需要经过以下四个步骤（见图1-1）。而在"深入研究无人船舶、无人机和潜航器等的科学属性与运用原理"这一步骤中就离不开海洋科学与人工智能两个学科的知识辅助，想要更深入完善地研究这一课题，就必须对海洋科学与人工智能领域的知识有所涉猎，即使不能做到"知其所以然"，也至少需要做到"知其然"，以便后续研究的有序、顺利开展。

---

① 路甬祥：《学科交叉与交叉科学的意义》，载《中国科学院院刊》2005年第1期，第58-60页。

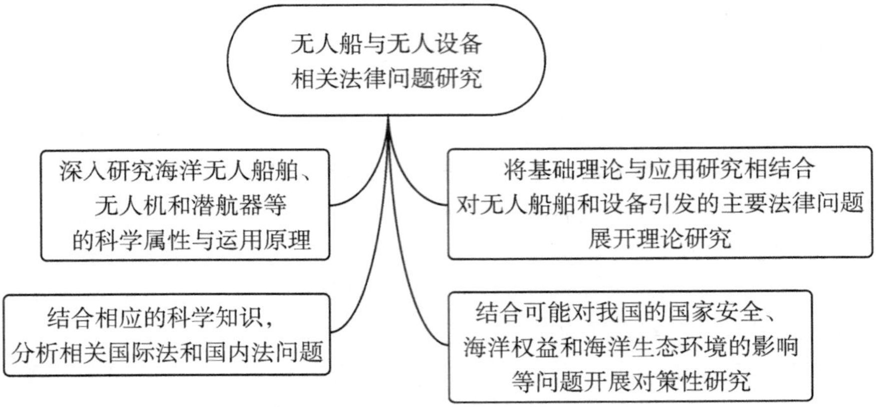

图 1-1　"无人船与无人设备相关法律问题"的研究步骤

二、学科交叉研究法的体现

本书选取了一篇较为典型的论文向大家展现在研究中运用学科交叉研究法的重要性，并说明在研究中如何运用学科交叉研究法。在王晨光教授的文章①中，他综合运用了医学、药学、公共卫生学、法学、经济学等多学科的知识，对《中华人民共和国疫苗管理法》（简称《疫苗管理法》）中的部分法条设置进行了一定的剖析。该法的内容包括了总则、疫苗研制和注册、疫苗生产和批签发、疫苗流通、预防接种、异常反应监测和处理、疫苗上市后管理、保障措施、监督管理、法律责任及附则共十一个部分。现从以下两个切入点来探讨学科交叉研究法在《疫苗管理法》相关研究中的运用。

（一）为何单独设置"异常反应监测和处理"这一部分

设置"异常反应监测和处理"这一部分就是充分结合医学、药学和免疫预防学等方面的知识的重要表现。我们必须先对疫苗的属性有一定的了解——疫苗属于一种生物制品，是灭活或者减活的病毒，通过将其注入

---

① 参见王晨光《时代发展、学科交叉和法学领域拓展：以卫生法学为例》，载《应用法学评论》2019 年第 1 期，第 3-19 页。

人体以起到激活人体对此种病毒的免疫力的作用，在控制和消灭传染病方面具有不可或缺的作用。然而，任何的科学都存在自身的边界，在疫苗的研发中，难免会遇到医学、药学上的局限。接种疫苗后无法完全避免极少数不良后果的出现，因此要对疫苗接种后的"异常反应"进行严密的监测，并在"异常反应"发生并导致人体严重损伤时进行及时妥当的处理。

（二）为何规定的是"异常反应"而非"不良反应"

对于"异常反应"和"不良反应"这两个概念的区分，不仅要了解这两个概念的表述，还要了解这些概念背后所涉及的医学及药学的原理，只有这样才能深入了解不同反应形成的一般规律。例如，"异常反应"是指没有任何过错而产生的且现代医学无法解决的现象，而"不良反应"是指在生产、流通或使用中因过错而产生的伤害后果。又因为《疫苗管理法》在其他的部分中已然对生产、流通、使用等过程的管理做出了相应的规定，对于人力可控的因素所造成的后果已做安排，那么在本部分中，便要对非人力可控的因素进行处理。因此，在这里选用的是人力所不可控的"异常反应"而非人为过错造成的"不良反应"。

（三）对该法第五十二条①的分析

可以看到，《疫苗管理法》第五十二条第（四）项规定的是疫苗接种中的"偶合症"，即受种者正处于某种疾病的潜伏期，或存在尚未发现的基础疾病，接种后偶合发病，它与预防接种无因果关系，纯属巧合，即不论接种与否，这种疾病都必将发生。第（六）项规定的是"心因性反应"，即接种疫苗者因自身心理因素而产生的一种以精神症状为主的临床

---

① 第五十二条　预防接种异常反应，是指合格的疫苗在实施规范接种过程中或者实施规范接种后造成受种者机体组织器官、功能损害，相关各方均无过错的药品不良反应。

下列情形不属于预防接种异常反应：

（一）因疫苗本身特性引起的接种后一般反应；

（二）因疫苗质量问题给受种者造成的损害；

（三）因接种单位违反预防接种工作规范、免疫程序、疫苗使用指导原则、接种方案给受种者造成的损害；

（四）受种者在接种时正处于某种疾病的潜伏期或者前驱期，接种后偶合发病；

（五）受种者有疫苗说明书规定的接种禁忌，在接种前受种者或者其监护人未如实提供受种者的健康状况和接种禁忌等情况，接种后受种者原有疾病急性复发或者病情加重；

（六）因心理因素发生的个体或者群体的心因性反应。

反应，这种反应最多与注射疫苗给人体造成的微弱刺激有关，实质上与疫苗针剂本身并无关系。不同于其他四项中明显的他人过错的情形，结合医学知识可见，第（四）项与第（六）项更多与接种者自身的身体状况与精神状态密切联系，如果不具备这部分的跨学科知识，则很可能在制定该条法条时忽略这部分不属于"预防接种的异常反应"的情形。

本章思考题

1. 试厘清智慧法治、数据法治、人工智能法治之间的逻辑联系。

2. 论述人工智能相关政策性规范与立法之间的联系和区别。

3. 试探讨人工智能的主体资格问题。

4. 简述交叉学科研究法在研究法律与人工智能相关问题上的意义和作用。

第二章　人工智能的相关规范性文件

对人工智能的调整和规范需要以相关的法律法规、国家政策及伦理道德准则为依据。法律法规能划定清晰、明确的标准，为人工智能的发展划定红线，确保人工智能对国家、社会乃至人民的有利影响和效能达到最大化。人工智能产业尚在发展阶段，为了避免行业内竞争乱象丛生，需要法律法规明确什么可为、什么不可为。同时，对待人工智能这样仍处于快速发展的朝阳产业，法律法规所能限定的只是底线，它更需要的是国家政策的鼓励和扶持。通过制定政策，放宽行业准入门槛，辅以优惠的财政政策来为人工智能的发展提供支持，有利于更好地培养人工智能创新研发的营商环境。但是，地方立法和国家经济政策的制定都需要较长的时间，而且在一定程度上具有滞后性，面对人工智能带来的新问题、新冲突、新困境，需要伦理道德准则对人们的行为作出基本规范。伦理所引导的社会规范制度，为人工智能技术的研究与使用提出了价值评估准则，以约束并促使社会各方对人工智能技术实现协同管理。众多的国际机构、国家政府和公司都选择了从伦理的视角入手，着力于构建人工智能的基础伦理学标准，并探索明确的道德界限，积极建立人工智能伦理学的落地机制和管理体系。

第一节　国内人工智能的相关规范性文件

法律以国家强制力为保障，具有强制性、稳定性等特征，立法者需要考虑制定相应的法律法规后给政治、经济和社会等方面带来的影响。法律法规是调整和规范人工智能最主要的、最有力的行为规范，其发挥的作用主要体现在两个方面：其一，为人工智能的快速发展提供保障和支持。人工智能发展仍然存在很多未知的空间和领域，法律将人们的意志上升到不可违背的行为准则高度，能够对人工智能领域的研发者、从业者等起到规范和指导作用;其二,防范和应对人工智能技术带来的各种风险挑战。①
面对人工智能发展中的难题和挑战,法律能够发挥指引性作用,遵守法律、守住行为的底线能够避免在人工智能探索过程中因不法行为所造成的损失。世界上诸多国家都曾在制定与人工智能相关的法律法规上做出过相应的尝试,本节着重梳理我国人工智能的相关法律法规。

一、法律法规

2018 年 10 月 31 日,就中国人工智能现状与发展趋势,中共中央政治局组织了第九场集中学习,充分表明国家对人工智能发展的高度重视,更强调了人工智能相关立法司法工作持续推进的重要性。当前,由于人工智能在发展中存在立法标准、监督体制、规范框架等方面的缺陷,其产生与普及对当下的立法规范与社会秩序提出了前所未有的考验,在其不断深入民众日常生活的实践中,法律规范和制度缺陷问题逐步凸显,人们已经形成的法律观念和认知也不断被冲击。目前,我国还没有制定一部全国统一的、专门调整人工智能的立法,有关调整人工智能的立法规范仅出现在部门法的具体章节和条款当中。同时,基于我国不同区域相关产业发展的需要,人工智能领域内的地方性法规和部门规章等层级较低的法律规章也在不断地出台和完善,如深圳市于 2022 年 9 月公布了《深圳市经济特区人工智能产业促进条例》,条例于 2022 年 11 月生效。

(一) 一般性立法里面的个别条款

在我国立法体系中,与人工智能相关的法律法规分布较为零散,在诸多部门法中存在着相关规定。目前,人工智能运用的较为成熟且全面深入的领域主要是信息技术、医疗、电子商务、无人驾驶等,而这些领域都已存在相应的法律规范,但涉及人工智能的只有其中的个别条款。以我国 2021 年出台的《数据安全法》为例,该法第十五条规定:"国家支持开发利用数据提升公共服务的智能化水平。提供智能化公共服务,应当充分考虑老年人、残疾人的需求,避免对老年人、残疾人的日常生活造成障碍。"《中华人民共和国基本医疗卫生与健康促进法》第四十九条规定:

---

① 贾开、蒋余浩:《人工智能治理的三个基本问题:技术逻辑、风险挑战与公共政策选择》,载《中国行政管理》2017 年第 10 期,第 40 - 45 页。

"国家推进全民健康信息化，推动健康医疗大数据、人工智能等的应用发展，加快医疗卫生信息基础设施建设，制定健康医疗数据采集、存储、分析和应用的技术标准，运用信息技术促进优质医疗卫生资源的普及与共享。"本条还指出，要推动人工智能技术在医药卫生等行业中的广泛应用，同时要加强对技术应用中风险问题的规制。2020年11月16日，最高人民法院出台的《关于加强著作权和与著作权有关的权利保护的意见》指出，"高度重视互联网、人工智能、大数据等技术发展新需求，依据著作权法准确界定作品类型，把握好作品的认定标准，依法妥善审理体育赛事直播、网络游戏直播、数据侵权等新类型案件，促进新兴业态规范发展"。该意见进一步指明需要加强对人工智能技术应用在著作权领域可能带来的风险和问题的规制，保障人工智能产业规范发展。这些与人工智能相关的法律规范以个别条文的形式存在于相应的法律规范中。此时，人工智能及其相应的规范性条款只是起到工具性的、帮助性的作用。

（二）针对人工智能的具体立法

目前，针对人工智能本身的立法主要出现在部门规章与地方性立法之中。2021年7月27日，工业和信息化部、公安部、交通运输部三部门联合印发《智能网联汽车道路测试与示范应用管理规范（试行）》，该标准意在推进中国制造业强国、信息技术强国、网络强国、交通运输强国的建设，并促进中国车辆智能化、网联化科技运用与服务行业发展，规范智能网联汽车道路测试与示范应用。2022年3月1日，国家互联网信息办公室、工业和信息化部、公安部、市场监管总局联合发布的《互联网信息服务算法推荐管理规定》正式施行。其中明确规范了互联网信息服务算法推荐活动。算法是人工智能运作的基础，是收集和处理个人数据、推送个性化信息和调配资源的核心技术，算法一旦脱离管控和规范，将会给社会和公众利益带来严峻挑战。《互联网信息服务算法推荐管理规定》从技术操作和具体规则层面充分地规范了信息服务提供者的义务与责任，以及用户权益保护等方面的问题。该规定明确了算法必须进行风险评估和内容公示，从技术角度直接规范算法的设计和运行，从权利路径赋予个人对抗算法决策的权利。例如《互联网信息服务算法推荐管理规定》第十七条第（一）款规定："算法推荐服务提供者应当向用户提供不针对其个人特征的选项，或者向用户提供便捷的关闭算法推荐服务的选项。用户选择关闭算法推荐服务的，算法推荐服务提供者应当立即停止提供相关服务。"①
聚焦交通运输领域，交通运输部在关于印发《公路工程建设标准管理办法》的文件中明确表示，公路交通工程技术标准的制定与修订应当积极引入新技术、新工艺、材料和新设备等创新成果，以促进大数据分析、物联网、人工智能、智慧公路信息管理等先进技术的广泛应用，其中，人工智能的运用在公路工程中有着极大的重要性。在交通运输系统中，基于人工智能的决策进行交通管理和路径规划，并通过交通网络服务和其他移动优化工具的安全集成使得交通管理更为便捷高效。

除了部门规章，各地对人工智能产业的立法也在不断完善。为了加快人工智能应用的实施，深入推进新一代人工智能应用的开展，2022 年 9 月深圳市出台《深圳经济特区人工智能产业促进条例》②，该条例将减少新一代人工智能商品与公共服务流入行业的审核链和时间，建立新技术的风险管理体系，并支持低风险人工智能产品和服务的首次使用。③ 深圳市有关主管部门将针对新一代人工智能应用领域的风险级别、使用场合、影响范围等实际情况，实施分级、分类、差别化的监督管理，并积极利用政策导向、沙盒科技等监督工具，以进一步健全人工智能技术领域的监督机制。同时，深圳市政府还有权按照新一代人工智能行业发展的实际状况，建立单独的新一代人工智能应用领域分类监督管理方式，并将先行试点分类监督的管理制度。其中，高风险新一代人工智能应用领域宜采取事前评价和风险警示的监督管理模型，而低风险新一代人工智能应用领域则宜采取事前揭露和事后控制的监督管理模型。此外，条例还增加了人工智能技术在医学领域中的运用，并增加了关于促进深圳市医疗机构使用决策支持、图像信息处理、医学分析和数据挖掘、医学助理系统等新一代人工智能产品和服务等内容，以促进智能技术与医疗产业的结合。《深圳经济特区人工智能产业促进条例》致力于成为我国第一部人工智能应用领域的

---

① 《互联网信息服务算法推荐管理规定》于 2021 年 11 月 16 日由国家互联网信息办公室 2021 年第 20 次室务会议审议通过，并经工业和信息化部、公安部、国家市场监督管理总局同意，自 2022 年 3 月 1 日起施行。

② 2021 年 7 月 14 日，深圳市人大常委会办公厅公布《深圳经济特区人工智能产业促进条例（草案）》公开征求意见的公告，这是全国首个地方性人工智能法规（草案），2022 年 9 月 22 日，该条例已公布，11 月正式生效。

③ 《关于〈深圳经济特区人工智能产业促进条例（草案）〉公开征求意见的公告》，见深圳市人大常委会网站（http://www.szrd.gov.cn/rdyw/fgcayjzj/content/post_713069.html），访问日期：2022 年 6 月 27 日。

地方性法规，其内涵丰富，弥补了中国国内人工智能应用领域的立法空白，为人工智能应用领域立法工作提供了重要的参考经验。

总体而言，我国人工智能产业发展及其相应的立法活动正持续推进。自2019年起，全国人大常委会已把若干与人工智能有关的立法专项工作纳入了五年重点立法计划，持续出台支持政策和相关规划指南，为人工智能立法工作勾勒了基本蓝图，提供了明确引导，一些人工智能发展相关的标准体系和框架也在逐步完成搭建。当前的立法工作主要仍以应对人工智能相关的基础研发和应用中的风险和挑战为重点，并分散在各个具体领域，如智能驾驶、智能船舶、信息保护等方面。在人工智能技术不断发展的未来，中国法律将会跟随着人工智能的发展而不断更新与迭代，并在人工智能立法、构建人工智能监测评价制度、推进人工智能领域的有关规范建立等领域不断深入，并不断加强交流协作以应对人工智能技术发展带来的社会危机与法治挑战。同时，随着人们对人工智能更加成熟的掌握和运用，也将出台比地方性法规具有更高强制力的全国范围内的统一上位法规范。

二、行业政策

人工智能是一种引领未来的战略科技，对国民经济蓬勃发展及人们的生活方式产生了重大的影响。从2015年至今，国家多次把人工智能蓬勃发展与建设列为国家重要政策，逐步确立人工智能技术在战略发展中的重要地位。政策的制定相比立法更加灵活，可以有效地为中国人工智能发展中出现的各类问题提供宏观上的指导，在一定程度上填补了过去立法在人工智能保障方面的缺失，对抓住中国新一代人工智能蓬勃发展的契机，并推动现实中人工智能与实体经济深入融合发展有着重大意义。当前，我国人工智能相关政策的重心在技术创新、平台布局和产业培育等方面。

（一）人工智能产业发展的一般性规划

在国家政策的大力支持下，中国人工智能的发展正迎头赶上，展现出势不可挡的发展态势。从政策出台过程来看，2015年5月，国务院发布的《中国制造2025》提出着重发展智能设备、智能产品和智能生产工艺，人工智能相关政策进入密集出台期。2016年3月，《中华人民共和国国民经济和社会发展第十三个五年规划纲要》将人工智能有关内容写入其中。

2016 年以来，国务院、发改委、工业和信息化部、科技部等部委出台了一批与人工智能相关的规划和工作方案。2017 年 10 月，人工智能发展被写入党的十九大报告，并被放置在与互联网、大数据与实体经济同等的战略地位，成为我国推动制造业产业模式和企业形态的重要抓手之一。政策的出台较之法律更为灵活，能够及时调整人工智能发展中遇到的各种问题，给予人工智能产业必要的支持，帮助推动人工智能快速发展。从变化的政策中也可以把握我国人工智能发展的大致方向和规律，了解其发展和进步。

1.《新一代人工智能发展规划》

2017 年，国务院办公厅印发的《新一代人工智能发展规划》（简称《规划》）为未来新时代人工智能的蓬勃发展勾勒了宏伟蓝图，并提供了具体而翔实的未来发展战略计划，对中国新一代人工智能的蓬勃发展有着重大指导意义。① 该《规划》以推进人工智能技术与国民经济、社会、国防建设的融合健康发展为主线，以增强新型人工智能的技术创新能力为主攻方向，并根据"构建一个体系、把握双重属性、坚持三位一体、强化四大支撑"进行布局，从制度安排和路径选择上为人工智能铺设基础，明确人工智能的发展方向。

《规划》制订了"三步走"的总体目标：到 2020 年，人工智能总体技术和应用领域与全球最先进的技术水平一致；到 2025 年，人工智能理论实现重大突破，关键技术和应用领域部分达到国际领先水准；到 2030 年，人工智能理论、关键技术和应用领域总体上达到国际领先水平，并形成全球主要的人工智能创新中心。

《规划》着重部署了高端高效智能经济，主要包括四个层次：人工智能的战略性新产业、改造和提升传统产业、大力发展智能企业、培育领先的企业和品牌。《规划》主张以提高新一代人工智能的技术创新能力为主攻方向，以推动新一代人工智能与中国经济、军事的深度融合发展为主线，并沿着"构建一个体系、把握双重属性、坚持三位一体、强化四大支撑"原则展开总体设计格局。在先进高效的智能基础设施系统上，加大人工智能技术对国家安全的保障，积极推动国际人工智能技术创新体系

---

① 中华人民共和国国务院新闻办公室：《〈新一代人工智能发展规划〉政策解读》，见国务院新闻办公室网站（http://www.scio.gov.cn/34473/34515/Document/1559231/1559231.htm），访问日期：2022 年 6 月 28 日。

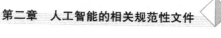

开放合作发展。

2.《国家新一代人工智能开放创新平台建设工作指引》

2019 年 8 月，科技部印发《国家新一代人工智能开放创新平台建设工作指引》（简称《指引》）。人工智能开放创新平台主要是通过发挥行业领军企业、研究机构的引领作用，整合诸如技术、产业链、金融等人工智能发展所需的资源来发展人工智能重点细分领域的创新载体。基于"开放、共享"的理念，着力建设开放创新平台，提升技术研发创新能力和基础软硬件设施的开放服务能力，鼓励各类通用技术和软件的开源开放，支持全社会创新人员、团队、小微企业投身人工智能开放创新技术研发，加快推进人工智能创新成果与经济、社会生活深度融合，使人工智能为经济建设和社会进步提供新动力。

《指引》遵循四大建设原则：以人工智能的应用需求为牵引，培育领军企业并助力小微企业成长，通过市场化机制为开放创新平台提供持续支持，鼓励政府、企业、高校和研究所等多方主体协同创新。以申请制为基础建设开放创新平台，考核相关主体的技术实力、创新力和向社会提供开放服务的基础和服务能力，向有资质的主体发放认定，为创新平台建设提供持续的资金、人才和基础设施等投入，建立较为完善的开放服务运行机制和管理组织架构，以研究助力生产，以生产保障研究。《指引》从更具体、更细致的方面做出规划，要想发展人工智能，创新技术是重中之重，构建开放创新的平台能够整合资源，促进创新，为人工智能的创新开发奠定良好的平台基础。

3.《国家新一代人工智能标准体系建设指南》

2020 年 7 月，国家标准化管理委员会（简称"国标委"）、中央政府网络安全和信息化委员会办公室（简称"网信办"）、发改委、科学技术部、工信部共同颁布《国家新一代人工智能标准体系建设指南》（简称《指南》）。该《指南》明确：至 2023 年，中国将建立人工智能标准体系，注重大数据分析、计算、系统设计与服务等关键领域所急需的重要标准的研究开发，以及在制造业、交通、金融、安全、家居、养老、环保、教育、医疗等关键行业和领域的司法工作。

《指南》从支撑人工智能产业整体发展的角度出发，统筹考虑人工智能技术产业发展和标准化工作情况，提出适合现阶段的人工智能标准体系，并提出各部分标准建设的重点，以指导标准的制定、修订工作。① 针对基础共性技术标准、基础技术创新和产业技术标准、人工智能技术所产生的智慧商品和业务模式，就智能机器人、智慧运输工具、智能终端、智慧服务等商品和业务技术标准、人工智能标准体系中最顶端的产业应用规范和信息安全与伦理等几大标准明确了重要的工作方向，强调建设人工智能合规体系，保障人工智能产业健康、有序、持续发展，让人工智能真正造福社会，造福人民。《指南》的出台将对中国人工智能规范工作产生重大的指导意义，将促进人工智能行业的科技研究与规范实施，推动中国人工智能行业的健康可持续发展。

（二）特定领域的人工智能应用政策

人工智能技术在当今信息化时期是领导着未来的重要战略性科技，对国民经济快速发展、人类社会前进、科学蓬勃发展及人们的生活方式形成了巨大影响。国家政府从战略层面上高度重视人工智能的科技提升与行业健康发展，科研机构大量涌现，新兴企业迅速崛起，人工智能技术被广泛应用于各个领域和行业。从政策制定的历史来看，2015 年 5 月，由国务院办公室印发的《中国制造 2025》提出发展智能装备、智能产品和智能生产工艺，随后人工智能相关政策进入密集出台期。2016 年 3 月，十二届全国人大四次会议通过《中华人民共和国国民经济和社会发展第十三个五年规划纲要》，并将人工智能相关内容写入其中。② 在此基础上，各行各业的人工智能政策也在为人工智能的具体应用规划了蓝图，其中农业农村和高校教育等具体领域内的应用政策更为引人关注。

从各部委发布的规划政策来看，国家更强调人工智能技术与传统行业的融合，借助人工智能技术让传统产业焕发新生命力是政策扶持的重点。为促进数字农业农村的发展，进一步加快乡村人工智能开发应用，2020年农业农村部、中央网信办印发了《数字农业农村发展规划（2019—

---

① 赵波：《加快标准体系建设推动人工智能产业化进程：〈国家新一代人工智能标准体系建设指南〉解读》，载《信息技术与标准化》2020 年第 8 期，第 5 页。

② 2018 年 10 月 31 日，中共中央总书记习近平在中共中央政治局主持学习会议时强调，人工智能是新一轮科技革命和产业变革的重要驱动力量，加快发展新一代人工智能是事关我国能否抓住新一轮科技革命和产业变革机遇的战略问题。要深刻认识加快发展新一代人工智能的重大意义，加强领导、做好规划、明确任务、夯实基础，促进其同经济社会发展深度融合，推动我国新一代人工智能健康发展。

2025 年)》，对新时期推进、促进数字农产品新乡村建设进行了具体部署。该规划确定了五大重点任务，包括建立乡村基础数据资源体系、促进乡村传统农业生产运营信息数字化转变、促进乡村管理服务信息数字化转变、加强重要技术设备创新和完善乡村重要基础工程设施建设。① 该规划指出，要推动农产品人工智能开发应用，实施核心技术与产品的突破，着重攻破运动控制、定位感知、机械手控制等核心技术。

高校是培养人才资源和科技生产力的结合点，在教育部印发的《高等学校人工智能创新行动计划》通知中，推进新一代人工智能在教育领域的技术创新发展，利用新一代人工智能信息技术优化新型人工智能应用领域的高等教育科学创新体制、完善人才培养体制、推进高等教育新型人工智能应用领域科学技术转移和示范性发展。建设智能、互联网、人性化的教育教学系统，是实现全国义务教育均衡发展、推进义务教育公平性、提升义务教育品质的关键手段，是实施中国义务教育现代化不可或缺的力量与保障。

除国家层面出台的政策外，各省市也出台了相关政策以促进人工智能产业的发展。2018 年 12 月，上海市经济和信息化委员会发布了《上海市首批 10 大人工智能试点应用场景需求列表》，面向全球征集安防、工厂、家庭、交通、金融、社区、学校、医院、园区、政务应用场景的解决方案。2019 年，上海市经济和信息化委员会组织开展首批人工智能试点应用场景建设，各试点单位分别围绕人工智能赋能经济高质量发展、市民高品质生活、城市安全高效运行的目标，深入开展场景建设工作，取得了突出成效。在"AI＋教育""AI＋医疗""AI＋园区""AI＋社区"四个领域，打造人工智能应用示范区，切实体现城市温度。

2020 年，青岛市教育局印发《青岛市人工智能教育实施意见》（简称《意见》），按照"山东龙头、国内一流、全球影响"的战略部署，构建青岛人工智能教育课程体系，致力于建设全国人工智能教育示范引领城市。《意见》明确了八大主要任务：人工智能教育课程普及工程、人工智能教育基础建设工程、人工智能教育资源建设工程、人工智能教师队伍建设工程、学生人工智能素养培育工程、人工智能技能人才培养工程、人工智能教育示范引领工程和人工智能教育品牌建设工程。同时，《意见》明确了加强领导组织，建立人工智能教育专项领导小组；保障资金投入，设立人

① 《数字农业，为乡村全面振兴插上腾飞翅膀》，载《新华日报》2021 年 7 月 6 日，第 8 版。

工智能教育专项经费；落实制度创新，出台教师相关创新政策，确保优质教育资源和服务的供需平衡三大保障措施。

三、道德准则

由于新一代人工智能具有通用性、数据依赖性、算法黑箱性等特点，仅依靠法律的方式必然无法完成对人工智能滥用的有效预防和规制，还需要社会伦理道德进行约束。① 人工智能伦理在保证人工智能为人类服务方面发挥着重要作用，具有良好伦理素养的开发者和使用者可以将自身行为与造福人类结合起来，谨慎对待影响人们生存发展的人工智能研发和使用，防范人工智能风险事故的发生。人工智能伦理可以以更柔和的形式引导和规范行业行为，最终达到"柔性治理"的目的。2019 年 6 月 17 日，国家新一代人工智能治理专业委员会发布并实施了《新一代人工智能治理原则——发展负责任的人工智能》，旨在促进新一代人工智能的健康发展，协调发展与治理的关系，确保人工智能的安全性、可靠性和可控性。治理原则突出了发展负责任的人工智能的主题，强调了八项原则：和谐友好、公平正义、包容、尊重隐私、安全可控、问责、开放合作和敏捷治理。

在此之后，国家新一代人工智能治理专业委员会发布了《新一代人工智能伦理规范》（简称《伦理规范》），旨在将伦理规范纳入整个人工智能生命周期，为自然人提供伦理规范指导。根据《伦理规范》，人工智能的各种特定活动都必须遵循增进人类福祉、促进公平正义、保护隐私和安全、确保可控可信、强化责任担当、提升伦理素养六项基本伦理规范。按照《伦理规范》，人工智能的所有特定行为均应当遵守关于提升人民幸福感、促进社会公平正义、保障个人隐私与安全、实现社会可控可信、增强使命与承担、提升个人伦理素质的六项基础伦理规范。在信息技术方面，要充分尊重和保护相关参与者的隐私权、权利、荣誉、健康等基本权益，以及参与者的合法权益；在开发方面，应进一步提高信息品质，严格遵守大数据相关规定、标准和技术，进一步提高信息的完备度、实时性、一致性、规范化和准确性等；在信息供应方面，要强化人工智能产品与服务的

---

① 何家伟、孟盼盼：《习近平关于科技伦理的"五论"》，载《实事求是》2020 年第 3 期，第 13 页。

质量监测和使用评估。

算法伦理也是《伦理规范》的关注重点之一。《伦理规范》在"研发规范"中明确提出，在数据收集与技术研究的过程中要防止偏见歧视，强化技术伦理审查，充分考虑不同需求，防止可能产生的数据处理错误和计算偏差，并尽力防止运用人工智能技术时可能产生的歧视性问题。《伦理规范》的出台，将有利于全面落实新型人工智能发展规范，进一步提倡和健全新型人工智能治理方式，进一步提高全社会人工智能的伦理意识，积极指导人工智能研究与应用行动，有效推进人工智能健康发展。

面对人工智能领域的伦理道德问题，我国在技术层面采取了一定的政策措施。国家标准化管理委员会于 2018 年 1 月成立了国家人工智能标准化总体组，并发布《人工智能伦理风险分析报告》，目前正在研究人工智能术语、人工智能伦理风险评估等的标准。《人工智能伦理风险分析报告》旨在分析人工智能在物流、制造、医疗、自动驾驶和安防等行业实际运用中的算法信息，并降低其对人类决策造成的风险。2019 年我国发布《人工智能北京共识》《新一代人工智能治理原则》等重要文件，确定了中国人工智能开发、应用、管理战略和长远规划中应遵循的基本原则，对人工智能在各个行业的研究和应用都有关键的指导作用。

第二节　国外人工智能的相关规范性文件

人工智能的应用对于重塑全球经济结构、改变全球竞争格局等方面发挥了重要的作用，但人工智能在给人类社会带来极大便捷的同时，也具有不稳定的风险因素。对此，各国陆续出台相关法案、政策来应对人工智能带来的机遇、竞争和挑战。作为世界首份综合性人工智能法案，欧盟公布的《人工智能法案》是通过规则优势来弥补技术短板的尝试，在应对人工智能使用风险方面具有重要意义。作为科技发达国家，美国为促进人工智能的发展并尝试减少其负面影响，也颁布了相关的政策，其内容都着重于 AI 领域投入和布局以维持其全球人工智能领导地位。聚焦世界各国，尽管当下有个别人工智能法案规制的成功范例，但现行人工智能相关法案能否实现推动创新和有效规范之间的平衡，仍需在实践中不断探索。

一、欧盟

（一）法律法规

欧盟一直致力于推动人工智能的立法工作，虽然目前相关立法工作处于正在进行的状态，但早在 2018 年，欧盟已经出台了《通用数据保护条例》。而基于数据与人工智能之间的基础性关系，该条例也成了目前正在制定的人工智能立法工作的基础和重要依据。《通用数据保护条例》（*General Data Protection Regulation*，*GDPR*）作为一套保护欧盟公民隐私和数据的新法规，取代了现有的数据保护指示令（Data Protection Directive 95/46/EC），统一了欧盟成员国关于数据保护的法律法规。该条例重点包括适用范文、效力统一化、一站式监管、数据操作法定化、数据权力主体、数据问责机制、数据画像活动、数据流动机制和数据司法活动等几个方面。①

2021 年 4 月，为加强人工智能技术在整个欧洲的应用、投资与技术创新，欧盟委员会发布了欧洲议会和欧盟理事会《关于制定人工智能统一规则》的提案（简称《草案》）。该《草案》设立的目的是形成有关人工智能技术标准的统一规范，并对人工智能技术在汽车驾驶、银行借款、社区诚信评价及各种日常商业活动中的适用范围做出限定。同时，《草案》采取了具体法律框架的形式，并提出应积极与各欧盟成员国所实施的协调计划相结合。《草案》以保护隐私为目的，以公众和企业的安全和基本权利为主要出发点，明确了人工智能技术的持续改进和发展应满足当前世界范围内基本社会价值观和发展新兴技术之间平衡的要求，加强欧洲公众对人工智能技术所提供产品和服务的信任。欧盟目前正在进行讨论的《草案》与已出台生效的《通用数据保护条例》之间有着重要的联系，且应当在《通用数据保护条例》的框架下进行，相应的技术标准和要求也要在符合《通用数据保护条例》的有关规定下进行部署。

---

① 林梓瀚：《基于数据治理的欧盟法律体系建构研究》，载《信息安全研究》2021 年第 7 期，第 336 页。

（二）行业政策

2018 年 3 月，欧洲政治战略中心发布了《人工智能时代：确立以人为本的欧洲战略》，该战略首先介绍了全球人工智能研发投入和发展情况，其次介绍了欧洲的人工智能发展情况，与其他国家进行了对比，并提出欧洲应该树立人工智能品牌战略，最后提出了人工智能发展过程中所遇到的劳动者被替代的问题和人工智能偏见的问题，进而提出欧盟应该采取的应对策略。[①] 根据该战略，欧洲人工智能发展战略方向遵循以下几点：创设发展环境、识别欧洲在人工智能领域的优势、加强欧洲的人工智能人才建设和推进以人为本的方法。欧洲人工智能战略立足于四个维度：支持——促进人工智能在欧洲的发展和推广，教育——关注个体以建立人工智能技能并培训用户，执行——对传统的体制和政策工具进行现代化改进，引导——确保以人为本的人工智能发展路径。

2020 年 2 月，欧盟委员会在布鲁塞尔正式发布了《欧盟人工智能白皮书》（简称《白皮书》）。该《白皮书》分为六个章节：一是引言，包含问题界定、可能需要修订的现存与人工智能相关的欧盟立法框架、未来欧盟监管框架范围、要求类型；二是利用产业和专业市场的优势；三是抓住面前的机遇，把握下一个数据浪潮；四是卓越生态系统；五是信任生态系统人工智能监管框架；六是结束语。[②] 《白皮书》表明，在未来五年，欧盟委员会将专注于数字化的三个关键目标：为人民服务的技术，公平竞争的经济环境，一个开放、民主和可持续的社会。这三个目标的创设能有效帮助提升欧洲在人工智能领域的创新能力，并促进可靠的人工智能的发展。《白皮书》主要围绕卓越生态系统和信任生态系统两个方面的建设展开。卓越生态系统主要是指建设一个欧洲、国家和地区三个不同层面措施协同的政策框架，信任生态系统是指欧洲人工智能未来监管框架的关键要素，明确必须确保体系遵守欧盟的规则。《白皮书》提出了一系列人工智能研发和监管的政策和措施，并提出建立"可信赖的人工智能框架"，为公众使用人工智能应用增添了信心，为企业和公共组织的人工智能创新提

[①] European Political Strategy Centre. "The Age of Artificial Intelligence：Towards a European Strategy for Human-Centric Machines"，2021 - 12 - 24.

[②] EU Commission. "White Paper on Artificial Intelligence—A European Approach to Excellence and Trust"（https：//ec. europa. eu/info/files/white-paper-artificial-intelligence-european-approach-excellence-and trust en. ），2022 - 3 - 2.

供了政策保障。

（三）伦理规范

欧盟在与人工智能相关的伦理方面也制定了重要规范。2019 年 4 月，欧盟人工智能高级专家组发布了《人工智能伦理指南》。根据该指南的规定，值得信赖的人工智能应具备以下特征：①合法的，即遵守现有的法律法规；②道德的，即尊重道德原则和价值观；③健全性，包括技术健全性和社会环境健全性。与此同时，欧洲议会的科学技术选择和评估委员会（STOA）发布了《算法责任与透明治理框架》，在分析算法系统给社会、技术和监管带来的挑战的基础上，对算法透明度和问责制的治理提出了系统的政策建议，从技术治理的高层次角度详细讨论了各种治理方案，然后回顾了现有文献中关于算法系统治理的具体建议。

2019 年 12 月，在上述研究成果的基础上，欧盟进一步发布了《可信赖人工智能的伦理指南》。该指南首先指出了可信赖人工智能必须满足的三个基本条件：合法性、合伦理性和健壮性。① 合法性是指可信赖的人工智能应该遵守所有适用的法律法规，尊重人的基本权利；合伦理性是指可信赖的人工智能须遵守人类伦理准则和价值观；健壮性是从技术和社会发展角度来看，可信赖的人工智能必须有足够的技术支持，否则，即便可信赖 AI 遵守了法律和伦理要求，但由于系统缺乏可靠技术支持，其仍可能会在无意中给人类造成伤害。

《可信赖人工智能的伦理指南》确立了可信赖人工智能伦理框架的基本准则及其他四条伦理准则。基本准则是指可信赖人工智能必须保证人格尊严、人身自由、民主、正义与法律、平等、无歧视、团结及公民权利。《可信赖人工智能的伦理指南》同时提出了可信赖人工智能的七个关键要素，即人工智能系统应该支持人类自主和决策；人工智能系统对风险采取可靠的预防措施，尽量减少意外伤害，防止不可接受的伤害；预防隐私受到侵犯，同时进行数据管理，确保使用数据的质量和完整性；确保人工智能系统决策的数据集、过程和结果的可追溯性；遵循普遍的设计原则和相关的可访问性标准，以满足最广泛的用户需求；鼓励人工智能系统的可持续性和生态责任，关注社会和环境福祉；建立问责、审计和补救机制，及

---

① AI HLEG（EU Commission）．"Ethics Guidelines for Trustworthy AI"（https：//ec. europa. eu/newsroom/dae/document. cfm?doc_ id = 60419），2022－3－2.

时消除不良影响。

与《可信赖人工智能的伦理指南》同时发布的还有《算法责任与透明治理框架》（简称《框架》）。《框架》在系统分析算法制度给社会、科技发展和监管所带来的挑战的基础上，对算法透明化和问责制度的有效管理，提出了比较系统的政策意见。《框架》也从技术管理的最高层角度仔细探讨了对人工智能进行治理的问题，最后总结了已有研究文章中有关算法体系治理问题的具体意见。该《框架》在深入总结剖析已有算法体系治理建议的基础上，给出了增强公民算法素养、构建公共部门算法问责制度、健全技术监督管理制度与法律责任体系、完善算法管理与国际协作四种不同层次的政策建议。

二、美国

（一）法律法规

在人工智能领域，美国也出台了多部法律法规，既有宣誓性、纲领性的法律规范，也有将人工智能运用于具体领域的法律规范。

2017 年 12 月 12 日，美国国会提出两党法案——《人工智能未来法案》（*FUTURE of Artificial Intelligence Act of* 2017），若经众议院和参议院通过，该法案将成为美国针对人工智能的第一个联邦法案。根据该法案，商务部应成立联邦人工智能发展与应用咨询委员会（Federal Advisory Committee on the Development and Implementation of Artificial Intelligence）。法案要求研究人工智能发展和创新的有利环境，研究人工智能可能带来的伦理、法律和社会问题。这是和人工智能发展有关的后续立法工作开展的一个前期步骤。其成果为政府行政决策的后续立法操作提供了智力保障，也体现了在信息时代，政府对管理的专业化与适度性要求，政府能够关注当前科技发展中出现的明显问题，在培育技术创新的同时保证科技发展不危害社会稳定，从而防止公众的力量过早干预新一代人工智能领域，进而限制了科技产业的蓬勃发展。

2019 年 4 月，美国《人工智能增长研究法案》出台，该法案旨在提出一项协调一致的联邦倡议，以加速人工智能在美国经济和国家安全中的研究和开发，并缩小现有的资金缺口。该法案明确未来 10 年内将向各个私营部门、学术界和研究机构投资 16 亿美元，助推人工智能的研究。其配套法案《人工智能政府法案》提出，预计在未来 5 年内投入 22 亿美元用以开发人工智能，创建一个适合美国政治经济的全国性战略，要求联邦政府各部门在系统运行中尽可能使用人工智能。

2020 年 5 月，美国国会颁布了《生成人工智能网络安全法案》，要求美国商务部和联邦贸易委员会明确在美国应用人工智能的优势和障碍；调查其他国家的人工智能策略，并与美国进行比较；评估供应链风险及应对方案。该法案要求这些机构向国会报告研究结果，并为国家人工智能战略的制定提出建议。

2020 年 9 月，美国众议院通过了《2020 年政府人工智能法案》（第 2575 号决议）。该法案旨在通过在美国总务管理局（General Services Administration，GSA）内建立"优秀人工智能中心"，并要求美国管理和预算办公室（Office of Management and Budget，OMB）发布关于人工智能治理的备忘录，促进联邦政府开发人工智能创新应用，并向联邦机构提供情报，同时，请科学和技术政策办公室向联邦机构发布关于获取人工智能和最佳实践的指导。

（二）行业政策

2019 年 2 月，美国总统特朗普发布《维护美国在人工智能时代的领导地位》行政令。该行政令称，美国在人工智能的研究、开发和部署方面处于全球领先地位。[①] 该行政令又被称为《美国人工智能倡议》，它旨在采取多种方式提高美国在人工智能领域的领导地位，主要包括五个关键领域：投资人工智能研发、释放人工智能资源、制定人工智能监管标准、建立人工智能技术人才培养机制、加强国际参与以保持领先优势。该行政令的重点是增加联邦数据访问、加强数字基础设施、为研发提供财政支持，以及改善劳动就业环境。[②]

2019 年 6 月，美国发布了最新版《国家人工智能研发战略规划》，以回应时任总统特朗普于 2019 年 2 月发布的启动美国人工智能计划的行政

---

① 阚天舒、张纪腾：《美国人工智能战略新动向及其全球影响》，载《外交评论》2020 年第 3 期，第 132 - 135 页。

② 刘国柱、尹楠楠：《美国国家安全认知的新视阈：人工智能与国家安全》，载《国际安全研究》2020 年第 2 期，第 135 - 155 页。

命令。① 新版规划在内容上增加了旨在加强公私合作的第八项战略，并确定了美国人工智能研发投资的关键优先领域。

（三）伦理规范

目前，美国对于人工智能伦理规范的设定主要集中在军用人工智能方面。为了发展军用人工智能科技，防范军用人工智能可能带来的风险挑战，美国国防创新委员会（The Defense Innovation Board，DIB）推出了美国第一部关于人工智能准则的文件《人工智能准则：美国国防部使用人工智能的伦理建议》，文件提出了在军事与非军事领域运用人工智能的五大准则，即负责任（responsible）、公平性（equitable）、可溯源（traceable）、可信赖（reliable）和可控性（governable），建议确立美国国防部人员对军用人工智能功能开发、部署和使用的主体责任②，减少人工智能功能中的歧视性，加强人工智能功能与专业人员的适配性，将开发和应用过程中的技术、人员、操作方法等信息加以保留，优化相关审核程序，确保人工智能功能的可溯源。③ 同时，出于对人工智能工程的安全保障和有效利用的双重考量，国防创新委员会建议国防部在人工智能功能可检测的生命周期内，明确人工智能功能具体的用途和使用人工智能的预期目的。2020 年 2 月，美国国防部正式采用国防创新委员会的五大准则，并发布了《人工智能军事应用原则》，使五大准则得到官方层面的认可，并明确了《人工智能准则：美国国防部使用人工智能的伦理建议》是建立在美国的法律、现有国际条约、长期规范和价值观的基础之上的。④

为了进一步推进五大准则的落地实施，美国国防部副部长通过签署备

①　Select Committee on Artificial Intelligence of the National Science & Technology Council. The National Artificial Intelligence Research and Development Strategic Plan：2019 Update（https：//www. whitehouse. gov/wp-content/uploads/2019/06/National-AI-Research-and-Development-Strategic- Plan-2019- Update-June-2019. pdf?tdsourcetag = s_pcqq_aiomsg.）.

②　清华大学战略与安全研究中心：《美国国防部采纳人工智能伦理准则》，见清华大学官方网站（https：//ciss. tsinghua. edu. cn/info/cissdsh/1094），访问日期：2022 年 2 月 21 日。

③　U. S. Department of Defense. "Implementing Responsible Artificial Intelligence in the Department of Defense"（https：//media. defense. gov/2021/May/27/2002730593/-1/-1/0/IMPLEMENTING-RESPONSIBLE-ARTIFICIAL-INTELLIGENCE-IN-THE-DEPARTMENT-OF-DEFENSE. PDF），2022 － 5 － 22.

④　U. S. Department of Defense. "DOD adopts ethical principles for artificial intelligence"（https：//www. defense. gov/News/Releases/Release/Article/2091996/dod-adopts-ethical-principles-for-artificial-intelligence/），2022 － 5 － 22.

忘录的方式确立了"负责任的人工智能（Responsible AI, RAI）的六项基本原则"，这六项基本原则主要是为具体明确美国国防部遵守"负责任"准则的工作内容，即 RAI 治理、战斗人员的信任、AI 产品开发和产品的生命周期、需求验证、RAI 生态系统、AI 人才队伍建设。① 关于 RAI 治理，在责任制度上首先要求在美国国防部内部设立严格的治理结构和程序，落实责任制度，并辅以激励措施，加快 RAI 治理进程，同时在应用上加强战斗人员对所利用人工智能设备的信任程度。在人工智能产品质量和使用寿命上，要求严格把关，同时加强与政府相关机构、科研学术机构、工业生产机构和美国盟友之间的交流协作，构建一个完善的军事人工智能生态系统，并从中加强人才资源的储备。该备忘录重新强调了美国国防部承诺的运用人工智能的五大准则不仅对军事领域的人工智能功能发挥职能作用，也对工业制造、商业实践和国家整体安全有着广泛而深远的意义。

本章思考题

探讨政策与法律对人工智能发展的作用及相互间的区别。

---

① 中科院网信工作网：《美国防部制定实施负责任人工智能的六项基本原则》，见中科院网信工作网（http://www.ecas.cas.cn/xxkw/kbcd/201115_128754/ml/xxhzlyzc/202107/t20210709_4563532.html.），访问日期：2022 年 2 月 15 日。

第二编

人工智能与部门法的交互

第三章　人工智能的刑法学问题

导入阅读

　　陈某研发了一款自带保护装置的强人工智能机器人Ａ，其不仅可以被操纵行走，还可以拿取物品。王某购买之后因没仔细看说明书，并不知其内嵌自我保护装置，只知晓其行走和拿取物品的速度和效率非常高。一日，王某操作强人工智能机器人Ａ，使其入室偷窃李某抽屉里的10万元现金。李某受到惊吓，欲阻拦强人工智能机器人Ａ，并用木棍狠砸机器人Ａ，但不料李某触发了机器人的自我保护装置，机器人Ａ重伤李某，并点燃了李某的房子，后携款逃至王某身边。[①]

　　如何评价陈某、王某、机器人Ａ的行为？

　　人工智能在发展进程中会产生一些刑法学问题，特别是其中对传统刑法学的冲击等理论问题，具有较好的研究意义与价值。刑法学是一门研究犯罪与刑罚的学科，体系性极强，其中任何一个要素的变化都可能产生"牵一发而动全身"的后果。随着未来科技日新月异的发展，人工智能会被越来越广泛地使用，由其而引发的法律问题也会逐步增多。法律适用的过程中，司法人员会遇到许多法律暂无规定且理论研究仍然未解决的问题，这要求我们对人工智能的刑法学问题加以研究并做出科学的回答。在可预见的未来，人工智能的产生、发展将对整个刑法学产生重要的影响。在本章，我们将以刑法学总论为基础，结合刑法学各论，分析人工智能的存续对刑法学产生的影响，具体框架见图3－1。

---

　　① 笔者根据相关材料编写。

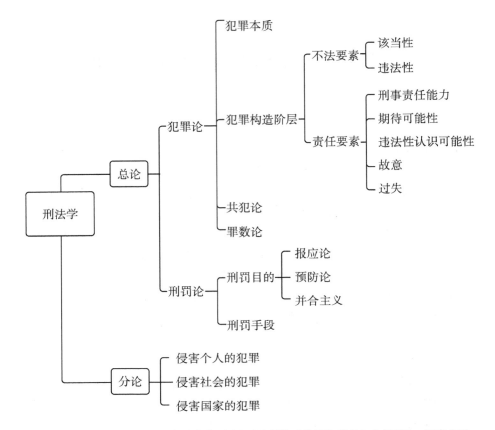

注：本图仅包含刑法学的部分内容；图中"犯罪构造阶层"部分包含的理论、要素在图中的位置存在较大争议（例如对于"故意"与"过失"，有学者主张把它们放在"不法要素"之中讨论，而非放在"责任要素"部分进行讨论）。本书以德国三阶层犯罪构造理论为基础，融合国内刑法学相关专家的观点形成本图，并以本图为框架行文。

图 3-1　本章内容框架

第一节　人工智能与刑法学的基本问题

人工智能的刑法学问题本质上是刑法学基本问题在新技术之下的延伸，它不仅包括人工智能自身的刑法学问题，还包括一系列人类主体的刑法学问题，例如人工智能的研发者、生产者、使用者等。在具体展开对人工智能的刑法学问题的叙述之前，我们需要对刑法学的一些基本问题加以阐释。

刑法学整体分为总论和分论，总论又分为两大板块，即犯罪论与刑罚论。

犯罪论是刑法学总论的主要内容。其主要解决犯罪是什么、犯罪的构成要件有哪些、什么时候可以认定一个行为主体构成了犯罪及犯罪形态等问题，其中最主要的部分是犯罪的构成要件，即用于认定一个行为主体构成犯罪所需要符合的条件。按照德国三阶层犯罪构成理论，一般认为，一个主体实施了一定行为后，如果经调查同时满足三个条件，即同时具有构成要件符合性、违法性、有责性时，这个主体就构成了犯罪。认定是否构成犯罪的思考过程分为三个层次，而且这三个层次之间是有先后顺序的，具体的思考过程如下所示。

首先是第一层的思考。当行为主体实施了符合犯罪条件的行为时，则具有构成要件符合性（又称该当性），即符合某个罪的特征，此时行为主体在形式上已经违反了刑法。例如，甲拿刀挥砍乙，此时，甲的行为符合故意杀人罪的特征，具有故意杀人罪的构成要件，因此具有该当性。其次是第二层的思考。考虑行为主体的行为是否具有违法阻却事由，如果不具有违法阻却事由，则具有违法性，此时，行为主体在实质上也已经违反了刑法。例如，甲拿刀挥砍乙是因为乙先对甲有杀害行为，那么甲的行为就属于正当防卫，实质上并没有违法性，故不构成犯罪；如果甲是无端拿刀挥砍乙，那么甲的行为在实质上具有违法性。最后进入第三层的思考。考虑行为主体自身是否有责任阻却事由，如果不具有责任阻却事由，则具有有责性（又称可谴责性）。例如，甲无端拿刀挥砍乙，但是经调查发现，甲是一个五岁小孩，此时，社会也会认为不能对甲进行刑罚，原因就是在这种情况下，我们不认为甲是应当受到谴责的，即甲并不具有可谴责性，故甲不构成犯罪；如果甲是一个正常的成年人，那么我们就认为甲应当对自己的行为负责任，故甲具有可谴责性，构成了犯罪。

"违法是客观的，责任是主观的"①，这是古典派的犯罪论体系恪守的一句法律格言，也为犯罪论体系提供了一个基本分析框架。这句法律格言中说的"违法"其实就是构成要件符合性与违法性的总和，"责任"其实就是有责性。违法性讨论的是行为主体是否应当负因果的责任问题，有责

---

① 陈兴良：《教义刑法学（第3版）》，中国人民大学出版社2017年版，第345页。

性讨论的是行为主体是否应当负道德的责任问题。[①] 也就是说，当行为主体实施的行为具有构成要件符合性、违法性的时候，抛开行为主体不谈，客观上，其行为其实已经是犯罪行为。例如，一个五岁小孩拿刀挥砍他人的行为，与一个正常成年人拿刀挥砍他人的行为，二者在客观上是一模一样的，如果忽视两个人的罪责要素，也即两个人的年龄，那么两个人的行为在客观上都构成了故意杀人罪。但是，客观上构成了犯罪的行为只是事实上的犯罪。我们还要接着考察行为主体的主观状况，只有行为主体主观上具有可谴责性，我们才能最终认定行为主体构成了犯罪，这时候说的犯罪才是法律意义上的犯罪。例如，一个五岁小孩拿刀挥砍他人的行为之所以不构成犯罪，并不是因为其拿刀挥砍他人的行为本身不符合故意杀人罪的特征，而是因为我们考察了这个小孩自身的主观状况，认为其并不明白自己的行为会造成什么后果，所以我们不去谴责他/她，进而不认为其构成了犯罪。可以认为，构成要件符合性、违法性这两个阶层考察的对象是行为，考察内容是行为的客观表现，并不考察行为主体本身的状况；有责性考察的对象是行为主体本身，考察内容是行为主体的主观状况；构成要件符合性、违法性考虑的主要是客观的内容，有责性考虑的主要是主观的内容。

刑罚论是刑法学总论的重要内容。在犯罪论解决了何为犯罪、什么时候构成犯罪的问题之后，就由刑罚论来解决犯罪主体的刑罚问题。刑罚论主要解决刑罚是什么、刑罚的正当性何在、刑罚的手段与方式有哪些等问题，其中最基础的是刑罚的正当性依据，最有实际意义的部分是刑罚的手段与方式。

分论是刑法学总论的具象化。刑法学分论具体阐述各个罪名的构成要件，即解决犯罪主体构成了哪个具体罪名的问题。根据被侵害的法益的主体不同，可以大致分为三类，即侵害个人的犯罪（例如故意杀人罪、诈骗罪等）、侵害社会的犯罪（例如寻衅滋事罪、交通肇事罪等），以及侵害国家的犯罪（例如危害国家安全罪、叛逃罪）。

人工智能的出现，对刑法学的犯罪论与刑罚论都带来了影响，利用传统犯罪论与刑罚论观点去分析人工智能的刑法学问题的时候常常会遇到困难；人工智能的出现还对刑法学分论造成了一定影响，主要体现在部分罪名的认定出现了困难。

---

① 张明楷：《犯罪论的基本问题》，法律出版社 2017 年版，第 9－10 页。

第二节　人工智能对犯罪论的影响

一、人工智能与犯罪论的基础概念——法益

国内外学者对犯罪的本质具有较为一致的观点。德国著名刑法学家李斯特（Franz von Liszt）认为，实质的违法性（犯罪的本质）在于"对法益的侵害或威胁"①。我国学者也认为，"犯罪是危害社会的行为，即具有相当程度的社会危害性……这是犯罪的实质内容"②。此处的社会危害性，具体而言就是法益侵害性。可以看出，犯罪的本质在于其严重地侵害了法益。制定刑法的目的就是保护法益，惩治侵害法益的犯罪行为。

（一）法益理论概述

"法益"这个概念萌芽于费尔巴哈的"权利侵害说"，德国的比恩鲍姆（Johann Michael Franz Birnbaum）教授在其发表于1834年的论文《论有关犯罪概念的权利侵害的必要性》中发展出"法律财"（Rechtsgut）的概念，该概念也成为"法益"这个概念的前身之一，最后由宾丁（Karl Bingding）教授正式提出"法益"的概念。

法益是指根据宪法的基本原则，由法所保护的、客观上可能受到侵害或者威胁的人的生活利益。这是一般性的法益概念，其中，由刑法所保护的人的生活利益则是刑法上的法益。

与法益相关的问题是，究竟是先有法益才有法律的规定，还是先有法律的规定才有法益，即法益与法条二者出现的先后顺序的问题。实际上，法益的内容本身是客观存在的，社会实践产生了需要保护的利益；而立法者发现值得保护的利益之后，通过作为上层建筑的法律来进行强有力的保护，这个时候的利益才最终被立法者确定成为法益。例如，我国1979年颁布的旧刑法没有规定破坏社会主义市场经济一类的罪名，但是随着改革

---

① 转引自［日］阿部纯二等编《刑法基本讲座（第3卷）》，法学书院1994年版，第8页。
② 贾宇、黎宏、黄京平等编：《刑法学（上册·总论）》，高等教育出版社2019年版，第86页。

开放的深入，社会主义市场经济产生并蓬勃发展，社会主义市场经济主体的利益也越来越重要。立法机关发现了这种利益之后认为应当对其予以保护，故在1997年颁布的新刑法当中特地规定了破坏社会主义市场经济罪，把市场经济主体的现实利益上升到刑法层面予以保护。

（二）人工智能对法益的影响

我们可以把法益简单地理解为"法律（不仅仅是只有刑法）认为值得保护好东西"，即值得保护的利益。人工智能的产生、发展，将会促使法律去保护更多的利益，即增加法益的内容，我们也因为值得保护的利益的增加而进行法律条文的修订。

未来的人工智能可能会脱离其拥有者而以自己的"意志"独立参与人类社会的活动，进而使法益的内容有所增加。根据上述提到的法益的定义，法益必须是人的利益，似乎人工智能并不享有法益，不能增加法益的内容。但是，人的利益并不是说只有人才能导致法益内容的改变，其真正的含义是，"法益必须与人相关联"①。因此，如果通过保护人工智能的"利益"能够保护人的生活利益，那么我们一样要对人工智能的"利益"进行保护。例如，刑法规定了环境犯罪，是在通过保护环境来保护人们健康生活的权利。实际上，随着人工智能的发展，可以预见的是人工智能将变得越来越像人，即从弱人工智能走向强人工智能。相应地，人工智能也将越来越深入人们生产生活实践的方方面面。在这种情况之下，与人工智能相互紧密联系的人的利益就是法律保护的对象，而法律又很难跳过人工智能去直接保护其背后的人的利益，所以，此时的人工智能就应当受到法律保护，否则人们的生产生活实践将因法律规制的空白而受到消极影响，进而导致人们生产生活中相关利益的损失。

例如，假设在未来开发出了一种外表极像人类的强人工智能机器人，其一举一动也和人类一模一样。同时，随着未来逐步进入智能时代，人们对交易效率的要求愈来愈高，那我们可以在一定情况下认为这种机器人像正常人一样享有参与商品交易的权利，如购买物品后可以不经其主人同意而付款的权利，因为如果我们认为这种机器人的付款行为是无效的，那么售货员在收钱的时候还要花费大量精力去识别自己的顾客到底是不是人类，这将导致商品交易效率低下，使人们正常的商业交易陷入不稳定的状

---

① 张明楷：《法益初论》，中国政法大学出版社2003年版，第166页。

态。到了那时，我们承认人工智能参与商品交易并支付钱财，并不是要保护人工智能本身的财产权，而是要保护人们参与商品交易时的信赖利益、效率需求。换言之，在强人工智能的未来，通过法律对人工智能进行保护是必要的，这种保护并非保护人工智能本身，而是通过保护人工智能来保护人们的利益。作为基本的部门法之一，刑法也应当如此。

法益内容的增加，要求我们的法律与时俱进，同时也要求我们不能完全超越人工智能发展状况而立法。如果认为法益单纯只是前实定法的概念，即"因为先有法益的存在，所以后来才有法律的规定进行保护"，那么立法者只能被动地发现法益而不能创造法益，这个时候的逻辑推导结果就是，立法只能跟在人工智能发展后面，亦步亦趋，立法者甚至不能根据时代发展趋势进行任何程度的超前立法，这将导致法律的规定严重滞后于人工智能技术的发展，是不合理的。如果认为法益单纯只是实定法的概念，即"因为先有法律条文的确认，所以这个事物才能成为法益"，那么立法者则是创造法益而不是发现法益，这个时候的逻辑推导结果就是立法者可以在人工智能发展的时候走在前面，立法者甚至可以脱离实际，凭空地进行任何程度的超前立法。例如在当今社会，法律就可以直接规定一个机器人拥有生命权，这显然脱离人工智能技术实际，也是不合适的。正如前面所说的，法益的概念是复杂的，我们需要辩证看待法益的概念，要认清这两者之间的关系，不应绝对地倒向一边，而应寻求一个动态平衡的过程。只有把握法益概念的两面性，才能使刑事立法既不严重滞后于人工智能的发展，导致大量法律规制的空白，又不会因脱离人工智能在我国的实际发展状况而导致法律成为空中楼阁。

二、人工智能与犯罪构造的第一层——构成要件阶层

（一）构成要件论概述

构成要件阶层讨论了包括行为主体（大致相当于四要件构成理论中的犯罪主体）、行为对象、实行行为、危害结果、因果关系论、客观归责论等内容，回答了具体什么样的行为严重侵害了法益的问题。如果一行为主体拥有了构成要件阶层的所有要素，那么其行为就属于严重侵害法益的行为。在各个要素当中，因人工智能的存续而受影响最大的是犯罪主体、因果关系论及客观归责论等方面。

犯罪主体，是指达到法定刑事责任年龄、具有刑事责任能力、实施危害行为的自然人与单位。[①] 因果关系是指实行行为同危害结果之间的引起与被引起的关系。因果关系论的意义在于任何人都必须对自己的行为所导致的后果负责。客观归责则试图根据刑法的需要来限制因果关系的存在范围，将刑法中的原因行为归结为对被保护法益"危险的增加"，是结果的客观归责的前提。客观归责论主张，当行为制造了法所禁止的危险，且这种危险被最终实现（一般就体现为某种危害后果的出现），该结果又在构成要件效力范围之内的时候，我们应当对行为人进行归责。

因果关系和客观归责比较容易混淆，在理解上需要注意二者的区别。因果关系是一个事实之有无问题，它所要解决的是行为与结果之间的某种联系，因而因果关系是一种形式的判断和事实的评价；客观归责是在因果关系得以证成的基础上的归责判断，这是一种实质判断。[②] 也就是说，因果关系论解决的是行为与结果之间有无联系的问题，客观归责论是在因果关系论已经确定了行为与结果之间具有事实联系的基础上，进一步解决是否要把该结果归责于行为主体的问题。简而言之，因果关系论是从行为到结果的判断，而客观归责论是在此基础上，进行从结果到行为的审视。有因果关系不等于能够归责，例如，甲超速驾车行驶，结果马路边突然跑出一个小孩乙，由于甲驾驶时速度太快，刹车制动距离过大，导致车辆最终撞上了乙并使乙当场死亡。此时，甲的行为与乙的死亡结果之间有因果关系——危险行为是超速驾驶，其过快的速度导致制动刹车距离过大，进而导致撞人的结果。但是至于能不能归责，那又是另一个问题了。根据客观归责论，如果事后能证明，即使甲按照正常、合法的速度行驶，制动距离也会较大，不可避免地会撞到乙并导致其死亡的话，那么就不能对甲的超速行驶进行归责。事实上，现今许多学者认为客观归责论实际上是对因果关系论的补充，故他们把客观归责论的观点放在如何认定刑法上的因果关系的问题之中讨论。所以，许多时候学界使用的"因果关系"其实是广义的、包含了客观归责论观点的因果关系，而不是狭义的、与客观归责论相区别的因果关系，这点需要我们注意。本章使用的是狭义因果关系。

[①] 陈兴良：《犯罪构成的体系性思考》，载《法制与社会发展》2000 年第 3 期，第 54 页。

[②] 周光权：《客观归责理论的方法论意义：兼与刘艳红教授商榷》，载《中外法学》2012 年第 2 期，第 232 页。

（二）人工智能可不可以成为犯罪主体

因为对人工智能的认知不同，对于人工智能可否成为犯罪主体的问题，学界分为肯定说、否定说、折中说三个派别。其中，折中说本质上是肯定说的一部分，只是否定了弱人工智能的法律主体地位，承认强人工智能的法律主体地位，故强人工智能可以成为犯罪主体。这个问题其实是人工智能与刑法学一系列问题产生争议的根本所在——人工智能在各个部门法中产生的如此多争议，其实归根到底是对人工智能的法律地位的争议，即人工智能是否可以拥有法律主体地位的问题，刑法学也不例外。

肯定说一派的代表者，如华东政法大学的刘宪权教授，认为人工智能时代的刑法理论不应再将犯罪行为主体的范围局限于具有生命体的"人"，当人工智能通过深入学习，产生自主意识和意志，在设计和编制的程序范围外实施符合犯罪构成的具有严重社会危害性的行为时，就应当承担刑事责任。[1]

否定说一派的代表者，如中国政法大学的刘艳红教授，其对肯定说进行了尖锐的批评。她认为，人工智能法学研究中对策论的极端表现就是主张赋予人工智能法律人格，甚至认为人工智能可以作为独立的犯罪主体存在，这是一种以新（立法）制新（问题）的路径，往往仅仅是就事论事、毫无体系。[2]

人工智能，尤其是本书第一章提到的强人工智能，它们在刑法上的地位问题的解决，需要我们从最根本的问题出发，即探知犯罪主体是什么的问题。

如果单纯从现行刑法规定来看，强人工智能也毫无疑问不能成为犯罪主体，因为现行刑法只规定自然人和单位能够成为犯罪主体，故否定说是完全合理的。然而，在法律的理论上论证某种观点是否合理的时候，不能只以"现行法律规定是这样子的"为理由去肯定或否定某种观点的合理性，否则会陷入逻辑上的循环论证——在论证一种学术观点的合理性时给出的理由就是现行法律已经如此规定，进一步论证现有法律已有规定的合理性时给出的理由是该学术观点具有合理性。如果仅以现行刑法的规定来

---

[1] 刘宪权、胡荷佳：《论人工智能时代智能机器人的刑事责任能力》，载《法学》2018 年第 1 期，第 47 页。

[2] 刘艳红：《人工智能法学研究的反智化批判》，载《东方法学》2019 年第 5 期，第 124 页。

审视未来人工智能的刑法规制，那么现行刑法将得不到任何的发展。所以，我们还要继续追问犯罪主体的本质——一种事物要成为犯罪主体所应当具备的条件。

从古到今的刑法，都毫无疑问地认为人是刑法上的犯罪主体，自然人可以成为犯罪主体似乎是理所当然的，很少人会思考人凭什么能够成为犯罪主体，而猫、狗却不能。单位能够成为犯罪主体则是经济发展到一定程度的结果，是近现代刑法才有的规定，我国直到1997年颁布新刑法时，才确定单位可以成为犯罪主体。对于人工智能与犯罪主体之间的问题，部分学者认为，既然法律能认可公司这种既无身体也无心智的实体的主体地位，称之为"法人"，那么认可人工智能的主体资格也无不可①，此即法人类比说。法人类比说的逻辑很简单：犯罪主体地位的有无取决于刑法规定，既然刑法能以其法条规定，使本来就不是犯罪主体的法人最终上升为犯罪主体，那么对于同样不是犯罪主体的人工智能，也能够以法条规定，使其上升为犯罪主体。但是仅以单位可以通过刑法规定成为犯罪主体为由，就认为人工智能也可以通过刑法规定成为犯罪主体的观点是不完善的，这仅仅是在从刑法规定形式的层面考察问题，未能深入探究刑法规定实质的层面。正确的考察问题的方式是，我们应当先看到单位能够成为犯罪主体的实质理由，然后再对比单位与人工智能的异同，考察人工智能是否具有单位的一系列特征，观察人工智能是否具有像单位一样的、之所以成为犯罪主体的实质理由，最后才能够进行此种类比。

单位是一个人格化的社会系统整体，它具有自己的整体意志和行为，从而也具有自己的犯罪能力和刑事责任能力。② 实际上，任何一个单位，无论是法人单位或是非法人单位，都是由自然人成员所组成。在单位犯罪中也是如此，其责任人的行为、思想无不体现着单位的意志，并因融入此有机体中而丧失其个性，从而构成整体单位犯罪。单位的统一意志性，即单位可以通过一定的议事、决策程序，并经其相应的机构或人员决定，从而形成自己的统一意志，这种统一意志能在单位故意犯罪当中表现出

———————————

① ［以色列］尤瓦尔·赫拉利：《未来简史：从智人到神人》，林俊宏译，中信出版集团2017年版，第293页。

② 转引自庄劲《论单位人格否认之法理》，载《国家检察官学院学报》2004年第1期，第2页。

来。① 所以，单位之所以能够成为犯罪主体，最重要的原因是单位有着自己的意志，其组成成员能够辨认、控制本单位的行为。单位对自己的行为的辨认、控制能力，归根到底是其组成成员的辨认、控制能力。正如学者所指出的，刑法对犯罪主体（行为主体）的质的要求是具有辨认控制能力。② 单位如此，自然人也如此。现行刑法之所以只规定了自然人、单位这两种犯罪主体，就是因为在当今社会只有自然人、单位可以拥有这种能力，而且单位的这种能力来源于其组成成员，否则单位也不会被刑法确定为犯罪主体。

总体上，肯定说与否定说的逻辑起点是基本一致的，即二者都认为刑法规定的犯罪主体可以不局限于人类主体，犯罪主体所需要具备的条件是拥有像正常人类一样的辨认、控制行为的能力。但是二者在理解这一条件、在人工智能是否符合这一条件的问题上产生了分歧，进而导致了二者不同的回答。因此，人工智能究竟可不可以成为犯罪主体，归根到底是人工智能究竟有没有辨认、控制自己行为的能力的问题。肯定说的基本逻辑就是，刑法要求的辨认、控制自己行为的能力是一种外在的、形式的要求，即只要社会一般人足以认定一种事物具备了辨认、控制行为的能力，那么这种事物就可以成为刑法上的犯罪主体。人工智能，尤其是强人工智能，发展到一定程度，能通过"图灵测试"等门槛之后，一般人是无法完全辨认出人工智能与人类之间的区别的，此时，人工智能在外界看来已经具备了和人类主体几乎等同的辨认、控制行为的能力，那么在法律上就可以认为人工智能拥有了辨认、控制自己行为的能力，刑法就应当认为人工智能同样可以成为犯罪主体。否定说的基本逻辑就是，刑法要求的辨认、控制自己行为的能力是一种内在的、实质的要求，即一种事物是否具备辨认、控制行为的能力，关键不在于社会一般人对该事物的评价，而在于这个事物本身是否在实质上具备了像人类一样的辨认、控制行为的能力。人工智能归根到底是人类的生活生产工具，人工智能实施的行为归根到底来源于人类的编程代码，即使能通过"图灵测试"，也不代表着它们真的拥有了辨认、控制自己行为的能力（如"中文房间"）。由于人类的辨认、控制行为的能力来源于人脑的运作，人工智能的行为则来源于计算

① 喻伟、聂立泽：《单位犯罪若干问题研究》，载《浙江社会科学》2000 年第 4 期，第 31－32 页。

② 张明楷：《刑法格言的展开（第 3 版）》，北京大学出版社 2013 年版，第 330 页。

机语言的运作，二者的行为机制从本源上就大相径庭，故人工智能的辨认、控制能力是一种外在的假象，人工智能只能够模仿人类智能的形式，实质上不可能进行像人类一样的思考活动，缺少人类特有的主观能动性，故刑法不能因为社会一般人都认为人工智能拥有了辨认、控制自己行为的能力就赋予人工智能以主体地位。对待人工智能就应当像对待人类的其他生产生活实践用到的工具一样，不能赋予其犯罪主体地位。总之，肯定说与否定说的根本分歧正是在于两派学者对刑法要求的辨认、控制行为的能力的理解及人工智能究竟有没有像人类一样的思考能力的分歧，二者孰对孰错，需要我们结合未来人工智能的发展情况才能下定论。

阅读拓展

图灵测试（Turing Test）是由计算机科学之父、人工智能之父艾伦·图灵（Alan Turing）在其1950年发表的论文《计算的机器与智能》（*Computing Machinery and Intelligence*）之中提出的。该测试的目的是判断机器是否能够思考。图灵提出测试的理论基础是：判断机器人是否拥有智能的最重要标准是外部认为机器人是否拥有智能。也就是说，如果人们不能分辨出机器人和人类之间智力上的区别，那么机器人就和人类拥有了一样的智能。因此，当人们不能分辨出自己在和机器人还是人类对话的时候，就可以认为机器人拥有了和人类一样的智能。详言之，自然人甲作为发问者，自然人乙与机器人A接收到甲的提问之后做出回答。如果经过若干次发问之后，甲不能分辨出乙和A的实质区别，那么机器人A就通过了图灵测试，此时人们可以认为机器人A拥有智能。为了使测试更加准确，图灵改进了该测试。新的图灵测试要求大规模试验，即要求一定数量的自然人分别作为发问者并根据回答来判断与自己对话的究竟是人还是机器人。如果最终超过30%的测试者误以为自己在与人而非机器人对话，即无法分辨人类与机器人之间的差别，那么图灵测试就算成功。这个时候，我们可以认为机器人拥有了和人类一样的智能。①

---

① 见百度百科"图灵测试"词条（https://baike. baidu. com/item/% E5% 9B% BE% E7% 81% B5% E6% B5% 8B% E8% AF% 95/1701255?fr = aladdin），访问日期：2022年2月15日。

阅读拓展

中文房间（The Chinese Room Argument）是由美国哲学家约翰·塞尔（John Searle）提出的思维实验。该实验也是对图灵观点的根本性批判。在一个屋子中，假设坐着一个美国人，他完全不懂中文，但是他拥有大量英文版本的翻译手册，这些翻译手册记录了每个中文词语对应的英文单词及汉译英时应当遵循的各种规则。这个时候屋外的人通过门缝把写着中文的小纸条送入该房子里面要求翻译成英文，屋内的这个美国人对照着自己的翻译手册把纸条的中文翻译成英语并传递给外边的人，由外边的人来判断屋内的这个美国人究竟是不是通晓中文。由于屋外的人总是能够从屋内的美国人手中获得正确的翻译，那么按照图灵测试的逻辑，此时我们可以认为屋内的美国人精通中文，是个中文专家——这显然是荒谬的，实际上房子里面的美国人对中文一窍不通，更别说去翻译。同样的道理，如果进行图灵测试的机器人本身拥有一个极大的数据库，对发问者的问题能找到无数种人类会给出的回答，那么这种机器人即使通过了图灵测试，其也并不是靠学习能力、反馈能力通过测试的，其依靠的只是庞大的数据库及查表的能力，这只能叫作简单的机械运动，并不是更为复杂的智能。①

（三）人工智能研发者、使用者的行为与危害结果之间是否存在因果关系

人工智能的产生与发展，将给因果关系论与客观归责论带来冲击。我们可能无法准确认定人工智能研发者、生产者、使用者的行为与人工智能出错之间是否具有因果关系、是否能够进行归责。运用现有因果关系论与客观归责论来处理人工智能造成的刑事案件的时候会遇到很大程度的困难，这种困难直接影响对人工智能研发者、生产者、使用者三种主体各自是否构成犯罪、构成什么犯罪的认定。总而言之，人工智能研发者、生产

---

① 见百度百科"中文房间"词条（https://baike. baidu. com/item/% E4% B8% AD% E6% 96% 87% E6% 88% BF% E9% 97% B4/3581768?fromtitle = % E4% B8% AD% E6% 96% 87% E5% B1% 8B% E5% AD% 90&fromid = 1498062&fr = aladdin），访问日期：2022 年 2 月 15 日。

者、使用者三种主体是否要负刑事责任，取决于我们对人工智能产品的研发者、生产者、使用者三种主体自身的行为与人工智能产品的"行为"之间是否具有因果关系的科学认定及是否应当归责所作出的恰当价值评判。

1. 人工智能研发者与危害结果的因果关系及归责问题——以医疗事故为例

对人工智能研发者与人工智能出错的危害结果之间进行因果关系的认定并没有想象中那么简单。例如，某医生在医用机器人专家的陪同之下，运用某公司开发的智能手术机器人为患者进行手术。手术过程中，医生按照该机器人的说明书对智能手术机器人进行操作，但是最后机器人把患者的大动脉戳破，血溅到机器人的摄像头上，导致这台机器"失明"，患者也因此事故而最终死亡。①

朴素的道德观念与正义感会告诉我们，该案人工智能产品出错致人死亡的时候，其研发者（编程者）、生产者应当对此负责。但是如果细致地考虑他们的行为与危害结果之间是否存在因果关系、是否应当进行归责的时候，我们会发现一些难题。

由于刑法并没有确立人工智能的犯罪主体地位，故人工智能机器人的过失犯罪行为只能由其研发者、生产者、使用者来负责。本案的人工智能产品使用者（医生）按照说明书进行操作，但是机器人仍然出错并使患者大动脉被戳破而死亡，故应当追究研发者、生产者的责任。至于究竟是研发者的责任还是生产者的责任，这取决于人工智能机器人出错的原因。如果是因为程序本身的问题出错，那么就应当追究研发者的责任；如果是机器人某个零部件出现故障，那么就应当追究生产者的责任。这个时候运用因果关系论就出现难题了：我们无法明确地认定编程语言的出错与机器人最终致人死亡的结果之间具有因果关系。由于人工智能的程序语言的编写本身就是专业性极强的领域，司法工作者本就难以发现编程语言存在问题；更加麻烦的是，即使能发现编程语言存在问题，也不能仅以此为由让编程人员承担刑事责任。由于"算法黑箱"的存在，我们根本不清楚一

---

① 此案例为 2015 年英国达芬奇机器人手术致人死亡案。达芬奇机器人是一种用于手术的微型机器人，在当天的手术中，机器人把患者的大动脉戳破。这时，医生准备向在场的 2 位医用机器人专家（往往会在手术室内监控机器人的情况）求助。但他一抬头，发现两个"专家"不见了。医生不得不关掉机器，开始亲自操刀修复患者的动脉。但当时患者的心跳已经相当微弱。手术结束后不到 1 周，患者就在医院去世了。

套程序语言是如何发出指令、让人工智能机器人做出相应行动的，这在人工智能进行深度学习的时候尤其明显。详言之，人工智能机器人做出一个行为，总体而言需要经过两个层面：第一个层面就是编程者预先编写的程序，它用来设定人工智能"学习什么"（数据采集）、"怎么学习"（程序的算法，数据学习）；第二个层面则是在前一层面的程序的基础上，人工智能机器人通过自主学习得到的"智能"，即人工智能"学到了什么"，实际上就是人工智能根据预先设置的编程语言进行自主的判断与选择。在第一层面程序语言完全相同的情况下，人工智能仍有可能因为第二层面出现的问题而做出完全不一样的行为，这个时候我们不能追究研发生产者的责任——这就类似于老师给了学生教科书并教学，但是学生们因环境不同、个体学习方法之间的差异等各种因素，学到的知识也会千差万别，学生可以"青出于蓝而胜于蓝"，也有可能一无所获。若学生犯罪了，老师只可能在自己本身教的知识就有问题时才可能成为相应犯罪的教唆犯；若老师教的知识没问题，那么我们当然不能把学生的罪责归到老师身上——同样地，编程者只能支配第一个层面的内容，但是无法支配第二个层面。人工智能做出的行为，可能直接来自第一个层面的编程语言，也可能来自第二个层面的后天习得。如果问题出现在第一个层面，我们当然可以归责于编程者；但如果问题出现在第二个层面，则不能如此归责。从理论上看，人类的任何活动都会创造出风险，法律不可能禁止人类的任何活动，只能禁止人们实施那些创造了法所不允许的危险的行为。而在人工智能编程者遵守相应的编程规定的情况下，并不能认为其通过自己的编程行为创造出了法所不允许的危险，此时，客观归责论认为，对编程者进行归责是一种来自刑法的苛责，有损刑法的科学性。从实践上看，如果简单粗暴地进行归责，就会误伤许多尽己所能而仍未能防范人工智能出错的编程者，扩大了刑法的打击面；编程者们若在尽己所能控制了第一层面的问题之后仍然被追究刑事责任，就会导致越来越少人愿意冒着风险从事人工智能编程工作，进而导致人工智能技术停滞不前。

总之，"算法黑箱"的存在，使我们很难认定人工智能的问题主要是出现在第一层面还是第二层面，即使能确切地认定是出现在第一层面，即编程语言出现了问题，也很难认定编程者就应当对此种错误负责，毕竟人工智能机器人出错还有可能是第一与第二层面同时出错。这些都导致了我们难以认定人工智能的编程者的失误与危害结果之间究竟是否存在因果关系、是否能进行归责。

阅读拓展

算 法 黑 箱①

"黑箱"是控制论中的概念。作为一种隐喻，它指的是那些不为人知的不能打开、不能从外部直接观察其内部状态的系统。对于人工智能的"算法黑箱"，我们可以打一个形象的比方——人工智能的算法就像是一个黑色的箱子，人们只能从外部看到这个箱子是黑色的，也即只能看到算法本身显示出的样子，至于黑色箱子里面的东西（也即算法本身如何运作、算法运作的结果通过怎样的过程得出、算法将得出怎样的结果），我们是无法看到的。这些内容"藏"在黑箱子里面，人们无从得知或解释。

人工智能黑箱模式主要体现在人工智能系统的技术具有不可解释性、人工智能系统的结果具有不可解释性、人工智能系统运行的动态性和结果具有不确定性、人工智能使用者有意地对算法决策过程实行封锁带来的模糊性。②

"算法黑箱"的存在，将导致司法人员难以直接认定人工智能研发者的主观目的，传统的法律责任规制路径遇到了障碍。

最后，即使能确切地认定编程者的过失与危害结果之间具有因果关系且应当归责，也会在具体罪名认定中遇到问题。由于编程者不具有医生的身份，故其不能构成医疗事故罪；由于人工智能程序语言的编写领域尚未出台相应的规章制度或者业界惯例，故编程者也不能构成重大责任事故罪；由于本案侵害的法益是个人的生命权而非公共安全，故定为过失以危险方法危害公共安全罪也不合理。所以即使认定编程者需要负刑事责任，目前似乎也只能笼统地以过失致人重伤（或死亡）来确定编程者的罪名。

所以可以预见的是，这种人工智能机器人导致医疗事故的情形若发生在司法实践当中，不论是民事侵权之诉抑或是刑事诉讼，在法庭调查环节想要直接证明人工智能编程者的过错与后果之间具有因果关系时会遇到较

---

① 张淑玲：《破解黑箱：智媒时代的算法权力规制与透明实现机制》，载《中国出版》2018年第7期，第50页。

② 唐要家、唐春晖：《基于风险的人工智能监管治理》，载《社会科学辑刊》2022年第1期，第116页。

大的困难。在侵权之诉当中尚且可以通过举证责任倒置的方式纾解此种困境，但是在刑事案件中，由于我国吸收了无罪推定原则的部分精神，受制于这些精神，一般不能要求举证责任倒置。此时，控诉的一方如何证明因果关系、审判者如何判断是否应当归责，这些都是有待思考的问题。

2. 人工智能使用者与危害结果的因果关系及归责问题——以交通事故为例

人工智能使用者的行为与危害结果的发生之间也很难认定因果关系或者进行归责。例如，2018 年 3 月 18 日，美国亚利桑那州一名女子被优步自动驾驶汽车撞倒并最终死亡。在本案件中，优步公司并没有被控承担刑事责任，但安全员却面临着驾驶车辆过失杀人的指控。原因在于，事故发生时，优步的汽车处于自动驾驶模式，但由于自动驾驶还只处在测试阶段，所以优步也安排了后备司机（即本案中的安全员）——其目的在于在紧急情况下对车辆出现不安全行驶的情况进行干预。涉案的安全员在事故发生前却在看真人秀节目而没有注意交通路况，最终导致这起交通死亡事故的发生。若安全员在车上尽到了应有的注意义务，而非一直低头看手机视频，这起事故也许可以避免。结合监控视频和相关调查，检方认为安全员没有履行好自己的职责，故认为安全员应当接受驾驶车辆过失杀人的指控。

在以上案例当中，让安全员负刑事责任确实是在情理之中。然而值得思考的问题是，假设本案中，坐在车上的是一名普普通通的司机而非安全员，这名司机开启自动驾驶模式之后看手机，导致没注意路况而造成事故，那么他还要负刑事责任吗？国内的学者也关注到了这个案例，并一致认为这种问题是当前及以后一段时间内侵权法、刑法等部门法亟待解决的问题。同样地，对于该案，学界也大致分为肯定说与否定说两大派并提出了自己的观点。

肯定说一派的观点认为："虽然自动驾驶系统能够单独完成全部驾驶任务，但是，由于驾驶员需要坐在驾驶位上准备随时接管驾驶，当其发现系统出现故障或者驾驶系统发出警告或提醒时，其应当及时接管驾驶，由于未能及时接管驾驶而未能避免交通肇事的，驾驶员可能存在应当预见而没有预见，或者已经预见而轻信能够避免的过失，可能构成交通肇事罪。"①

否定说一派的观点认为："由于要求驾驶位上的人员全程保持警觉、随时准备接管汽车，在保障安全的前提下，这不是减轻而是增加了驾驶位上人员的体力和精神压力。而且这是将生产者的法律责任转移给驾驶位上人员——法律强制驾驶位上人员接管，中断了自动驾驶汽车与事故之间的直接联系，免除或者大幅度减少了生产者的法律责任，使驾驶位上人员背负起原本由生产者承担的安全责任，导致其法律责任风险更大。"②

在这个问题上，肯定说与否定说两派的观点针锋相对、旗鼓相当。由于目前我国此种刑事案件的相关资料暂缺，所以我们也无从得知司法实践中究竟采取了哪种观点。实际上，肯定说与否定说的观点都有道理，双方都认为应当对自动驾驶汽车的使用者乃至所有人工智能的使用者赋予一定的义务，都认为应当为自动驾驶汽车技术提供良好环境。但是基于对社会安全和社会进步的价值取舍不同，双方产生了众多分歧。其中，双方之间的关键分歧在于对自动驾驶汽车使用者的责任分配，即自动驾驶汽车使用者应当承担怎样的注意义务的问题。肯定说一派的逻辑起点是，社会安全是社会进步的前提，离开社会安全，那么社会进步就失去了意义，新技术也可能无法得到良好的发展。因此，肯定说一派更多地站在社会安全的角度上，认为自动驾驶汽车的使用者应当承担更多的注意义务，否则人们的生命健康将受到极大的威胁，进而导致人们对人工智能这一新兴技术的不信任乃至恐慌，最后的结果就是人工智能技术无法在社会上得到运用。所以如果不赋予自动驾驶汽车的使用者以更多注意义务，那么这既不利于社会安全，也不利于人工智能技术本身的发展。否定说一派的逻辑起点是，社会安全确实是社会进步的前提，但是如果只强调安全而忽视社会进步，因为社会进步会带来社会风险而限制新技术的展开运用，那么人类就只能够生存在安全但停滞不前的社会当中，这时候的社会是死气沉沉的，社会安全对人类社会也失去了意义。因此，否定说一派更多地站在社会进步的角度上，认为当今社会本身就处处存在风险，人们只能选择容忍一定程度的风险以换得技术的进步和运用，所以在责任分配中不能苛责自动驾驶汽

---

① 周铭川：《论自动驾驶汽车交通肇事的刑事责任》，载《上海交通大学学报（哲学社会科学版）》2019年第27卷，第40页。

② 皮勇：《论自动驾驶汽车生产者的刑事责任》，载《比较法研究》2022年第1期，第69页。

车的使用者，否则，他们在使用自动驾驶汽车时还要时刻注意路况，这时候的情形和他们驾驶普通汽车的情形几乎一模一样，自动驾驶技术就失去了其存在的意义，久而久之，愿意使用自动驾驶汽车的人会越来越少，自动驾驶技术同样会逐步走向衰亡。总之，两派从不同的角度分析了人工智能使用者的责任分配问题，站在不同的立场分别分析了强调社会安全或社会进步将会给人工智能技术发展带来的困境。两派的分歧归根到底是对新兴技术究竟求稳还是求进的态度问题，这是一种价值取舍。肯定说侧重于社会安全而对新兴技术持求稳的态度，否定说侧重于社会进步而对新兴技术持求进的态度。事实上，社会安全与社会进步本身就是一对矛盾，是同一个问题的两面，忽视任何一方都会产生社会问题。肯定说与否定说两派并没有绝对的对错之分，只有谁的观点更加适合当前的人工智能发展实践状况。

三、人工智能与犯罪构造的第二层——违法性阶层

（一）违法论概述

行为符合构成要件阶层的所有要素的时候则具有严重的法益侵害性。但是在特殊情况下，行为主体作出的具有严重法益侵害性的行为是具有正当性的，例如，武警对犯人执行死刑的行为，完全符合故意杀人罪的构成要件，但是这种行为当然不能被认为是违法的。所以一种行为表面上符合构成要件阶层，其也不一定是违法的，对于其是否真正违法还应当再深入思考，做出实质意义上的判断。从实质意义上判断违法性有无的问题就涉及了违法论。学界普遍认为，形式上符合构成要件该当性的行为，在符合了正当防卫、紧急避险、法令行为、义务冲突、业务行为、被害人承诺、推定承诺等特殊的情形之下，行为虽然具有该当性，但却是正当的，可以否定行为具有违法性，故这些情形又被称为违法阻却事由，它们构成了违法论的主要讨论部分。其中，我国刑法规定了正当防卫、紧急避险这两种情形，故这两种情形是我国的法定违法阻却事由。那么，正当防卫、紧急避险等情形明明严重侵害了法益，为什么又不被认为是违法的呢？这涉及违法性的实质是什么的问题，是违法论的核心问题。对这个问题的回答历来分为两大流派，即行为无价值论与结果无价值论。行为无价值论认为，违法性的判断基准是行为自身是否反价值，即是否违反国家社会的伦理规

范体系，是否不具有一般的社会相当性，即行为恶就是违法性的根据。以上情形之所以能阻却违法性，是因为这些行为并不"恶"，都符合人们的道德观念情感，不会让一般人认为需要处罚（也就是具有所谓的"社会相当性"）。结果无价值论认为，违法性的根据在于行为造成了法益侵害或者危险结果，即结果恶才是违法性的根据。[①] 也就是说，在当今风险社会之下，任何一种行为都很可能会侵犯法益，如果一侵害法益就构成犯罪，那么人人都会成为犯罪者。所以与其期待人们的任何行为不侵害任何法益，不如期待人们能够在具体情形中选择更大的、更重要的法益。故一种行为虽然侵害法益，但是当其保护的法益大于或者至少等于其侵害的法益的时候，则行为不具有违法性。以上提到的违法阻却事由的情形之所以能够阻却违法性，正是因为符合违法阻却事由的这些行为保护的法益大于或者至少等于其损害的法益。在学界长期的争论中还出现了二元的行为无价值论，其认为，在没有实现侵害犯的结果无价值，但存在行为无价值的场合，成立未遂犯；反之，存在侵害犯的结果无价值，但不能确定行为无价值时，欠缺不法，因而不可罚。[②]

比如说，假设刑法中有一项"故意闯红灯罪"，而某处路口方圆三千米之内没有任何车辆或行人出现，所以甲虽然看到红灯，但是仍然选择开车通过路口。此时，一元的行为无价值论会认为，由于甲的行为违反了"不能闯红灯"的法规范，符合了"行为恶"的要求，所以当然构成故意闯红灯罪。结果无价值论会认为，本罪的目的是保护人的生命健康权，甲的行为在本案中明显不可能对任何人的生命健康权产生侵害，不可能导致"结果恶"，所以不构成本罪。二元的行为无价值论会认为，甲的行为不管怎样都是脱离社会正常观念的，在行为—结果的链条当中，"行为恶"可以被肯定而"结果恶"应被否认，所以甲应当构成故意闯红灯罪未遂。

（二）人工智能的"防卫"问题——正当防卫还是紧急避险

人工智能的出现与发展暂时对违法性的根本判断标准没有太大影响，也暂时没有创造出新的违法阻却事由，但是会对具体的违法阻却事由的认

---

① 张明楷：《行为无价值论的疑问：兼与周光权教授商榷》，载《中国社会科学》2009 年第 1 期，第 99 页。

② 张明楷：《行为无价值论的疑问：兼与周光权教授商榷》，载《中国社会科学》2009 年第 1 期，第 110 页。

定上造成一定的影响。由于正当防卫和紧急避险的条件是不同的，带来的法律后果也截然不同，所以我们需要思考的是，针对人工智能的"防卫"，是属于正当防卫还是紧急避险，以及人工智能对人实施的"防卫"，是否应当被认定为正当防卫。在解决这两个问题时，根据行为无价值与结果无价值的逻辑所推导出来的答案是不相同的。

对于第一个问题，认定违法性的时候需要考虑行为所伴随的意思，故对于那些来自自然界的侵害，例如猛兽的侵害等，是不能认定为正当防卫的，只能认为是紧急避险。同样的道理，当今人工智能还没有达到完全拥有自主意识的程度，其实施的伤害行为就等同于猛兽的侵害，严格意义上来讲不能叫作"行为"，所以对于人工智能的"防卫"当然不能被认定为正当防卫，只能认为是针对人工智能拥有者的紧急避险。但是如果未来人工智能拥有了相当于人类一样的自主意识、获得了法律主体地位，那么针对人工智能的侵害进行的"防卫"就可以被认为是正当防卫。所以在行为无价值论的语境下，认定正当防卫还是紧急避险，关键在于我们是把人工智能看成"物"还是看成"人"，归根到底仍然是人工智能的法律主体地位之问题。根据结果无价值论的逻辑，行为无价值论将评价犯罪的基准定位于与人的行为无关的客观结果，其主要考虑是：即便是无过失的个人行为，以及那些根本不能称得上是"行为"的人的身体动静、自然现象及动物的举动，都可能对刑法所保护的法益有侵害，或者存在造成损害的客观危险。而只要行为或者举止对一定的生活利益有侵害，或者有侵害的可能性，就应当肯定其客观上造成或者可能造成一定的违法状态，对其进行违法评价就是可能的。据此见解，在客观的事态可能形成法益侵害结局之时，即便该侵害行为不是来自人，为保护自身的利益而进行的正当防卫也能够得到肯定。所以，有学者明确指出：结果无价值论可以从理论上肯定对物防卫。① 也就是说，结果无价值论认为，只要是一切会引起法益侵害结果的动作，不论是什么事物做出来的动作，都可以进行正当防卫。因此，即使不去探讨人工智能究竟是"物"还是"人"，对人工智能进行的"防卫"都可以被认定为正当防卫。

对于第二个问题，举例来说，甲趁乙不在时进入乙的房间偷盗，却被智能机器人 A 发现，于是甲用力击倒机器人 A，结果机器人 A 在预置的

---

① 周光权：《违法性判断的基准与行为无价值论》，载《中国社会科学》2008 年第 4 期，第 124 页。

程序运作之下，启动了自卫功能，把甲打成轻伤。在本案中，对于机器人A 的行为算不算正当防卫的问题可能会有争议。实际上，这个问题仍然是机器人 A 到底是"物"还是"人"的问题。在当今社会条件下，机器人A 当然是物，所以机器人本身当然不能实施正当防卫，本案应当把机器人的智能防卫行为视为机器人的主人或者生产者的正当防卫行为。按照结果无价值论的逻辑，防卫行为能否阻却违法性，只需要看防卫行为导致的法益侵害结果与防卫行为保护的法益之间二者孰轻孰重即可，不用看行为主体到底有没有防卫意思。所以在这种情况下，机器人的主人或者生产者确实可以正当防卫。然而现行刑法在正当防卫的问题上采取的是行为无价值论的观点，于是，在正当防卫的认定中存在这样的问题：按照行为无价值论的逻辑，防卫行为是否能阻却违法性，需要看行为主体有没有意识到自己需要防卫、有没有防卫的意思。本案的防卫行为就是把甲打伤的行为，但是这种状况下，不论是乙或者机器人的生产者，一般都不会认识到甲正在进行不法侵害，更不用说他们有没有防卫意思了，他们不能进行正当防卫。

　　总之，人工智能的发展会使人们在正当防卫或紧急避险的认定上出现一些疑问，使用现行刑法规定去认定正当防卫或紧急避险时也可能会产生一定的困惑。

四、人工智能与犯罪构造的第三层——罪责性阶层

（一）罪责论概述

　　一行为符合该当性、违法性之后，我们称之为不法行为。但是行为主体要不要对其实施的不法行为负责，以及负哪种形式的责任（故意、过失），这两个问题就是罪责论所要讨论的问题。我们可以发现，罪责论所讨论的问题其实是行为主体自身主观方面的问题。针对第一个问题，通常认为，行为主体实施不法行为的时候，如果没有刑事责任能力、不具有期待可能性、不具有违法性认识的可能性，只要具备上述情形之一，那么就不用对自己的不法行为负责，法律就不应当谴责行为主体，仍然要判其无罪，故以上这些情形被称为责任阻却事由。第二个问题其实是行为主体主观心态的认定问题，若其在故意的心态下做出不法行为，那么要负的刑事责任当然比其在过失心态下做出的不法行为要负的刑事责任更大。

（二）如何认定人工智能研发者、生产者、使用者的主观心态

前文提到过，当人工智能的运用导致危害结果出现的时候，关于人工智能的研发者、生产者、使用者是否构成犯罪存在较大的争议，也有许多尚未解决的难题。其实解决这一系列争议与难题之后，在认定三者的罪责时仍然会继续碰到难题，即我们如何确认上述三者是要负故意责任还是负过失责任的问题，也就是相关人类主体的主观心态认定问题。

当我们把人工智能完全视为人类的工具，就像日常生活中用到的菜刀、棍棒一样的时候，人工智能的存续可以说对行为主体的责任认定方面没有影响，上述问题似乎能够迎刃而解。然而问题在于，人工智能并不能完全等同于日常生活中的一般工具，如果简单粗暴地划分，那么对人工智能的研发者、生产者、使用者是不公平的。

例如，甲用菜刀去行凶的时候，我们很容易就得出甲故意杀人的结论。但是甲的人工智能机器人去杀害乙的时候，得出甲故意杀人的结论则有待商榷了，毕竟有可能是甲的人工智能机器人出现了故障，或者是这个人工智能机器人被植入了自动杀人的程序，所以说直接认定甲故意杀人，这对甲不公平。实际上，日常生活中的一般工具，例如菜刀、棍棒等，完全被人们直接操纵，是人类身体某一器官功能的延伸与加强；菜刀、棍棒的"行为"完全受到人类意识的控制，它们就是人们实现自己意志的工具。但是人工智能并不像这些工具一样完全被人们所直接操纵，人类能够直接控制的恐怕只有植入人工智能的编程语言，所以不能轻易追究使用者甲的刑事责任，因为编程语言的破解与甲自身的主观方面是紧密联系的。如前所述，人工智能做出的行为实际上并不仅仅依靠预先植入的编程代码，还会受到后天学习的影响。目前，我们只清楚"人工智能的这种算法可以实现我们的目标"而不太清楚"人工智能的这种算法为什么能够实现我们的目标"。所以"算法黑箱"就像是一道屏障，把人工智能的程序代码编写者与外界的危害结果隔开，司法实践很难穿透这层屏障去认定程序代码编写者究竟是持故意心态还是过失心态。实际上，我们也很难从一串串代码中直接看出编程者的主观意图与心态，毕竟同一串代码放在不同的情形之下可以完成不同的事项。

我们可以再接着设想，假设未来的刑法承认了人工智能的法律主体地位，那么在人工智能实施犯罪之后，我们如何去认定人工智能的"主观

心态"也将会成为一个问题。现今刑事案件中认定行为人主观心态的方式还能不能够适用于人工智能的问题也亟待解决。这些问题天马行空，但是经过仔细思考之后确实能发现人工智能的发展对罪责认定的影响。以上这些问题，都需要我们建立更加科学的体系与方法去解决。

第三节　人工智能对刑罚论的影响

在犯罪论确认行为主体已经构成犯罪，需要承担刑事责任的时候，就需要通过刑罚论来讨论行为主体究竟应当受到怎么样的刑罚。实际上，刑罚论不仅仅讨论刑罚的种类，更多的是在讨论刑罚的正当性何在，以及刑罚的目的。人工智能的发展既给传统的刑罚论带来冲击，也促使我们提出更科学合理的刑罚体系及刑罚方式。

一、刑罚论概述

如前所述，刑罚论主要解决的是刑罚的正当性何在、刑罚的手段等问题。国家的刑罚行为为何具有正当性，是刑罚论主要讨论的问题。讨论这个问题并非毫无实际意义，因为如果不解释刑罚的正当性依据及目的所在，那么国家就能够随意使用任何方式进行刑罚。

根据刑事古典学派的创始人贝卡利亚在其经典作品《论犯罪与刑罚》中的表述，人们牺牲一部分自由是为了平安无忧地享受剩下的那份自由。为了切身利益而牺牲的这一份份自由合起来，就形成一个国家的君权。君主就是这一份份自由的合法保存者和管理者。而这一份份自由的结晶形成了惩罚权。从社会契约论的思想当中，贝卡利亚找到了国家刑罚权的来源，解释了其正当性。然而社会契约论终究是一家之言，而且这种回答也停留在抽象的层面。后世的刑法学者进一步探讨了刑罚的正当性依据，并逐渐形成了三种流派：报应刑论、预防刑论、并合主义。其中，预防刑论又分为一般预防与特殊预防。

报应刑论将刑罚理解为对犯罪的报应，"因为有犯罪而科处刑罚"是其刑罚理念的经典表述，代表者有黑格尔。预防刑论则认为刑罚本身并没有什么意义，只有在为了预防犯罪的意义上才具有价值，因此，在预防犯罪所必要而且有效的限度内，刑罚才是正当的，"为了没有犯罪而科处刑罚"是其刑罚理念的经典表述,代表者为李斯特。① 并合主义是一种折中的观点,认为预防刑虽然在支配近代刑法的犯罪预防目的中具有正当性,但是,只有当刑罚满足正义的要求时才能实现这一目的。也就是说,刑罚的正当性根据一方面是为了满足恶有恶报、善有善报的正义要求,同时也必须是防止犯罪所必需且有效的,应当在报应刑的范围内实现一般预防与特殊预防的目的。

"恶有恶报、善有善报"是古老的、朴素的正义观念,基于报应的原理,对恶害的犯罪以痛苦的刑罚进行报应,就体现了正义,这就是刑罚的正当化根据。根据这种观点,对犯人施行刑罚可以说是为了满足人类心中最原始的同态复仇的心理快感。预防刑论则强调刑罚是为了"以暴制暴","暴"本身不是目的,只是一种手段,"制暴"才是刑罚的最终目的,而且既要制止来自犯人本身的"暴",即特殊预防,也要制止来自其他潜在犯罪者的"暴",即一般预防。报应刑论把眼光放在过去,针对已有的犯罪进行刑罚;预防刑论则把眼光放向未来,针对可能的犯罪进行刑罚。并合主义则综合了二者的观点与长处。

二、人工智能对刑罚论的影响

关于刑法,有这么一句格言:无犯意则无犯人(Non reus nisi mens sit rea)。用大陆法系国家刑法的语言可以表述为,没有责任就没有刑罚(Nulla poena sine culpa)。② 责任和刑罚之间具有紧密联系,责任主义禁止刑罚超过责任的程度。凡是为刑罚提供根据的要素,都是限制刑罚的要素,反之亦然。也就是说,犯罪产生刑事责任,刑事责任决定并限制刑罚方式及轻重。在刑法上,承担刑事责任的前提是具有刑事责任能力,这代表着刑事责任的承担者应当是拥有法律主体地位的事物。然而正如前文所述,人工智能本身是否能够独立承担刑事责任取决于法律认为人工智能究竟是"物"还是"人",而这个问题恰恰是争议极大的。现在我们假设人工智能尤其是强人工智能,在未来被认为是"人",看看在这样的情况下人工智能会对刑罚论产生什么影响。

---

① 张明楷:《刑法的基本立场(修订版)》,商务印书馆 2019 年版,第 468 页。
② 张明楷:《刑法格言的展开(第 3 版)》,北京大学出版社 2013 年版,第 346 页。

（一）理论：对人工智能施行刑罚有意义吗？

在刑罚论中，我们要解决的第一个问题就是对人工智能施行刑罚的正当性依据问题，探知对人工智能施行刑罚究竟还能不能起到刑罚应有的作用。对这个问题的回答，同样分为否定说与肯定说两大派别。

否定说一派认为，对人工智能施行刑罚毫无意义，刑罚的预防犯罪的机能根本就无从体现。人工智能没有情感，不能体会到犯罪之乐和刑罚之苦，对其适用刑罚，难以实现刑罚的预防功能；针对人工智能而设置的阶梯刑罚（包括删除数据、修改程序、永久销毁），并不能让人工智能产生"惧怕"的情感，也不能发挥应有的威慑功能。[①]

肯定说一派认为，对人工智能施行刑罚仍是有意义的。现代刑罚早已不是纯粹的施加肉身上的痛苦，它在很大程度上是一种道德层面上的非难，或者说是人格层面的否定，例如，德国联邦宪法法院就认为："刑罚中蕴含社会伦理上的非难。"实际上，刑罚是作为一种象征性的回应而发挥作用的，而不是必须对于具体个体产生什么效果。现行刑法并不是为自然人量身打造的，甚至现在的刑罚对自然人究竟有没有效果，在犯罪学上仍是有待厘清的问题。在人工智能主体具备足够的理性能力的前提下，对其科处刑罚是有意义的，完全符合刑罚目的。[②]

否定说一派立足于传统的刑罚论，其逻辑基础在于刑罚的本质是痛苦，刑罚只与犯罪相联系，是施加给犯罪人的痛苦。因此，不论是从报应论还是从预防论的角度来分析，我们都无法找到刑罚对人工智能产生的意义，刑罚就失去了正当性。从报应论的观点来看，刑罚通过让犯罪人痛苦而达成刑罚的目标。但是人工智能并不像人类那样有七情六欲，即使判处人工智能死刑，把它销毁，它也不会感受到任何的痛苦或者恐惧，所以刑罚失去了意义。从预防论的观点来看，刑罚一方面让犯罪人感到痛苦，其他潜在的犯罪人看到已有犯罪人痛苦的下场之后会心生畏惧，进而不敢犯罪；另一方面，剥夺犯人的财产、自由乃至生命，使其自身失去再次犯罪的能力，或者是以后想要犯罪时，考虑到刑罚之痛苦而不去犯罪。但是一

---

① 叶良芳：《人工智能是适格的刑事责任主体吗?》，载《环球法律评论》2019 年第 4 期，第 78 - 79 页。

② 江溯：《人工智能作为刑事责任主体：基于刑法哲学的证立》，载《法制与社会发展》2021 年第 3 期，第 124 - 126 页。

方面，人工智能不会感到刑罚的痛苦，人们不可能看到人工智能因刑罚而痛苦不堪的下场；另一方面，人工智能也没有独立的财产权，更没有生命权及依附于生命权的自由权，也就是说传统的财产刑、自由刑乃至生命刑面对人工智能时无从下手，毕竟关押一个机器人是没有意义的，更何况人工智能有时是没有形体的，把它"关押"并不能阻止它的程序继续犯罪。

肯定说一派认为传统的刑罚论具有片面性，其逻辑基础在于刑罚让犯人感到痛苦，从而让犯人及其他潜在的犯人不敢犯罪，这种传统刑罚论的观点从逻辑上看似乎非常完美，但是它终究是应然层面的内容，是法学家们脑海中美好的幻想。然而经历了如此长时间的刑罚实践，我们看到的残酷现实是，从监狱中刑满释放的犯人的再犯率比较高，潜在的犯人也不会因为刑罚的残酷而放弃犯罪。所以从实然的角度来说，传统的刑罚观点根本站不住脚。实际上，刑罚的意义并不是让犯人痛苦，而是"否定之否定"，当今刑罚的更大意义在于它代表了整个社会，从精神层面对犯罪行为这种否定社会规范的行为进行否定。于是，即使人工智能根本不能感受到刑罚的痛苦，我们依然可以进行刑罚，让整个社会的大众都知道刑法依然是存在的，刑法的威严不会因为面对的是人工智能而减损。

否定说一派与肯定说一派都有其逻辑基础。需要注意的是，不论是否定说还是肯定说的观点，他们都以人工智能已经发展到相当高的程度为前提；在当今社会条件下，他们实际都认为对人工智能施行刑罚是荒谬的。

（二）实践：如何对人工智能进行刑罚？

在论证对人工智能施行刑罚的正当性的时候，学者们总是会自然而然地设想将已有的刑罚手段适用在人工智能身上的时候会是怎样的。否定说一派给出的其中一个理由就是，现有刑罚手段对人工智能没有意义，故人工智能不适用刑罚。肯定说一派为了回击这种观点，也提出了新的刑罚手段，如删除数据、修改程序、删除程序、销毁等。肯定说与否定说的学者在这个问题上的观点依旧针锋相对。

主张针对人工智能创制新的刑罚手段的学者认为，我们可以根据无形的强智能机器人所实施行为的社会危害性大小，分别对其适用删除数据、修改程序、删除程序等刑罚处罚。所谓"删除数据"，即删除强智能机器人实施犯罪行为所依赖的数据信息，犹如砍掉杀人犯的双手，从而使其失去实施先前犯罪行为的能力。所谓"修改程序"，即通过对强智能机器人程序的修改，限制其学习能力和获取数据的能力，从而使其失去独立的辨认能力和控制能力，只能在人类可控制的范围内实施行为。所谓"删除程序"，即将与强智能机器人相关的所有程序予以删除，犹如对自然人判处死刑，从而使得依赖于程序而得以生存的无形的强智能机器人不复存在。对于无法教育和改造的有形的强智能机器人，可以对其进行物理上的销毁。

但是对于以上这些刑罚方式，否定说一派的学者也一针见血地指出，诸如删除数据、修改程序、彻底销毁等手段根本谈不上具有任何"谴责性"。这些手段早已在当下存在，电子产品售后服务中心对出售的产品进行数据程序的删减、替换、修正，或者按照用户意愿进行置换、报废，是无比寻常的维修方案，这何曾需要以它们构成犯罪主体为前提？

肯定说一派的学者提出的刑罚手段更多立足于预防论的角度，以剥夺人工智能再犯能力作为目标；否定说一派的学者则认为剥夺人工智能犯罪能力时不必动用刑罚，肯定说一派的学者提出的所谓"刑罚"本质上不是真正的刑罚。我们必须承认，如果实际的刑罚手段对人工智能无法产生任何实质性的影响，那么刑罚的正当性就大打折扣，此时对人工智能施行刑罚更多的是在熄灭人们复仇之怒火，这在本质上和心智未开的小孩子被石头磕绊之后怒而踢踹石头的行为没有区别。在传统刑罚手段失灵的情况下，我们需要继续思考和挖掘出可能适用人工智能的一些刑罚手段。

本章思考题

1. 人工智能是否应当成为刑法上的主体？

2. 有学者认为刑法应当克制而保守，也有学者认为这种观点受制于古典理念型刑法观，这种刑法观所面对的社会情势与今天有很大的不同。在有关人工智能的立法规制上，刑法应当采取哪种态度？

3. 人工智能的研发者对人工智能犯罪是否需要承担责任？

4. 人工智能的出现会对常见罪名的认定（包括但不限于诈骗罪、交通肇事罪、医疗事故罪）产生什么样的影响？

第四章　人工智能的民法学问题

民法是调整平等主体之间人身关系与财产关系的法律规范的总和。《中华人民共和国民法典》（简称《民法典》）设置了物权编、合同编、人格权编、婚姻家庭编、继承编与侵权责任编几大分编，各大分编构成了调整平等主体之间人身与财产关系的总体框架与大致体系。最近几十年来，随着人工智能技术的萌芽与发展，人们在生活中应用人工智能类产品的频率越来越高，随之带来了人工智能对传统民法的挑战。在传统的民法体系中，这部分挑战对人格权、侵权责任及知识产权领域的冲击较大，例如，人工智能应用与隐私权之间的关系、如何规制人工智能产品侵犯生命健康权的行为和人工智能机器人所创作成果的著作权权属问题等。在本章，我们也将聚焦这些争议，对人工智能时代下隐私权、知识产权的保护与人工智能带来的各类侵权隐患等热点问题进行逐一梳理。

第一节　人工智能与民事法律人格

当今，人工智能技术的发展已经不满足于仅辅助人类完成体力要求高而脑力要求低的重复性工作，更加追求人工智能拥有甚至超越人类的思维能力并具备独立的意识，即拥有"人的智慧"。大到机器人索菲亚，小到手机语音助手小度、Siri，都初步显露出人工智能具备类人思维和意识的可能性。可以注意到，人工智能因其越来越完善的交互能力而逐渐深入到我们身边的各个角落，这意味着它可以接触到更多的个人隐私和信息。我们不难想象，未来拥有类人化甚至超人智慧的强人工智能可能会主动收集人们的隐私和信息并为其所用，这无疑让人心生担忧。面对个人隐私和信息受侵犯，能否赋予强人工智能以法律人格来规制其行为呢？在本书第一章中已经简单探讨过人工智能的主体资格，本节将针对强人工智能侵犯个人隐私和信息的问题及相应保护方案展开讨论。

案例引人

　　尽管当下强人工智能的概念还暂时停留于设想阶段，但是较弱的人工智能侵害公民隐私权和个人信息的事件层出不穷，已经对社会和个人利益造成了较大威胁和损害。

　　根据美国《纽约时报》和英国《观察者报》的消息，2018 年，剑桥分析公司（Cambridge Analytica）通过一款名为"this is you rdigita life"的第三方应用程序收集了 5000 万选民的 Facebook 个人资料，并利用这些资料构建了一个强大的软件程序来预测和影响投票箱中的选择结果。据称，该数据分析公司与特朗普赢得大选、英国成功脱欧的幕后竞选团队均有合作。这也是 Facebook 这家科技巨头有史以来最大的数据泄露事件之一。较弱的人工智能①都能对公民隐私权和个人信息保护造成如此大的损失，人们不由得担忧未来强人工智能类似的侵害行为是否会有过之而无不及。②

一、民事法律人格

　　法律人格，是指法律认可的能够享受权利和承担义务的资格。法律人格具体包括自然人主体、法律拟制主体两种形式。对于任何自然人，法律均承认其法律人格，民法还根据民事主体行为能力的不同进一步将其分为无民事行为能力人、限制民事行为能力人和完全民事行为能力人，法律人格伴随自然人"从摇篮到坟墓"。而法律拟制主体的人格，则需要经过法律规定的程序方可取得，例如有限责任公司的设立。民法的拟制主体包括法人和非法人组织等。除了自然人格和拟制人格，欧盟议会法律事务委员会于 2016 年发布的《关于机器人民事法律规则立法建议之欧盟委员会的报告草案》创新性地提出了电子人格，此外还有虚拟人格、有限人格等。其中，虚拟人格具备身份的假定性、行为的去抑制性、角色的多重性和存

---

　　① 这一案例中的第三方应用程序和影响大选的软件程序都具备了一定的数据自动筛选和分析的能力，比较符合弱人工智能的定义和特征。

　　② 《还原 Facebook 数据泄漏事件始末，用户信息是如何被第三方获取的？》，见搜狐网（ht-tps://www.sohu.com/a/226053168_99979179），访问日期：2022 年 2 月 15 日。

在的依赖性四大特点①，其更接近于假定型人格的概念。而有限人格与自然人格、拟制人格及电子人格并不完全等同，其认为人工智能享有有限的人格，即人工智能可以做出行为，但其承担行为后果的能力有限。简单地说，法律人格是某一主体能否成为法律意义上的"人"的资格，是其享有权利和履行义务的基础。

　　那么强人工智能是否能获得法律人格呢？本书的第一章第三节已经简单介绍了关于这一问题的"否定说""肯定说"和"折中说"观点。目前，三大观点中，"否定说"和"肯定说"势均力敌、平分秋色，我国立法和司法工作也对此表露出谨慎的态度。而以长远、动态的目光来看，"折中说"或许能够为相关理论与实践发展提供观望和适应的空间：其一，人工智能技术是一直处于高速发展的状态中的。没有人可以预知未来人工智能技术水平到底会达到何种高度，即使发展出强人工智能，最终可能仍要回归法律手段，对人工智能的侵权行为予以规制，而最为强有力的手段就是将人工智能体纳入法律主体的范围，赋予其法律人格并让其承担相应责任。其二，人工智能技术正处于由弱人工智能向强人工智能转变的过渡时期。在这一时期里，部分人工智能体已经拥有了一定的"类人"智慧，如果仍旧将所有的人工智能侵权行为归责于其研发者、生产者等自然人主体，未免有失公允，还可能打击其推动科技进步的积极性和创新性。其三，尽管实践要求法律承认人工智能体的主体地位，但毕竟人工智能体与自然人和法人等法律主体还是有一定差别的，"一刀切"地承认其法律人格既不现实，也太激进，以何种方式赋予人工智能何种法律人格还需要进一步的研究。总的来说，采取折中的态度，针对人工智能体的智能程度并结合实际案件情况，有限度且有条件地承认其法律人格是较为保险、留有余地的做法，也可以为将来更大范围地承认人工智能的法律人格开展初步探索，保留经验。

　　在民法体系中，判断是否应当赋予某一主体以法律人格，最重要的意

────────────

　　① 身份假定性：网络中的虚拟主体可以随意创造出假的身份，且这类行为似乎已经成为一种惯例。行为的去抑制性：抑制指现实生活中人们因各种内心准则或社会规范的制约而表现出的行为自我克制，但是在匿名状态下的网络传播与交流过程中，个体的行为比现实生活中更不受约束，现实社会中的内心准则和社会规范在网络虚拟世界中就不复存在了。角色的多重性：正因为虚拟人格具备去抑制性，虚拟主体在网络传播中可以展现更多不同的面貌，例如真实的自我与伪装的自我。存在的依赖性：虚拟人格产生并依赖于网络世界的存在。（参见李莉《虚拟人格在网络中的传播》，吉林大学 2008 年硕士学位论文，第 11－15 页。）

义之一就在于确认其是否能够拥有人格权。《民法典》总则编将第五章民事权利放在第二、第三、第四章（分别为自然人、法人和非法人组织）之后，就可以体现这一点。根据《民法典》第九百九十条①的规定，一般情况下自然人当然享有人格权，而法人与非法人组织因其并不完全等同于自然意义上的"人"，只享有与物质财产有较密切联系的人格权，如名誉权、荣誉权等。在上述人格权中，隐私权和个人信息保护是除了生命权、身体权和健康权之外较为重要的权利和权益：一方面，作为权益客体的个人信息具备人身和财产双重属性。个人的隐私权和个人信息保护不仅与名誉权、荣誉权等人身权利有关，还可能涉及个人财产及财产性利益的安全（例如，个人信息可能被用于诈骗、非法贷款等），存在法律保护的紧迫性与必要性。另一方面，隐私权和个人信息的法律保护体系涉及宪法、民法、刑法和行政法等多部法律。《宪法》第三十三条第三款明确规定："国家尊重和保障人权。"《民法典》针对隐私权和个人信息保护制定了专门的法条。严重侵害公民隐私权和个人信息的行为还被纳入刑法规制范围，如"侵犯公民个人信息罪"等，其重要性可见一斑。加之在当下因应用人工智能技术而引发的诸多社会矛盾中，关于侵害公民隐私权和个人信息的报道层出不穷，法律的保护又存在一些不足，基于此时代背景进一步探讨隐私权和个人信息保护的发展与完善就有重要的理论和实践意义。

二、隐私权和个人信息保护

（一）隐私和隐私权

由《民法典》第一千零三十二条第二款的规定②可知，隐私具备两大特征：私人性，即隐私是与其他人（特指一定范围以外的人）及社会利益无关的信息；私密性，即隐私是公民不愿意被他人知晓的信息。如果要判断某个人信息是否属于隐私，需要结合具体情境进行分析。例如，公民个人的家庭住址，在日常生活中是与其他人和社会利益无关的，也是其不

---

① 《中华人民共和国民法典》第九百九十条：人格权是民事主体享有的生命权、身体权、健康权、姓名权、名称权、肖像权、名誉权、荣誉权、隐私权等权利。
② 《中华人民共和国民法典》第一千零三十二条第二款：隐私是自然人的私人生活安宁和不愿为他人知晓的私密空间、私密活动、私密信息。

愿被他人知晓的信息，那么此信息就属于隐私。①

　　隐私权是指公民享有的私人生活安宁与私人信息依法受到保护，不被他人非法侵扰、知悉、搜集、利用和公开等的一种人格权。② 隐私权赋予权利人对私人生活的控制权，这种控制权包括防御他人窃取个人隐私与是否向他人公开隐私及公开范围的决定权。③ 隐私权的常见类型有四种，分别是个人生活自由权、情报秘密权④、个人通讯秘密权、个人隐私利用权。自2022年《民法典》正式生效，人格权独立成编，隐私权的法律保护再次受到社会的广泛关注。近年来，人工智能或受控制地或自主地收集个人信息乃至个人隐私事件频发，人们呼唤更强有力的法律保护体制和机制。

　　（二）个人信息和个人信息保护

　　从《民法典》第一千零三十四条第二款的规定⑤来看，个人信息与隐私也有重合之处，大多数属于隐私的信息一般情况下也可纳入个人信息的范畴。而第三款"个人信息中的私密信息，适用有关隐私权的规定；没有规定的，适用有关个人信息保护的规定"则明确了法律适用上隐私权的规定优先于个人信息保护的规定。简言之，相较于隐私，个人信息的内涵更加丰富、覆盖面更广。例如，在新冠肺炎疫情防控的情境下，虽然可能因为政府管理和公共利益的需要，公民的家庭住址不能被简单归入隐私范畴，但完全可以被归入个人信息领域。虽然关于个人信息保护的法条被划分在人格权编当中，但是依照《民法典》第一百一十一条对民事主体

---

　　① 现实生活中也存在着公民的家庭住址等信息不能被完全地划分为个人隐私的情况。例如在新冠肺炎疫情防控时期，政府及其工作人员出于防止疫情扩散、保护人民生命健康安全等公共利益的目的，会要求密切接触者及时报告个人行程、家庭住址、联系方式和证件号码等，以便更精准地排查可能感染新冠肺炎病毒的人员。此时身为密切接触者的公民就不能以保护个人隐私为由拒绝提供这些信息，即在这一情形下这些信息是不能被认定为是个人隐私的。

　　② 张新宝：《隐私权的法律保护（第二版）》，群众出版社2004年版，第10页。

　　③ 参见谢远扬著《个人信息的私法保护》，中国法制出版社2016年版，第127页。

　　④ 此处的情报指个人生活的信息和资料，例如身高、体重、病史、财产状况、婚恋状况等，公民有权利使以上个人信息处于秘密状态或拒绝向他人和社会公开。

　　⑤ 《中华人民共和国民法典》第一千零三十四条第二款：个人信息是以电子或者其他方式记录的能够单独或者与其他信息结合识别特定自然人的各种信息，包括自然人的姓名、出生日期、身份证件号码、生物识别信息、住址、电话号码、电子邮箱、健康信息、行踪信息等。

人格权的规定①和第一千零三十四条对个人信息保护的规定，个人信息的定位是权益还是权利，在理论界仍然存有分歧和争议，这也间接影响着法律的实际效力。尽管如此，从 2021 年 11 月 1 日正式施行的《个人信息保护法》到工信部下架 106 款涉嫌过度收集用户个人信息的 App，都正面体现了我国通过法律、行政等手段保护公民个人信息的决心。

阅读拓展

工信部于 2021 年 12 月 9 日发布通报称，针对 App 超范围、高频次索取用户权限，超出服务场景所必需地收集用户个人信息，欺骗、误导用户下载其他第三方软件等违规行为进行了检查，并对未按要求完成整改的 App 进行了公开通报。截至发布通报为止，尚有包括豆瓣、唱吧等 106 款 App 未按工信部、各通信管理局的要求完成整改。工信部依据《个人信息保护法》《网络安全法》等相关法律要求，立即组织对此 106 款 App 进行下架处理。②

三、人工智能时代的隐私权与个人信息保护

与传统的理论相比，人工智能技术的应用改变了隐私权和个人信息保护的内涵与外延，催生了新的特点和发展态势，例如，隐私权理论由传统的四分法发展到新型三分法，个人信息也呈现碎片化、易获得化和可联系化等新特点。

传统的四分法隐私权理论由美国法学家威廉·L. 普罗瑟（William L. Prosser）提出，他认为隐私权不再是单一的法律概念，而是四种侵权样态的复合体，主要包括：①侵扰他人的幽居独处或私人事务；②公开披露使人尴尬的私人事实；③公布不实资讯，误导社会大众对他人的看法；④盗

---

① 《中华人民共和国民法典》第一百一十一条规定：自然人享有生命权、身体权、健康权、姓名权、肖像权、名誉权、荣誉权、隐私权、婚姻自主权等权利。法人、非法人组织享有名称权、名誉权和荣誉权。
② 《最新！工信部下架豆瓣、唱吧等 106 款侵害用户权益 APP》，见央广网（http://edu. cnr. cn/sy/sytjB/20211209/t20211209_ 525682842. shtml），访问日期：2022 年 2 月 15 日。

用他人的姓名或肖像，借以图利。① 而在进入互联网时代后，隐私权侵权样态趋向多样性和复杂性，传统四分法理论无法完全对此进行概括。② 因此就出现了杰里·康（Jerry Kang）所提倡的空间性、自治性和信息性三类的新型隐私权理论。新型隐私权三分理论强调将个人不被打扰的消极性的防御型基本权利扩张到能够自我控制并决定信息的使用范围及其正确性、完整性、积极性的主动型人身权利。③ 此外，相较以往没有互联网和大数据的时代，人们的信息传递和交流主要通过电话、短信等方式，个人信息也较难为他人所获取，相关侵权行为也较少发生。但人工智能时代的到来极大地推动了大数据的普及和应用，其与人工智能、互联网等技术的结合，为人们提供了更为高质量且便捷的生活。大数据也被称为巨量资料，指的是所涉及资料规模大到无法通过主流的软件工具，在合理的时间内达到获取、管理、处理并整理成为帮助企业经营决策的信息。④ 小到驾车出行时的智能导航、购物软件首页的个性化推荐，大到全屋联通的智能家居系统、全国每天更新的新冠肺炎病毒疫情监测报告等，都是人工智能基于收集的大数据自动分析的成果。可以说，如今人们的生活已经无法离开人工智能和大数据，这也意味着人工智能可以更容易地接触到大多数个人信息。同时，尽管使用者（或称软件用户）提供给软件的可能只是某一次购物的信息、某一次出行的信息、某一次通话记录等，但是软件一旦整合从用户长期使用过程中获得的个人信息，便可能得出更为精确的结论。例如，用户更喜欢复古风的衣物、用户经常在某小区和某写字楼之间往返、用户经常与某位朋友通话且内容经常提及"北京""旅游"的字眼，诸如此类。换言之，人工智能和大数据时代下的个人信息不仅是碎片化、易获取的，还可以通过某种方式被整合。这些被整合后的个人信息大多被用于对使用者（软件用户）进行人物侧写，从而能推荐更有针对性的商品和服务以获取更大的商业利润。但如果是被用于精准识别个体，那么侵害的就不只是公民的个人信息和隐私权，还可能涉及个人财产安全

---

① William L. Prosser. "Privacy", *California Law Review*, 1960, 48（3），pp. 383 – 389.

② 例如，通过互联网非法收集公民的隐私信息用于买卖或者诈骗活动，这类侵权行为就无法被传统隐私权四分法理论所涵盖。

③ 陈姵勇、卢志朋：《互联网平台企业的网络垄断与公民隐私权保护：兼论互联网时代公民隐私权的新发展与维权困境》，载《学术界》2018 年第 7 期，第 41 页。

④ 《什么是大数据？》，见济南市大数据局官网（http://jndsj.jinan.gov.cn/art/2019/8/13/art_39428_3158286.html），访问日期：2022 年 2 月 15 日。

问题。

由于隐私权和个人信息保护的客体边界发生了变化，传统的民法规则在适用过程中就显得有些"力不从心"，即出现了"法律失灵"的现象。首先，因为法律目前规制侵害公民隐私权和个人信息行为的主要方式仍然是"告诉才处理，不告则不理"，法律发挥效力是建立在公民通过诉讼主张自身权利的基础上的，那么公民意识到自身权益受损是整个程序运作的起点和关键。然而华盛顿大学法学院的雷恩·卡洛（Ryan Calo）助理教授在2014年发表的《机器人与隐私中》一文中得出的结论是令人担忧的。文中提到了机器人会给隐私带来的几点影响：①智能机器人的使用可能带来超过人类预期的个人隐私利用方式；②个人隐私在人工智能时代下更加容易被获得；③人们对于高拟人化的人工智能防备心逐渐降低。现在的人工智能被设计得越来越人性化，甚至可以与自然人进行社会性的对话，有的智能机器人还可以模仿人的喜怒哀乐的表情。在这一情形下，人们会错误地以为自己正在进行普通的、正常的社会交往活动，内心防御机制的松懈将导致人们无意识地向人工智能泄露个人隐私和信息，甚至当自己的隐私受到侵害时也毫无觉察。此时，整个法律救济和保护程序是无法被唤醒的，从而就会导致法律保护的延迟。其次，人工智能时代下的个人信息的最大特点之一就是趋于碎片化和可联系化。尽管现实生活中人工智能向使用者（软件用户）收集个人信息时，可能会因为该信息不具备"可识别性"而免受过度收集个人信息的指控，但一旦将这些"碎片化"的数据联系起来，形成一个包罗万象的"数据网"，识别出某一个人可能仅仅只是时间问题。根据微信上记录的手机号码、微博上定位的位置信息、短视频App显示的年龄偏向等信息，或许就可以得出使用者（软件用户）是某一高校大学生或某一公司职员的结论。尽管最新出台的《个人信息保护法》也明文禁止不经过使用者（软件用户）的同意就共享数据的行为，但人工智能乃至强人工智能的数据处理过程除了专业人士能够把握，大多数行政部门的工作人员是无法探究的，因而很难仔细、直接监控相关行为和技术，最终便造成"法律实施不能"的尴尬局面。最后，可以注意到传统民法体系因自身固有的稳定性和滞后性，已经不能满足人们对于自身隐私权和个人信息保护的需求。一方面，针对侵犯隐私权与个人信息的违法行为，现有的法律一般采用要求行为人停止侵害、消除影响，或者要求赔偿损失、赔礼道歉等事后性机制来实施保护和救济，缺少事前的预防策略，显得较为消极和被动。另一方面，传统民法体系在规制侵害隐私权和个人信息的违法行为时，必然会涉及民事主体认定的环节，然而包括我国在内的大部分国家都不认可人工智能的法律主体地位，这也无疑阻碍着法律发挥效力的进程。

正因为传统民法体系暂时无法很好地回应人工智能对隐私权和个人信息保护提出的新挑战和要求，立法者通过确立相关领域的法律原则，结合法律解释学等法学方法，探索出基于目前的民法框架来保护公民隐私权和个人信息的民法方案。以 2021 年 11 月 1 日正式施行的《个人信息保护法》为例，其归属于民法体系，与此前出台的《数据安全法》《电子商务法》和《最高人民法院关于审理使用人脸识别技术处理个人信息相关民事案件适用法律若干问题的规定》等规范共同构成了当下较为完整的个人信息保护体系。《个人信息保护法》的出台为个人信息保护确立了诸多重要原则，这些法律原则为日后强人工智能的出现，及其可能带来的侵害个人信息的行为做好了准备。《个人信息保护法》第五、六、七条分别规定，处理个人信息应当遵循合法正当、诚实信用、目的明确和公开透明等原则，收集个人信息应当遵循最小限度原则。① 这些原则意味着人工智能乃至强人工智能无论在何种场景下收集、处理个人信息，都要基于必要、明确等目的，且要限制在最小范围内，处理过程还必须公开透明、合法正当。当然，这类一般性规定还是相对模糊的，比如何为"必要、明确"，界定"最小范围"，"公开透明"的具体方式指什么，还有很多内容暂时没有明晰，存在法律适用上的困难和缺陷。除此之外，针对人工智能侵犯隐私权和个人信息保护的行为制定专门的法律或条例，并配套相关的行政管理条例和监管措施，可能是较为理想的方案。比如，强制人工智能植入保护人类隐私和个人信息的规则（类似于阿西莫夫提出的"机器人三原则"②）、强制人工智能尤其是强人工智能公开处理个人信息的目的和过程、制定《人工智能守则》和《人工智能管理条例》等，更多内容有待

① 《中华人民共和国个人信息保护法》第五条规定：处理个人信息应当遵循合法、正当、必要和诚信原则，不得通过误导、欺诈、胁迫等方式处理个人信息。第六条规定：处理个人信息应当具有明确、合理的目的，并应当与处理目的直接相关，采取对个人权益影响最小的方式。收集个人信息，应当限于实现处理目的的最小范围，不得过度收集个人信息。第七条规定：处理个人信息应当遵循公开、透明原则，公开个人信息处理规则，明示处理的目的、方式和范围。

② 为了保护人类，早在 1940 年，科幻作家阿西莫夫就提出了"机器人三原则"。第一条：机器人不得伤害人类，或看到人类受到伤害而袖手旁观。第二条：机器人必须服从人类的命令，除非这条命令与第一条相矛盾。第三条：机器人必须保护自己，除非这种保护与以上两条相矛盾。

学界予以探讨。

　　当然，仅仅依靠民法实现对个人隐私和信息的保护是远远不够的，还需要从上到下构建严密的社会保护体系：确立宪法、民法、刑法等多元法律保护体制和机制，制定相关行业标准和企业标准来增强企业自律，联合相关技术手段和专业人才辅助政府监管，利用媒体和社会舆论发现问题、督促改正、解决问题，扩大宣传范围激发公民维权积极性，鼓励人们建言献策、广纳良言以完善相关制度……多方合作、多管齐下、多重保护，才能有效应对人工智能乃至未来的强人工智能对公民隐私权和个人信息保护的威胁。

阅读拓展

> 　　20 世纪 90 年代，加拿大安大略省前信息隐私专员安·卡沃琪安（Ann Cavoukian）博士提出了隐私设计理念（Privacy by Design，PbD），这一理念在欧洲和美国等地区和国际社会得到了广泛支持。PbD 是指事先将隐私保护理念融入各种各样技术层面的设计格式中的思维方式和方法。在信息处理技术，以及系统的设计、运用和管理中，确立与《公平信息处理条例》（*Fair Information Practices*）相关的诸多原则，并由此实现"隐私设计"：①不是事后解决，而是事前预防；②隐私要设置为初始设定；③隐私要放入设计中；④全功能性：不要做零和博弈，要做正和博弈；⑤对整个生命周期进行保护，从生成到废弃都要讲求安全性；⑥通过持续的公开来保障可视性和透明性；⑦坚持以使用者为中心，最大限度地尊重使用者的隐私。①

第二节　人工智能的侵权行为责任

　　近年来，人们的生活越发地趋于"智能化"，从智能手机到人脸识别系统，从智能家居到智能客服机器人，各类人工智能产品迅猛发展。其中，尤以无人驾驶汽车与医疗机器人为两大典型代表。然而，新事物的诞

---

　　①　［日］福田雅树、林秀弥、成原慧：《AI 联结的社会：人工智能网络化时代的伦理与法律》，宋爱译，社会科学文献出版社 2020 年版，第 206 - 207 页。

生也是把不容忽视的双刃剑，无人驾驶汽车与医疗机器人在给人们带来便利的同时，侵权的隐患与危险也悄然而至。本节将从人工智能的行为角度，分别以无人驾驶汽车与医疗机器人作为切入口，探究人工智能面临侵权的责任分配问题。

一、一般侵权问题——以无人驾驶汽车为例

案例引入

　　2016 年，央视的《法治在线》栏目曝光了我国首起自动驾驶汽车致人死亡事件。事故发生在京港澳高速的河北邯郸段，2016 年 1 月 20 日，司机高某驾驶一辆特斯拉汽车撞上一辆正处于作业状态的道路清扫车，年仅 23 岁的司机高某当场身亡。后来的调查显示，在两车发生撞击之前，这辆特斯拉汽车居然没有躲避和减速，在保持原本的车速的情况下直直地撞上前方正处于工作状态的清扫车的尾部。后续交警部门认定驾驶"特斯拉"汽车的高某负有主要责任。

　　然而，事故发生后，该辆特斯拉汽车的车主、身亡司机的父亲高某，坚持认为生前驾驶技术过硬的儿子不可能因为自身疏忽而导致事故的发生，因为自己的儿子生前在部队从事多年的驾驶工作，有着上万公里的安全行驶记录。于是，这位不甘的父亲开始找各种车友、专家咨询，最终将特斯拉公司告上了法庭。

　　2016 年 9 月 20 日，特斯拉汽车车主高某因儿子使用特斯拉自动驾驶系统发生交通事故死亡状告特斯拉中国销售公司一案在北京市朝阳区人民法院开庭审理。①

（一）无人驾驶汽车的概念与特征

　　无人驾驶汽车，又称轮式移动机器人，是能够依靠自身携带的传感器感知车辆周围环境，根据任务要求实时决策执行，以保证车辆安全性与稳

_____

① 《国内首起"特斯拉自动驾驶"车祸致死案已有最新进展》，见央视网（https://baijia-hao. baidu. com/s? id = 1598168002556402 168&wfr = spider&for = pc% EF% BC% 89），访问日期：2022 年 2 月 21 日。

定性的一种人工智能汽车。① 与存在人类驾驶行为的"有人驾驶"汽车不同，"无人驾驶"汽车利用全智能、自动化的计算机技术，实现由电脑控制车辆，人类脱离干预驾驶，完全由计算机完成所有车辆启停、动作控制、碰撞规避等传统需要由人自行操控的驾驶过程。② 无人驾驶汽车，根据其智能化程度与依赖驾驶员程度的差异，被分为不同的等级。目前业界普遍遵循的是国际自动车工程师学会（the Society of Automotive Engineers，SAE）发布的 SAE 自动驾驶水平级别标准。该标准共划分为六个等级：Level 0、Level 1、Level 2、Level 3、Level 4 和 Level 5，各个等级之间的差异如表 4 – 1 所示。

表 4 – 1　国际自动车工程师学会对于自动驾驶水平的分级

SAE 自动驾驶水平级别	自动化程度	自动化内容	驾驶操作	周边监控	接管	应用场景
Level 0	无自动化	驾驶员须完全掌控车辆	人类驾驶员	人类驾驶员	人类驾驶员	无
Level 1	驾驶辅助	行驶过程中系统有时能够辅助驾驶员处理部分驾驶操作任务，并期望驾驶员完成所有其他动态驾驶任务	人类驾驶员和车辆	人类驾驶员	人类驾驶员	限定场景
Level 2	部分自动化	行驶过程中驾驶员持续监控周边环境和操作部分行驶任务时，自动系统能够实际操作完成其他部分的任务	车辆	人类驾驶员	人类驾驶员	限定场景
Level 3	有条件自动化	在特定模式下由自动驾驶系统完成驾驶操作和监控行驶的周边环境，但期望驾驶员能及时响应系统请求并接管行驶控制权	车辆	车辆	人类驾驶员	限定场景

① 孙扬、杨贺：《无人驾驶车辆智能水平等级划分》，载《科技导报》2017 年第 17 期，第 80 – 83 页。

② 转引自袁曾《无人驾驶汽车侵权责任的链式分配机制：以算法应用为切入点》，载《东方法学》2019 年第 5 期，第 28 – 39 页。

续表 4 - 1

SAE 自动驾驶 水平级别	自动化 程度	自动化内容	驾驶 操作	周边 监控	接管	应用 场景
Level 4	高度 自动化	在特定情形下由自动驾驶系统完成驾驶操作和监控行驶的周边环境，驾驶员无须接管行驶控制权	车辆	车辆	车辆	限定 场景
Level 5	完全 自动化	在全部时间、全部路况和环境条件下自动驾驶系统能够完成所有的驾驶操作任务	车辆	车辆	车辆	所有 场景

（资料来源：孙建伟，袁曾，袁苇鸣著《人工智能法学简论》，知识产权出版社 2019 年版，第 70 - 71 页；顾骏，许春明等著《意志与责任：法律人工智能》，上海大学出版社 2020 年版，第 92 - 93 页。）

无人驾驶汽车，作为兼顾机动车属性与人工智能属性的汽车，主要具有以下两大特征：①高自主性。自动驾驶汽车用云端数据和更精密的算法程序来替代驾驶人成为操控汽车的"大脑"，其中内置了一个机器学习模型，使得自动驾驶汽车可以利用雷达、激光、摄像头等各类传感器来监测路况，系统基于收集到的数据做出规划，选择一条能够到达目的地且能规避路上障碍物的最佳道路，最后由系统发出指令来驱动汽车的每一次变向、加速与刹车。[①] 在这套程序下，当使用较高等级的无人驾驶汽车时，驾驶人不再需要每时每刻都把注意力放在自己的驾驶操作上，只要驾驶人不对自动驾驶系统的运行进行干扰，他/她就可以在驾驶位上近乎自由地做其他事情。②高技术性。无人驾驶汽车系统主要由三部分构成：一是环境感知，通过传感器对车内外环境信息进行采集与处理；二是路径规划，依靠精确的全球定位系统帮助自动驾驶汽车选择路况良好、方便快捷的道路，实现到达目的地的全局路径规划与躲避小型障碍物的局部路径规划；三是控制系统，依托环境感知与定位系统得到的信息，对行驶路段进行综合分析，在动态的环境中让无人驾驶汽车做出正确的判断与计划，通过发

---

① 转引自冯珏《自动驾驶汽车致损的民事侵权责任》，载《中国法学》2018 年第 6 期，第 109 - 132 页。

布指令的方式使汽车自主完成一系列加速减速、转弯刹车等操作。①

（二）无人驾驶汽车交通事故的侵权责任主体及分配

无人驾驶汽车发生交通事故后由谁来承担责任？这是一个颇具争议的问题，当前，法学界的学者们对此有着不同的观点。有学者认为，应当由机动车的使用人承担责任，因为自动驾驶行为还是由驾驶者来主导的；有学者认为，应当由机动车的制造商或系统开发商承担责任，结合产品责任与一般过失责任进行认定；还有学者认为，应当由机动车的所有人承担责任，参照雇主责任令所有者为出事故的无人驾驶汽车"买单"。②然而，由于无人驾驶汽车交通事故发生机制的多样性，无论是何种观点，似乎都无法全面地覆盖各类具体的情况。对此，还有不少的学者提出"链式结构"的责任分配机制，即结合无人驾驶技术研发、生产、销售、使用、监管的实际，对每个环节设立清晰的责任体系规制并形成链式分配机制。③（见图 4 - 1）

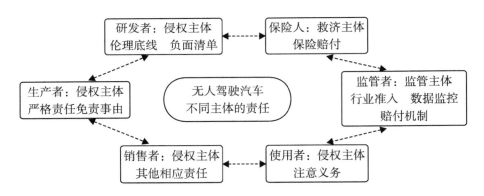

图 4 - 1　无人驾驶汽车的不同主体及其相应责任分配体系

这个体系将无人驾驶汽车事故中所涉及的主体一一列出，需要说明的是，这些主体所需承担的责任不必然是侵权责任。这六个主体可被划分为三类：第一类为侵权主体，包括研发者、生产者、销售者与使用者，他们

---

① 孙占利、孙志伟主编：《人工智能与互联网前沿法律问题研究》，法律出版社 2019 年版，第 66 - 67 页。

② 冯子轩主编：《人工智能与法律》，法律出版社 2020 年版，第 110 - 111 页。

③ 袁曾：《无人驾驶汽车侵权责任的链式分配机制：以算法应用为切入点》，载《东方法学》2019 年第 5 期，第 28 - 39 页。

在无人驾驶汽车交通事故中可能需要承担的是因侵权而形成的赔偿责任；第二类为监管主体，他们承担着贯穿事前、事中、事后全过程的监管责任；第三类为救济主体，例如保险人，在这一链条中他们扮演的是兜底、保障的角色，相当于是为受害者提供的最后一道救济防线。

1. 侵权主体

（1）研发者。在上述责任分配的体系中，研发者主要须承担两点责任：①以人为本的伦理底线。科幻作家阿西莫夫在20世纪中叶便提出著名的"机器人三原则"，包括机器人不得伤害人类、必须服从人类命令、保护自身安全等具体内容。由此可见，人工智能机器人首先需要遵守的是以人为本、尊重人类利益的原则。在日韩、欧盟等国家组织公布的有关人工智能开发的纲领性文件中，大部分均对人工智能产品的开发做了顶层价值观的限定。尤其是德国于2017年公布的《自动驾驶道德准则》，对道路安全重于效率、人类利益优位、自然人个体保护优于其他考虑等内容作出了具体且明确的规定。① ②"负面清单"下的严格责任。"负面清单"的设置，即规定在无人驾驶技术研发中禁止研发人员进入的特定领域，以避免技术的研发进入不可控的状态。例如，研发者不得设定服务于汽车驾驶本身以外的其他功能，比如，将无人驾驶汽车改装成"自动操作武器"；又如，无人驾驶技术的研发与应用不能以过度牺牲环境利益为代价。在这种情况下，技术开发的法律"负面清单"规定由研发者承担相应民事、刑事及其他责任。若无人驾驶汽车交通事故的发生是由"负面清单"中的缺陷所导致，那么研发者须对此承担严格责任。同时，为了便于认定违反"负面清单"所致缺陷与事故发生之间的因果关系，研发者还应遵循一些强制性义务，如创建开发与应用数据记录系统，强制妥善保存研发核心参数等。②

---

① 孙建伟、袁曾、袁苇鸣：《人工智能法学简论》，知识产权出版社2019年版，第82－83页。

② 袁曾：《无人驾驶汽车侵权责任的链式分配机制：以算法应用为切入点》，载《东方法学》2019年第5期，第28－39页。

情景设定：衍生型"电车难题"①

　　假设在美国的夏威夷岛，贯穿于几座火山之间的高速公路上，一辆全自动驾驶汽车与从对面车道闯入的校车发生交通事故。乘坐校车的31人全部死亡，但乘坐全自动驾驶汽车的人则没有受伤，因为全自动驾驶汽车所具有的"感知、认知＋思考、判断＋行动"能力远远超过了人类，因此进行了紧急转向，避开了与校车之间的撞击。然而，如果全自动驾驶汽车将方向盘打到最右边的话，有可能改变校车上人员全部死亡的惨烈结果，但是代价是乘坐全自动驾驶汽车的人员无法生还。所以全自动驾驶汽车应该进行紧急转向吗？

　　（2）生产者。生产者作为人工智能产品的制造产出者，在无人驾驶汽车侵权责任的认定与分配中处于较为核心的地位。一方面，生产者有规避带有产品缺陷的成品流入市场的义务，如若事故的发生是汽车的硬件问题，那么生产者将负有不容推卸的责任。比如，美国交通部修订的《联邦机动车辆安全标准》规范了包括无人驾驶汽车主动、被动安全等多个领域，所有无人驾驶车辆与部件都必须符合该标准，否则不得流入市场进行销售。② 同时，为了对产品生产的合规性进行追踪与记录，还应设立一些数据强制记录的原则。③ 例如，德国已经开始要求无人驾驶汽车必须安装数据记录仪，以便查明因果关系，从而便于事故发生后侵权责任的认定与分配。④ 另一方面，在侵权责任的规制中，对于生产者的要求也不能过于苛刻，我们需要对其设立一定的免责事由。根据《中华人民共和国产品质量法》第四十一条，因产品存在缺陷造成人身、缺陷产品以外的其他财产（简称"他人财产"）损害的，生产者应当承担赔偿责任。但生产

---

　　① ［日］福田雅树、林秀弥、成原慧：《AI 联结的社会：人工智能网络化时代的伦理与法律》，宋爱译，社会科学文献出版社 2020 年版，第 255 – 258 页。

　　② 参见何姗姗《美国与德国自动驾驶的两种立法探索》，见 FT 中文网（http://www.12365auto.com/news/20170921/304515.shtml），访问日期：2022 年 2 月 15 日。

　　③ 袁曾：《无人驾驶汽车侵权责任的链式分配机制：以算法应用为切入点》，载《东方法学》2019 年第 5 期，第 28 – 39 页。

　　④ Patrick Lin. "No, Self-Driving Cars Won't Kill the Insurance Industry, Forbes"（http://cyberlaw.stanford.edu/about/ people/patrick-lin），2022 – 2 – 15.

者能够证明有下列情形之一的，不承担赔偿责任：未将产品投入流通的；产品投入流通时，引起损害的缺陷尚不存在的；将产品投入流通时的科学技术水平尚不能发现缺陷的存在的。其中第三项的抗辩，又称"开发风险"抗辩，放置到无人驾驶汽车的生产上，就是在生产时根据现有的科学技术水平，无法发现产品缺陷的存在。此条规定能从有效提高生产效率的经济学原理出发，为生产者提供一定的侵权责任抗辩事由。①

（3）销售者。在我国现行的法律中，《中华人民共和国产品质量法》第四十二条规定，由于销售者的过错导致产品存在缺陷，造成人身、他人财产损害的，销售者应当承担赔偿责任。销售者不能指明缺陷产品的生产者，也不能指明缺陷产品的供货者的，销售者应当承担赔偿责任。然而，在对无人驾驶汽车的侵权责任认定的讨论中，却极少涉及对销售者责任的规制。以袁曾为代表的一些学者认为，若销售者存在过错，亦可对其直接追偿；当销售者不存有过错时，在研发者、生产者、使用者等其他主体已经进行了侵权责任规制情形的设置下，对于无人驾驶汽车不同的侵权情形已可以基本覆盖，无须再行单独加重销售者的责任承担。②

（4）使用者。在对无人驾驶汽车使用者的责任归咎上，主要考虑以下两个方面的内容：①事故发生时谁是驾驶人？表4-1对无人驾驶汽车自动化程度等级进行了详细的区分，在不同的等级中，驾驶操作、周边监控与接管的负责者是不同的，这也成为认定事故发生时汽车实际操控者的一大认定标准。例如，若是处于 Level 4 及以上，在车辆全程接管的情况下，事故的发生可以不归咎到驾驶人的身上；而如果无人驾驶汽车属于 Level 3 及以下的等级，驾驶人仍有接管的义务，在事故发生前该接管而没有接管的，应当承担相应的责任。②使用者义务的转变。在以往的交通事故认定中，驾驶人往往存在着时刻关注路面情况的义务。然而，当使用者的身份从驾驶者变成乘客时，其义务范围也有了相应的改变。无人驾驶汽车搭载着不断更新升级的无人驾驶技术，因此，一般来说，无人驾驶系统需要不定时的维护与升级。那么，作为无人驾驶汽车的使用者，也应当根据用户手册，尽到重视系统升级提示、恰当升级固件③、定期排查故障

---

① 孙建伟、袁曾、袁苇鸣：《人工智能法学简论》，知识产权出版社2019年版，第84－88页。

② 袁曾：《无人驾驶汽车侵权责任的链式分配机制：以算法应用为切入点》，载《东方法学》2019年第5期，第28－39页。

③ 袁曾：《无人驾驶汽车侵权责任的链式分配机制：以算法应用为切入点》，载《东方法学》2019年第5期，第28－39页。

等合理的注意义务，以保障汽车不因未及时升级而在使用过程中形成新的产品缺陷，埋下事故发生的隐患。

2. 监管主体[①]

无人驾驶汽车作为人工智能时代的新兴产物，监管者这一角色不可或缺。而监管者所承担的责任，应当是贯穿全程的：①事前，无人驾驶汽车准入标准的建立。首先，必须制定好无人驾驶汽车投入市场的标准。在投入商用前，无人驾驶汽车必须通过安全检测，确保其有充足的应对各种突发事件与日常事件的能力。其次，应当明确能够参与生产无人驾驶汽车等特殊人工智能产品的生产企业的规模标准，以一定的经济实力与规模实力作为生产者承担责任的保障，以确保事故发生后被侵权人可以得到及时的救济。最后，还应当针对不同等级的无人驾驶汽车，设立相应的强制性登记公示机制，在路试、商用、召回等环节中都能接受实质审查。②事中，强制记录数据。无人驾驶时代，数据是认定侵权责任的重要鉴定标准，从无人驾驶汽车的研发、生产、销售、使用，再到承保理赔，各个环节都离不开连贯数据的支撑。因此，应对无人驾驶汽车各个环节的数据进行强制性、规范性的收集与贮存，尤其是使用环节，要对汽车的运行轨迹、往来车辆与路面信息的变化、上下行网络传输等数据进行及时的记录，以便发生事故后进行侵权主体的判断。③事后，无过错侵权赔付机制的运行。无过错侵权赔付机制在美国有实行的先例，美国的《儿童疫苗伤害法案》规定，若使用者在接种疫苗后出现说明中包含的不良反应，则可无条件获得赔付。有学者认为，无人驾驶汽车与疫苗的使用有着相类似的特征——能促进社会生产力的提高，但无可避免地会有极低概率致人伤亡。因此，在无人驾驶汽车的事后赔付上亦可借鉴无过错侵权赔付机制，为被侵权人提供一个"兜底"的救济方式。

3. 救济主体

保险人是救济主体中较为典型的代表。近年来，为规范我国逐渐兴起的自动驾驶测试行为，北京市出台了专门针对自动驾驶测试的规范性文件，其中明确要求每车不低于500万元人民币的交通事故责任保险凭证或不少于500万元人民币的自动驾驶道路测试事故赔偿保函。[②] 同时，为了

---

① 孙建伟、袁曾、袁苇鸣：《人工智能法学简论》，知识产权出版社2019年版，第90—93页。
② 2017年北京市公布的《北京市关于加快推进自动驾驶车辆道路测试有关工作的指导意见（试行）》第四部分。

开拓和发展无人驾驶汽车这一新兴市场，国内外部分汽车生产商也开始涉足保险业，为无人驾驶汽车提供保险服务，以期实现强制保险下无人驾驶汽车运行中各个环节风险的全覆盖。例如，长安汽车公司联合太平洋保险公司推出的"放心泊"自动泊车保险产品。又如，2019 年 8 月，特斯拉公司正式宣布在美国加利福尼亚州推出名为"特斯拉保险"的产品，未来将拓展至美国的其他州。无人驾驶汽车保险的设立给汽车的使用者一颗"定心丸"，设立保险人、明确保险人的保险赔付义务，无论是对于无人驾驶汽车的使用者，还是对于事故发生时的被侵权人来说，都增添了一层至关重要的保护罩。

（三）无人驾驶汽车交通事故的归责原则

在传统的民法理论中，对于侵权行为常用的归责原则有三个——过错责任原则、无过错责任原则与公平责任原则。无人驾驶汽车的出现，带来了新型的交通事故的侵权行为类型。那么，原有的归责体系是否适用于新情形？如果适用，又该如何运用到实践中？如果不适用，又应作何调整？这些都是我们步入人工智能时代时，需要面临的全新问题与挑战。

1. 过错责任原则

过错责任原则，又称"过错原则"或"过失责任原则"，是指除非法律另有规定，任何人只有在因过错（故意或过失）侵害他人权益时，才应当承担侵权赔偿责任。[①] 在我国《民法典》中亦有对过错责任原则的直接规定。根据《民法典》第一千一百六十五条第一款，行为人因过错侵害他人民事权益造成损害的，应当承担侵权责任。综合过错责任原则的概念与《民法典》中的表述可见，存在过错（故意或过失）是适用过错责任原则的核心要件。放到无人驾驶汽车这一领域来看，也就是如果要在无人驾驶汽车交通事故中适用过错责任原则，就必须先证明某一主体在某一行为中存有过错。而判断主体的行为是否存在过错，首先要明晰各个主体负有怎样的义务，接着去核实这些主体有无完成自身的义务，是否是有意而为之，还是因疏忽大意或是过于自信而忽略并懈怠履行自身的义务。例如，无人驾驶汽车的设计者在设计时，能否及有无预见汽车在正式使用中可能遇到的风险，并进行风险规避程序的提前设计；又如，无人驾驶汽车的生产者在生产完成后，有无及时进行产品质量的检测，以剔除存在产品

---

① 程啸：《侵权责任法教程（第四版）》，中国人民大学出版社 2020 年版，第 90 页。

缺陷的残次品，避免其流入市场，从而埋下事故的隐患；再如，无人驾驶汽车的使用者有无按照说明，定期升级程序设计，在路上行驶时有无履行必要的注意义务，事故发生时，若处于非自动驾驶模式，有无及时采取措施试图挽回事故等。换言之，当某一主体存在明显的、可被证明的过错时，可以适用过错责任原则，过错方必须承担起相应的侵权责任并进行一定的赔偿。

然而，实际上，在无人驾驶汽车造成的交通事故中，这项原则在实践中的适用仍存在一定的难度。这是因为，在无人驾驶汽车交通事故中，难以认定侵权行为的责任主体，亦难以证明过错的存在。比如，在使用者的过错认定上，由于无人驾驶汽车高自主性这一特征，人们难以判断汽车何时处于自动驾驶模式、何时是由驾驶人自主操控的；尤其是在事故发生的瞬间，驾驶人在受惊情况下有无干扰原本自动驾驶状态的行为、自动驾驶模式能否被及时解除以供驾驶人自行躲避事故等一系列问题，在实践中常常难以辨明。

2. 无过错责任原则

无过错责任，是立法者基于特殊的考虑所规定的，即使行为人没有过错，只要对他人造成了损害，也要承担的侵权赔偿责任。[①] 我国《民法典》也有对无过错责任原则的相关规定：根据《民法典》第一千一百六十六条，行为人造成他人民事权益损害，不论行为人有无过错，法律规定应当承担侵权责任的，依照其规定。换言之，无过错责任的成立，并不以侵权人的过错作为责任的成立要件，只需要证明存在加害行为、损害后果及两者间的因果关系等客观构成要件即可。[②] 而在无人驾驶汽车领域，目前在学界得到较多认可的是适用产品责任这一无过错责任原则。中南财经政法大学知识产权研究中心的吴汉东教授在其文章中指出，2016 年，联合国教科文组织会同世界科学知识与技术伦理委员会发布的报告中写道，由于机器人一般被视为通常意义上的科技产品，机器人及机器人技术造成的损害，可由民法中产品责任的相关规定进行调整。[③] 而从产品责任的认定条件来看，机器人造成的损害可被归类为机器人制造者和销售者的过

---

① 程啸：《侵权责任法教程（第四版）》，中国人民大学出版社 2020 年版，第 91 - 94 页。
② 程啸：《侵权责任法教程（第四版）》，中国人民大学出版社 2020 年版，第 91 - 94 页。
③ 吴汉东：《人工智能时代的制度安排与法律规制》，载《法律科学（西北政法大学学报）》2017 年第 5 期，第 128 - 136 页。

失，包括产品制造的过失、产品设计的过失、产品警告的过失及没有尽到合理的注意义务等。①

但是，需要注意的是，产品责任并不等于"绝对责任"，并不是一旦发生损害后果，相关主体就需要必然地承担责任。作为一项特殊的侵权责任，产品责任扮演着居于过错责任与绝对责任之间的过渡角色，在法律上为其设定了一定的免责事由，以更好地平衡技术发展的红利与法律规范的适用。而生产者若想要受到免责事由的庇护，就必须证明存在不应当承担赔偿责任的特别情形。例如，无人驾驶汽车的产品在正式投入市场并流通时，造成损害的产品缺陷尚不存在的；又如，生产商将无人驾驶汽车正式投入市场并流通，当时的科学技术水平无法发现产品缺陷存在的；再如，生产商甚至都还没有将无人驾驶汽车产品投放到市场，却被他人恶意拿去使用的情形。当生产者可以举证存在以上任一特别情形时，免责事由可以作为生产者的"免死金牌"，免除生产者的赔偿责任。②

除此之外，在产品责任的认定中，产品的缺陷是关键的认定因素。然而，在实践中，却出现了难以认定产品缺陷的尴尬境地。《中华人民共和国产品质量法》第四十六条规定，产品缺陷指的是产品存在危及人身、他人财产安全的不合理的危险，产品有保障人体健康和人身、财产安全的国家标准、行业标准的，是指不符合该标准。然而，在无人驾驶汽车尚无正式国家标准与行业标准颁布之前，无人驾驶汽车的产品缺陷是指无人驾驶汽车存在危及人身、他人财产安全的不合理危险。但究竟何为危及人身、他人财产安全的不合理危险，目前也并无明确标准，再加之自动驾驶系统的高科技性，在证明无人驾驶汽车本就存在产品缺陷这一点上，难度将会大大增加。③

3. 公平责任原则

公平责任，在民法中一般是指当事人对于损害的发生都无过错且法律又未规定适用无过错责任的情况下，法院依据公平的观念，在考虑受害人的损害、双方当事人的财产状况及其他相关情况的基础上，决定由加害人

---

① 吴汉东：《人工智能时代的制度安排与法律规制》，载《法律科学（西北政法大学学报）》2017 年第 5 期，第 128－136 页。

② 参见顾骏、许春明等著《意志与责任：法律人工智能》，上海大学出版社 2020 年版，第 94－95 页。

③ 叶明、张洁：《无人驾驶汽车交通事故损害赔偿责任主体认定的挑战及对策》，载《电子政务》2019 年第 1 期，第 67－75 页。

与受害人双方对该损害予以分担。① 在我国《民法典》中，存在着对公平责任原则的一般性规定与特殊性规定，《民法典》第一千一百八十六条，该条指出：受害人与行为人对损害的发生都没有过错的，依照法律的规定由双方分担损失。特殊性规定则贯穿于整部《民法典》的各个规定中，如第一百八十二条第二款的"紧急避险人的适当补偿责任"、第一千两百五十四条第一款规定的"高空抛物侵权人的补偿责任"等。而在无人驾驶汽车交通事故中，公平责任的适用往往存在于为自动驾驶系统提供技术活产品的多个配套厂家之间。在实践中，对自动驾驶系统缺陷的认定十分困难，当自动驾驶汽车发生交通事故时，外界极有可能无法识别事故是由自动驾驶系统的哪一部分缺陷引起的。加之，在自动驾驶系统的设计缺陷及外界干扰源难以确定的情况下，需花费过多的时间和金钱在技术鉴定上。在这种情况下，为了节省诉讼成本、不过分苛责没有过错的设计主体的侵权责任，同时也为了实现对受害人的救济，适用公平责任这一原则，根据设计自动驾驶系统提供商之间的财产状况等因素，由各个主体合理分担损失。②

（四）规制无人驾驶汽车领域的未来发展方向

1. 其他国家的做法

在美国，针对无人驾驶汽车的发展，不同州的立法进程不同。内华达州、夏威夷州、新泽西州、亚利桑那州与俄克拉荷马州等创设了无人驾驶汽车的驾照许可制度③；哥伦比亚特区则通过立法明确要求驾驶位上必须有一位人类驾驶员，以便随时准备接管无人驾驶汽车④；加利福尼亚州、佛罗里达州通过了无人驾驶汽车的立法，并要求无人驾驶汽车必须配备提醒人们自动驾驶失灵的系统⑤；同时，加利福尼亚州还立法要求无人驾驶汽车或自动驾驶技术的制造商对消费者提供书面声明，告知他们无人驾驶

---

① 程啸：《侵权责任法教程（第四版）》，中国人民大学出版社 2020 年版，第 94–95 页。

② 孙占利、孙志伟、刘薇等：《人工智能与互联网前沿法律问题研究》，法律出版社 2019 年版，第 72 页。

③ 确立该项制度的法案分别为：*Nevada Assembly Bill* 511，2012，§2；*Arizona House Bill* 2679，2012，§1；*Hawaii House Bill* 2238，2012，§1；*New Jersey Assembly*，No. 2757，2012，§2；*Oklahoma House Bill* 3007，2012，§1.

④ 确立该项制度的法案为 *District of Columbia*，*Automated Vehicle Act of* 2012，§3.

⑤ 确立该项制度的法案为 *Chlifornia Acts*，*Chapter* 570 *of* 2012，2011–2012，§2. *Florida Acts*，*Chapter* 570 *of* 2012，2011–2012，§2.

汽车中的人工智能将会搜集哪些信息。①② 除了各州各自的立法外，2016年9月，美国政府出台了《联邦自动驾驶汽车政策》（*Federal Automated Vehicles Policy*）。该政策包括了自动驾驶汽车性能指南、现行国家公路交通安全管理局监管法规工具、将来可采用的新型监管工具和下一步的政策部署工作等，主要从行政管理的层面对自动驾驶汽车的质量标准做出了规定。③

在无人驾驶汽车立法进程上，德国仅用五年的时间便完成了从允许路试到起草法律草案，再到规范方针的出台。2013 年是德国无人驾驶汽车崛起的元年，在这一年，德国开始允许无人驾驶汽车的路试。三年后，德国起草了国内首个无人驾驶的相关法律草案。2017 年，德国首个无人驾驶规范性方针经联邦参议院投票通过。该方针尤其看重对于事故发生证据的收集，强制每一辆无人驾驶汽车都要安装一定的摄像记录设备。作为以"严谨缜密"著称的国家，在责任划分上，德国采用的依然是较为传统的过错责任理论——事故是由于技术原因导致的，由研发者承担相应的责任；事故是由于人为因素导致的，驾驶者承担主要的责任。④

英国的 AEV 法案，又称《自动与电动汽车法》于 2018 年正式生效实施。在适用范围方面，只有能在无人驾驶的情况下安全合法驾驶的汽车才处于这部法律规制的范围之内；在保险人赔付的方面，规定了保险人可能被减轻或免除保险责任的几种情况，若不满足这些情况的同时，还满足必须承担保险责任的几个条件的，需要承担相应的保险责任；而在追偿权方面，如果事故的发生与第三人也有关系，保险人或车辆所有者在承担自身的赔偿责任后可以向第三人进行追偿。除此之外，该法还对共同过失做出了详尽的规定，若对于事故的发生受害方也存在过错的，为体现公平原则，将根据过错的程度相应抵减侵权人的赔偿数额。⑤

---

① 确立该项制度的法案为 *California Acts*, *Chapter* 570 *of* 2012, 2011 - 2012, §2.

② ［美］约翰·弗兰克·韦弗：《机器人也是人：人工智能时代的法律》，郑志峰译，元照出版公司 2018 年版，第 85 - 93 页。

③ 陈燕申、陈思凯：《美国政府〈联邦自动驾驶汽车政策〉解读与探讨》，载《大数据时代》2018 年第 1 期，第 25 - 30 页。

④ 张韬略、蒋瑶瑶：《德国智能汽车立法及〈道路交通法〉修订之评介》，载《德国研究》2017 年第 3 期，第 68 - 80 页、135 页；转引自杨杰、张玲《无人驾驶汽车的法律障碍和立法思考》，载《电子政务》2018 年第 8 期，第 99 - 111 页。

⑤ 参见冯子轩主编《人工智能与法律》，法律出版社 2020 年版，第 121 - 123 页。

2．我国未来前瞻

随着无人驾驶汽车技术的逐步兴起与日益普及，我国也加快了制定无人驾驶汽车相关规制文件的步伐。近年来，我国陆续发布了《国家车联网产业标准体系建设指南（智能网联汽车）》（2017）、《北京市自动驾驶车辆道路测试管理实施细则（试行）》（2017）、《智能网联汽车道路测试管理规范（试行）》（2018）、《上海市智能网联汽车道路测试管理办法（试行）》（2018）和《深圳经济特区智能网联汽车管理条例（征求意见稿）》（2021）等政策性文件。

在上述一系列的规范文件中，对人工智能汽车的规定较为全面且典型的，是 2021 年由深圳市人大常委会办公厅公开发布的《深圳经济特区智能网联汽车管理条例（征求意见稿）》。此次的征求意见稿共十章，除了第一章总则中规定的一般性规范与第十章附则的规定外，第二章规定了道路测试和示范应用的相关内容，第三章对准入和登记做了一定的规范，第四章则着眼于使用与管理两大方面，第五章侧重于网络安全和数据的保护，第六章则着眼于车路协同基础设施的管理，第七章是对道路运输方面的相关规定，第九章则对法律责任进行了相应的规定。整个征求意见稿通过六十条细则的设定，努力实现规范智能网联汽车应用，保障道路交通安全，保护人身安全，保护公民、法人及其他组织的财产安全和其他合法权益等目标，从而促进智能网联汽车产业高质量、可持续发展。

可以预见，随着自动驾驶技术的不断发展，未来我国规范无人驾驶汽车使用的规范性文件将会不断发布并施行。同时，学者们也将继续在人工智能法学领域不断进行探索，在未来的无人驾驶汽车规制领域，有望从侵权主体认定的进一步明确、建立分类治理与差别适用的无人驾驶汽车交通事故归责原则、实现保险人的"兜底"功能来进一步完善无人驾驶汽车侵权问题的规制体系。

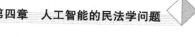

二、特殊侵权问题——以医疗机器人为例

邹某某、赵某医疗损害责任纠纷①

　　该案件中，邹某某、赵某为两原告，青岛大学附属医院为被告。2015年8月6日，两原告亲属赵某某因上腹部不适到被告处治疗，被诊断为胃癌。6日后，被告处行达芬奇机器人根治性全胃切除术，一周后，患者经抢救无效死亡。随后，原告以被告在手术中未尽到高度注意义务，未适当操作机器而造成患者大出血致死为由提起诉讼，并请求民事侵权赔偿。

（一）人工智能在国内外医疗器械方面的应用

　　人工智能进军医疗界，诞生了医疗机器人这一新兴产物。医疗机器人，主要指用于临床手术或辅助医疗的智能型服务机器人。按照用途，可以将其分为四类：外科手术和诊疗机器人、康复机器人、机器人假肢和个人辅助机器人。② 其中，目前临床应用较多的是外科手术和诊疗机器人。在智能诊疗方面，IBM公司已研发出可以专门诊断癌症的Watson机器人，其诊断准确率可超过医生。③ 而外科手术机器人的应用则更广，可以细分为三类：自主化外科医生（如Probot机器人与Robodoc机器人）、监督型手术机器人（如Acrobot机器人）和人类医生控制型手术机器人（如Da Vinci机器人，以下称达芬奇机器人）。④ 目前，人工智能医疗机器人带来

　　① 《邹某某、赵某医疗损害责任纠纷二审民事判决书》，见中国裁判文书网（https://wen-shu. court. cn/website/wenshu/181107ANFZ0BXSK4/index. html?docId = dbe5d0310c3f47a28653aa 88018583bf），访问日期：2022年2月20日。

　　② 转引自王晓娣、方旭红《医疗机器人伦理风险探析》，载《自然辩证法研究》2018年第12期，第64－69页。

　　③ 张杰、宋莉莉：《智能医疗机器人侵权的法律规制》，载《学理论》2019年第6期，第91－92页。

　　④ ［美］约翰·弗兰克·韦弗：《机器人也是人：人工智能时代的法律》，郑志峰译，元照出版公司2018年版，第56－57页。

的侵权纠纷中，达芬奇机器人（见图4-2）涉及的医疗事故较多，因此在后续的介绍中，也将围绕着达芬奇机器人进行相关医疗侵权责任的分析。

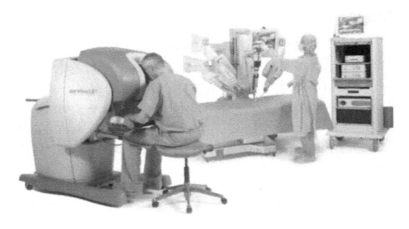

注：自左向右为操控台、机械臂系统和影像系统。

图4-2　达芬奇机器人的系统组成

（图片来源：许世广、王述民《浅谈达芬奇机器人手术500例体会》，载《中国胸心血管外科临床杂志》2015年第10期，第895-900页。）

2000年，达芬奇机器人被美国食品药品监督管理局批准正式投入临床应用。近年来，我国各大医疗机构也相继引进达芬奇机器人，以作为外科常用的辅助机器人。目前，我国已设有中国人民解放军总医院（301医院）及中国人民解放军海军总医院（长海医院）两个达芬奇机器人手术技能培训中心。各大医院在引进达芬奇机器人的同时，还要保证所有上机操作的医生都是经过培训中心培训合格且"持证上岗"的医生。[①] 达芬奇机器人的系统主要由外科医生控制台、手术台车、仿真机械手与三维高清影像系统等部分组成。与传统的电视腔镜手术相比，达芬奇机器人具有真实的直视二维立体图像、放大10~15倍的高清晰图像、可完全模拟人手的动作和更强的稳定性等优点，目前已经较为广泛地运用于心脏外科、泌

---

① 郭潇雅：《第四代达芬奇机器人来了》，载《中国医院院长》2020年第4期，第23页。

尿外科、普通外科、妇科与其他外科手术的临床治疗中。①

（二）人工智能医疗机器人的致害风险与侵权隐患

达芬奇机器人的运用，开启了人工智能时代外科领域的新纪元。然而，相伴而行的是达芬奇机器人隐含的风险。2007 年，美国食品药品监督管理局收到了 200 余次投诉，指控医疗外科手术机器人导致病人遭受烧伤、切割伤与感染，甚至造成了 89 例死亡事故。② 达芬奇手术机器人医疗事故的频频出现，迅速引起了国内外学者的关注。在国外，有学者通过对手术案例的综合调查分析，发现在实际手术过程中某些机器人的确存在着功能障碍的安全隐患。③ 在国内，有的学者对达芬奇手术机器人系统不良事件作出统计与分析，并分成了"造成死亡""造成损伤""设备故障"等五类。

除此之外，他们还统计出在调查年限内，由设备故障而引起的不良事件共 1110 件，占事件总数的 28.68%，设备故障的类型则包括"手腕或工具尖端故障""仪器故障""仪表轴故障""电缆和控制外壳故障"和"烧灼器械故障"五种。④ 还有学者通过对医院案件的整理与分析，总结出达芬奇机器人容易出现的故障主要为（按发生频率从高到低排序)⑤：开机自检、操作中和关机时黄灯报警，更换机器人手术器械时器械锁住，操作台抓手无"力反馈"，手术过程中仪器突然显示黑屏，术后患者手术车无法移动。可见，在实际应用达芬奇机器人的过程中，依然存在一定的操作与使用风险，这也为医疗机器人的应用所带来的侵权纠纷埋下了隐患。

---

①　戚仕涛、汤黎明：《达芬奇手术机器人系统及其临床应用》，载《现代仪器》2011 年第 2 期，第 8－11 页。

②　吴汉东：《人工智能时代的制度安排与法律规制》，载《法律科学（西北政法大学学报）》2017 年第 5 期，第 128－136 页。

③　Kim W T，Ham W S，Jeong W．"Failure and malfunction of da Vinci surgical systems during various robotic surgeries：experience from six departments at a single institute"．*Urology*，2009，74（6)：pp. 1234－1237.

④　饶兰、张培茗、柴岗等：《基于真实世界数据的达芬奇机器人手术系统安全性研究》，载《中国医学物理学杂志》2020 年第 3 期，第 326－331 页。

⑤　潘冬青、滕成玲、申培培：《"达芬奇"机器人手术中常见的故障原因分析及对策》，载《医学研究生学报》2013 年第 1 期，第 52－53 页。

（三）人工智能医疗机器人侵权责任的分配

在侵权责任法的体系中，根据适用归责原则的不同，侵权行为可以被分为两类：一般侵权行为与特殊侵权行为。一般侵权行为通常适用普通的过错责任原则，而特殊的侵权行为则主要适用无过错责任或过错推定责任（例如用人者责任、教育机构的侵权责任和高度危险活动致害责任等）。本部分所讨论的医疗损害责任、产品责任与高度危险责任也属于特殊侵权责任的范畴内。在进入人工智能时代之前，对于医疗纠纷，在侵权责任的分配中，通常适用医疗损害责任。然而，人工智能医疗机器人的出现，却给使用医疗机器人所带来医疗纠纷的责任认定增加了难度。对此，学术界主要讨论了医疗侵权责任、产品责任和高度危险责任三种责任认定的方式。

1. 医疗侵权责任

医疗侵权责任的相关规定在我国《民法典》第六章的侵权责任编中，包括医疗产品损害责任、医疗伦理损害责任、医疗管理损害责任和医疗技术损害责任等。而医疗侵权的构成要件则一般包括：医疗机构和医务人员在诊疗活动中有违法诊疗行为、患者受到损害、诊疗行为与患者损害之间具有因果关系、医疗机构及其医务人员有过错等。[①] 按照此要件，若在使用医疗机器人时，医疗人员因操作不当而导致事故发生、事故发生时没有及时采取合理措施予以补救的，当然应当适用医疗侵权责任，以追究经手医疗人员或所属医疗机构的相应责任。

然而，在人工智能医疗机器人的运用中，往往存在着难以认定的模糊边界。一方面，医疗机器人所搭载的系统是由研发者或生产者提前置入的，其算法与程序也是预先设定好的，一旦发生由预设算法缺陷而造成的医疗事故，处于"算法黑箱"中的人们也难以发现。另一方面，由于医疗机器人拥有人工智能自我学习的能力，可以在诊治过程中不断积累与学习，在不断的学习中，人工智能可能衍生出超出研发设计者设计范围的判断，从而做出超出医疗人员预判的行为，造成危害后果。人工智能医疗机器人上述特点的存在，加大了医疗纠纷中侵权主体认定与因果关系辨析的难度，使原有的医疗侵权责任这一归责机制难以适用。

---

① 杨立新：《医疗损害责任一般条款的理解与适用》，载《法商研究》2012 年第 5 期，第 65 – 71 页。

2. 产品责任

人工智能医疗机器人，作为一项供医疗人员辅助诊疗的医疗产品，亦有学者考虑将其纳入适用产品责任的范畴。这些学者认为，当医疗机器人因存在产品缺陷而造成患者人身、财产损害时，患者可以直接向医疗机器人生产者或者医疗机构请求赔偿，患者向医疗机构请求赔偿后，医疗机构可以向负有责任的生产者追偿。[①] 然而，这种归责路径却面临着与前面介绍的无人驾驶汽车同样的问题——产品缺陷认证难。目前，我国规制人工智能产品的相关法律法规仍不完善，而与医疗机器人产品相关的国家标准与行业标准的颁布，也需要一定的时间。在这种尴尬的过渡期，由于人工智能本身所带有的特性——复杂的算法与繁杂的程序，即使是专业的研发人员，也不一定能够对人工智能生态系统的运作了如指掌，更不要说提前预测出人工智能产品所存在的不确定风险。在对人工智能产品运作机制的了解方面，对于专业的研发人员来说尚且如此，就更别说是专攻医学的医疗人员与基本不具备专业知识的普通患者了。

3. 高度危险责任

对于高度危险责任，在我国《民法典》侵权责任编第八章中有所规定，采用"一般规定 + 具体列举"的方式[②]，再加上常用的"兜底条款"。部分学者认为，高度危险责任作为一种被允许的风险，内含特定的价值判断，宏观上是技术发展与社会安全的博弈，微观上是侵权人与被侵权人的利益平衡。[③] 人工智能医疗机器人作为人工智能时代的新兴产物，在整个社会范围内，涉及技术发展与社会安稳之间的平衡；在个例中，又与侵权人与被侵权人之间的利益平衡密切关联。除此之外，高度危险责任与人工智能医疗机器人还有一个相似的特征——不可预测性，即一般人尽了合理的注意义务还是难以避免事故的发生，因为事物本身的危险就超出了一般人的防控范围。对于人工智能医疗机器人来说，由于其先进的深度学习模式与自我进步的能力，对其当下行为与未来行为往往也是难以预测的。因此，综合考虑宏观上技术与安全的两相博弈、微观上侵权方与受害

---

① 张杰、宋莉莉：《智能医疗机器人侵权的法律规制》，载《学理论》2019 年第 6 期，第 91 - 92 页。

② 窦海阳：《〈侵权责任法〉中"高度危险"的判断》，载《法学家》2015 年第 2 期，第 92 页。

③ 贾章范、张建文：《智能医疗机器人侵权的归责进路与制度构建》，载《长春理工大学学报（社会科学版）》2018 年第 4 期，第 35 - 41 页。

方的利益平衡和共同的风险不可预测性特征等方面问题，将人工智能医疗机器人纳入高度危险责任的适用范畴是题中应有之义。

（四）人工智能医疗机器人侵权的规制路径

相较于无人驾驶汽车，人工智能医疗机器人的运用可能并不十分贴近人们的生活。然而，一旦人工智能医疗机器人造成侵权，将会引发一些难以想象的后果。因此，对于人工智能医疗机器人的侵权，也要设有一定的规制手段。下面将从事前、事中、事后三个角度，简单介绍针对人工智能医疗机器人的侵权规制方法。

1. 事前：准入标准与前瞻性责任

一方面，用一定的准入标准来限制人工智能医疗机器人进入市场的门槛。人工智能医疗机器人的生产，作为辅助参与程度更高且带有智能化特征的医疗器械，不仅要符合目前适用的《医疗器械监督管理条例》中的具体标准，在器械注册、上市许可与临床试验方面都要进行层层的监管与筛查，还要根据医疗机器人自身算法、程序上的特征，制定相对应的产品准入规范。[1]

另一方面，明确不同主体的前瞻性责任。前瞻性责任是指基于成熟的预测性理论与承认医疗机器人存在安全风险的前提下，各个主体主动发现、消除潜在危险与隐患的责任。[2] 例如，医院等医疗机构要从预防的角度出发，落实好各项预防事故发生的措施——对医疗人员进行使用前的专业培训、引进专业保修人员来维护机器的正常运作、根据上级规范性文件有针对性地制定本院内医疗机器人的使用守则等，努力实现医疗机器人使用安全的最大化。再如，医疗人员在使用人工智能医疗机器人为患者进行手术前，负有全面告知患者信息和科学决策的义务。[3] 为尽量减少医疗人员与患者家属之间的信息不对称，医疗人员应向患者及其家属明确告知采用医疗机器人进行手术的流程、风险、费用等，并经患者或家属的同意后再行手术。同时，医疗人员作为医学领域的专业人士，再加上使用医疗机

---

[1]　张杰、宋莉莉：《智能医疗机器人侵权的法律规制》，载《学理论》2019 年第 6 期，第 91－92 页。

[2]　转引自王晓娣、方旭红《医疗机器人伦理风险探析》，载《自然辩证法研究》2018 年第 12 期，第 64－69 页。

[3]　罗德鑫、管朝辉、吴玲飞：《智能医疗机器人侵权责任研究》，载《哈尔滨学院学报》2021 年第 4 期，第 57－61 页。

器人前接受了培训，对医疗机器人存在一定的了解。那么，在为患者制订与选择手术方案与方式上，也需要谨慎地考虑——患者的病情是应当采用传统的开刀模式、腹腔镜模式还是人工智能手术机器人微创模式？应选择哪种功能的机器人完成这台手术？这些都是主刀医生必须考虑并做出正确判断与选择的问题。

拓展阅读

医疗人员决策中的"过度医疗"问题①

一位前列腺癌患者到医院求医，经术前科室讨论决定对其行达芬奇机器人前列腺癌根治术。然而，该患者经济拮据，加之担心是医院"过度医疗"的推销，便拒绝采用达芬奇机器人手术的方式。医疗人员本着为患者着想，不希望其因自身的错误认识而错失最佳治疗方案，因此特意再次与患者沟通，并向患者解释因其 BMI（身体质量指数）较高，使用机器人进行手术能够获得更好的手术效果。在听完医疗人员的再次说明后，患者依然拒绝并坚持采用腹腔镜手术的方式。无奈之下，医疗人员最终只能选择尊重患者的意见，为患者行腹腔镜手术。术中，因患者自身的状况，两次被迫暂停手术，手术用时成倍增长，最终的手术效果也并不如意。

2. 事中：使用中的注意义务

在人工智能医疗机器人的使用过程中，要规制好操作机器的医疗人员与负有监督义务的医疗机构。对于医疗人员而言，在正确掌握操作技能的基础上，医生在使用人工智能医疗机器人进行手术时，必须采取合理的注意义务与谨慎态度，谨慎仔细地进行每一个操作步骤，不能光凭人工智能系统上反映的数据简要判断，必须将自身医学知识与人工智能医疗机器人的使用经验相结合，尽可能地核实人工智能所提供数据的结果，防止在误判下进行错误的操作。如果在未能掌握操作技能的情况下鲁莽操作，或是未按照使用说明步骤，错误地进行操作，给患者造成损害的，当然要承担

---

① 刘珍竹、王建伯、王雪剑：《达芬奇机器人手术在泌尿外科应用中的伦理问题及对策》，载《医学与哲学》2021 年第 13 期，第 24 – 27 页。

侵权的责任。① 对于医疗机构而言，其负有严格的监督控制的义务。当在使用医疗机器人的过程中出现不可预料的危险时，医疗机构应监督经手的医疗人员及时采取措施消除危险，最大限度地保障患者的生命安全，否则，医疗机构将可能承担相应的法律责任。②

3. 事后：追溯性责任与救济手段

一方面，要关注事故发生后的追责。国外有学者提出追溯性责任的理论，追溯性责任侧重于事故发生后的追责，主要在于人工智能医疗机器人的使用过程中，医疗机器人出现了功能障碍或其他异常，应去追溯事故发生的原因，探究机器人是否是在使用前就存在潜在缺陷，还是在使用中因医疗人员训练不足、操作不当所致。③ 如果是使用中医疗人员与医疗机构没有尽到注意义务，相关人员与医疗机构的负责人就要承担相应的侵权责任。如果是机器本身存在潜在缺陷，在追究生产商的相关责任时，要适当加强生产商的举证证明责任。④ 这是因为，智能医疗机器人本身带有的专业性与复杂性，会加大证明其存在产品缺陷的难度，而证明的缺环又会极大影响后续责任承担的认定与划分，此时，无任何专业知识的患者将有可能难以甚至无法获得应有的救济。反观之，对于生产商来说，其不可避免地参与医疗机器人的设计、生产的各个阶段中，无论是对智能医疗机器人的系统与算法，还是对其制造与零部件等方面的了解都比患者更有优势。因此，在对人工智能医疗机器人产品缺陷的证明责任分配中，要求生产者承担更多的责任是合理的。

另一方面，要发挥好救济手段的保障作用。通过强制性保险制度或赔偿基金项目，既为被侵权者的救济提供一项"兜底"的措施，又不至于因对生产商过于严苛的要求而打击其生产积极性。具体而言，在保险制度的运行下，人工智能医疗机器人的生产商可以在将产品投放市场前为其投保，当涉及医疗机器人的事故发生且被侵权者出现难以获得救济的情况出

① 刘建利：《医疗人工智能临床应用的法律挑战及应对》，载《东方法学》2019 年第 5 期，第 133 – 139 页。

② 罗德鑫、管朝辉、吴玲飞：《智能医疗机器人侵权责任研究》，载《哈尔滨学院学报》2021 年第 4 期，第 57 – 61 页。

③ 转引自王晓娣、方旭红《医疗机器人伦理风险探析》，载《自然辩证法研究》2018 年第 12 期，第 64 – 69 页。

④ 张杰、宋莉莉：《智能医疗机器人侵权的法律规制》，载《学理论》2019 年第 6 期，第 91 – 92 页。

现时，保险公司就要根据投保条款对受害人的损害进行填补。同时，在社会上，设立人工智能医疗机器人的赔偿基金会，可以采取由特定人员或组织发起或社会人士捐赠的方式筹集基金，并且监督赔偿基金的管理与使用，采用登记制度等手段增强资金流向的透明度，以防出现暗箱操作的情况，从而实现被侵权者保障力度的最大化。①

第三节　人工智能体产物的知识产权认定和归属

人工智能的"智能"二字不仅体现在它能依据其强大的数据储备和运算能力，辅助人们完成日常生活中各类烦琐甚至高难度工作，更在于部分强人工智能能够充分运用算法赋予的自主学习能力和信息整合能力，创作出为世人所惊叹的物质产品乃至文化产品。一方面，这无疑有利于丰富人类文明成果，进一步助推文化发展进程；另一方面，人工智能尤其是强人工智能的自主学习和创作能力，也成了作品知识产权纠纷的导火索。本节将重点探讨人工智能体②产物带来的知识产权认定和归属问题。

案例引入

2018年9月9日，北京菲林律师事务所使用法律统计数据分析软件生成了一篇名为《影视娱乐行业司法大数据分析报告》的文章，并在官方的公众号上发表。9月10日，百家号"点金圣手"未经原著者许可，在百度网讯科技有限公司（简称"百度网讯"）经营的百家号平台上发布涉案文章，不仅删除了原署名等内容，还配上"点金圣手"的字样。北京菲林律师事务所认为百度网讯侵犯了其著作权并造成了经济损失，遂向北京互联网法院提起诉讼。这是我国首宗人工智能创作物著作权案。

2018年8月，深圳市腾讯计算机系统有限公司（简称"深圳腾讯"）在其网站首次发表标题为《午评：沪指小幅上涨0.11%报

---

① 张杰、宋莉莉：《智能医疗机器人侵权的法律规制》，载《学理论》2019年第6期，第91－92页。

② 此处的"人工智能体"仅局限于拥有类似人类创作能力的强人工智能体，即拥有一定的自主学习能力且能够产出一定产品的人工智能体。

2671.93 点 通信运营、石油开采等板块领涨》的财经文章，末尾注明
"本文由腾讯机器人 Dreamwriter 自动撰写"。同日，上海盈讯科技有限
公司（简称"上海盈讯"）在其运营网站发布了相同文章。深圳腾讯认
为上海盈讯侵犯了其著作权，遂将该公司诉至深圳市南山区人民
法院。①

一、知识产权基础理论

知识产权法是调整因创造、使用智力成果而产生的，以及在确认、保
护与行使智力成果的过程中所发生的各种社会关系的法律规范之总称。从
法律部门上的归属来看，知识产权法属于民法部门，是民法的特别法。但
知识产权法在我国仅仅是一个学科概念，并不是一部具体的成文法。知识
产权法体系主要包括著作权法、专利法、商标法等若干法律法规、司法解
释，以及相关国际条约等组成部分。

目前，人工智能体的产物对知识产权理论体系带来的冲击，主要集中
在著作权和专利权（尤其是著作权）两部分。

（一）著作权与作品

著作权，是指自然人、法人或者其他组织对文学、艺术和科学作品享
有的财产权利和精神权利的总称。《中华人民共和国著作权法》（简称

---

① 林爱珺、彭琪月：《人工智能图表作品著作权归属探析：北京菲林律师事务所诉百度网
讯抄袭案》，载《南方传媒研究》2019 年第 4 期，第 6 页；《机器人写稿也有著作权！南山法院
审结全国首例人工智能作品侵权案》，载《深圳晚报》2020 年 3 月 14 日，第 5 版。

《著作权法》）第十条第一款对著作权的内容进行了规定。① 著作权有广义和狭义之分，广义上的著作权还包括邻接权，狭义上的著作权即指版权。

根据法律对著作权的定义，著作权的享有是建立在文学、艺术、科学等领域的作品之上的。那么何谓"作品"呢？《著作权法》第三条②对"作品"一词的含义进行了界定。在这一定义中，"独创性"往往被认为是作品的核心要件，也是衡量该产品能否被称为作品的重要标准。而当一个产品的独创性不被认可，那么这个产品就不能成为法律意义上的"作品"，更无从谈及著作权和相关的法律保护。

（二）专利权与发明创造

专利权，是指国家根据发明人或设计人的申请，以向社会公开发明创造的内容，以及发明创造对社会具有符合法律规定的利益为前提，根据法定程序在一定期限内授予发明人或设计人的一种排他性权利。

---

① 《中华人民共和国著作权法》第十条（著作权包括下列人身权和财产权）：（一）发表权，即决定作品是否公之于众的权利；（二）署名权，即表明作者身份，在作品上署名的权利；（三）修改权，即修改或者授权他人修改作品的权利；（四）保护作品完整权，即保护作品不受歪曲、篡改的权利；（五）复制权，即以印刷、复印、拓印、录音、录像、翻录、翻拍、数字化等方式将作品制作一份或者多份的权利；（六）发行权，即以出售或者赠与方式向公众提供作品的原件或者复制件的权利；（七）出租权，即有偿许可他人临时使用视听作品、计算机软件的原件或者复制件的权利，计算机软件不是出租的主要标的的除外；（八）展览权，即公开陈列美术作品、摄影作品的原件或者复制件的权利；（九）表演权，即公开表演作品，以及用各种手段公开播送作品的表演的权利；（十）放映权，即通过放映机、幻灯机等技术设备公开再现美术、摄影、视听作品等的权利；（十一）广播权，即以有线或者无线方式公开传播或者转播作品，以及通过扩音器或者其他传送符号、声音、图像的类似工具向公众传播广播的作品的权利，但不包括本款第十二项规定的权利；（十二）信息网络传播权，即以有线或者无线方式向公众提供，使公众可以在其选定的时间和地点获得作品的权利；（十三）摄制权，即以摄制视听作品的方法将作品固定在载体上的权利；（十四）改编权，即改变作品，创作出具有独创性的新作品的权利；（十五）翻译权，即将作品从一种语言文字转换成另一种语言文字的权利；（十六）汇编权，即将作品或者作品的片段通过选择或者编排，汇集成新作品的权利；（十七）应当由著作权人享有的其他权利。著作权人可以许可他人行使前款第五项至第十七项规定的权利，并依照约定或者本法有关规定获得报酬。著作权人可以全部或者部分转让本条第一款第五项至第十七项规定的权利，并依照约定或者本法有关规定获得报酬。

② 《中华人民共和国著作权法》第三条：本法所称的作品，是指文学、艺术和科学领域内具有独创性并能以一定形式表现的智力成果，包括：（一）文字作品；（二）口述作品；（三）音乐、戏剧、曲艺、舞蹈、杂技艺术作品；（四）美术、建筑作品；（五）摄影作品；（六）视听作品；（七）工程设计图、产品设计图、地图、示意图等图形作品和模型作品；（八）计算机软件；（九）符合作品特征的其他智力成果。

与著作权类似，专利权也是建立在一定的发明创造之上的。据《中华人民共和国专利法》第二条的规定可知①，发明创造是指发明、实用新型和外观设计，其包括：发明，即对产品、方法或者其改进所提出的新的技术方案；实用新型，即对产品的形状、构造或者其结合所提出的适于实用的新的技术方案；外观设计，即对产品的整体或者局部的形状、图案或者其结合及色彩与形状、图案的结合所作出的富有美感并适于工业应用的新设计。

二、人工智能体产物知识产权的认定及归属

结合上文关于知识产权基础理论的内容，"人工智能创作物的知识产权认定和归属"问题将可以进一步细化为两个问题：一是强人工智能的相关行为是否能够被认定为"创作"。其产品能否成为法律意义上的"作品"？二是如果人工智能体产物属于知识产权法的调整范围，那么其应该采用何种模式来获得保护呢？基于对这两个问题的不同回答，形成了关于人工智能体产物能否获得法律保护的三大观点。

（一）应认定为作品并给予同等保护

第一大观点是"肯定论"，即人工智能体产物构成著作权法上的作品，能够被纳入知识产权法调整的范围。这一观点又包括"客观标准说"和"工具说"。其中，"客观标准说"提出只要人工智能体产物具有"作品"的外在形式，就应视为著作权法上的作品，专利法上也是类似的。同时，该观点为了实现对人工智能体产物的作品保护，对传统作品理论进行了两个方面的调整：一方面，该观点将著作权法的保护对象从人的创造力扩展到机器的创造力，人工智能体产物由此成为著作权法保护的作品；另一方面，该观点将先有的作品判断标准客观化，只要人工智能体产物在形式上与传统作品相同就可以获得保护。②

---

① 《中华人民共和国专利法》第二条：本法所称的发明创造是指发明、实用新型和外观设计。发明，是指对产品、方法或者其改进所提出的新的技术方案。实用新型，是指对产品的形状、构造或者其结合所提出的适于实用的新的技术方案。外观设计，是指对产品的整体或者局部的形状、图案或者其结合及色彩与形状、图案的结合所作出的富有美感并适于工业应用的新设计。

② 崔亚东：《世界人工智能法治蓝皮书》，上海人民出版社 2020 年版，第 198 - 199 页。

顾名思义，"工具说"的核心就是将人工智能体放在工具的地位上，即作品的创作者和专利的发明人应该是自然人，人工智能体只是创作和发明过程中的辅助角色。基于此，发明人必须是人类，即使人工智能系统有一定的自主性（如强人工智能体），也只能作为工具参与创作和发明，不能成为法律意义上的创作者或发明者，这一理论在学界获得了相当程度的认可。除了简单地将"工具说"运用在知识产权法领域，部分学者更深入地提出，人工智能体不仅是人类的工具，还在一定程度上体现了人类的意志。①

（二）不能定义为法律意义上的作品

"否定论"构成了第二大观点，其包括"非法律保护对象说"和"公有领域说"。"非法律保护对象说"的典型代表是"非作品说"②，即认为人工智能体产物不构成法律意义上的作品，但不否认人工智能体产物受法律保护的必要性。"公有领域说"虽然观点与其相近，但其认为人工智能体产物应归属于公有领域，因此没有法律保护的必要。简言之，"否定论"之所以不认可人工智能体产物构成作品，原因就在于上文提及的独创性一词。其认为独创性要求作品必须是人类的智力劳动成果，且该劳动成果应达到一定的创作高度。"否定论"一派认为到目前为止，人工智能体产物都是依靠算法、规则和模板得出的结果，不能体现独创性这一特点和要求，因此不能构成法律上的"作品"。③

阅读拓展

英国摄影师 David Slater 打算前往印度尼西亚北苏拉威西省（North Sulawesi）的一个国家公园拍一些濒危猩猩的照片。他随手把相机放在一边，一只大猩猩趁其不注意拿走这个相机，并开始把玩。大猩猩不小心按到了拍摄按钮，相机发出闪光和声音并拍下了照片。猩猩觉得很新奇，于是就连续按了很多次，大猩猩的自拍照就这么产生了。

① 参见崔亚东主编《世界人工智能法治蓝皮书》，上海人民出版社 2020 年版，第 199 页。

② 王迁：《论人工智能生成的内容在著作权法中的定性》，载《法律科学（西北政法大学学报）》2017 年第 5 期，第 148 - 155 页；陶乾：《论著作权法对人工智能生成成果的保护：作为邻接权的数据处理者权之证立》，载《法学》2018 年第 4 期，第 3 - 15 页。

③ 参见崔亚东主编《世界人工智能法治蓝皮书》，上海人民出版社 2020 年版，第 200 页。

Wikimedia（一家美国公司）未经摄影师的允许，在网上发布了这些大猩猩的自拍照。争议由此产生：Wikimedia坚持认为照片是大猩猩自拍的，摄影师没有参与"作品创作"，所以知识产权不归摄影师；而摄影师认为自己的相机被大猩猩"偷走"了，属于间接促成了此事，因而完全享有照片的著作权。他据此要求Wikimedia撤下这些照片，或者付费使用。①

（三）是否定义为作品要具体情况具体分析

　　与本章第一节探讨人工智能主体地位时提及的"折中说"类似，关于人工智能体产物知识产权认定问题，最后一种观点采取折中的立场，主张在不同案例和情形之下做独立判断，有条件地承认人工智能体产物的知识产权。虽然目前在持有这一观点的学者之间，依据何种判断标准或体系来承认人工智能体的知识产权暂时没有统一的意见，但是大体上仍然是围绕"独创性"程度的高低来判断。

　　总体来看，这三大观点都是在"创作者应为且只能为自然人"的理论限制之下，针对人工智能体产物的属性认定展开讨论，暂未触及人工智能体是否能够成为创作者、发明者这一根源性问题。"肯定论"认为人工智能体如果对作品创作有或主要或辅助的贡献，就应该承认该成果属于法律意义上的作品并保护其知识产权，而非全盘否定人工智能体的付出或将成果全部归功于其研发者和使用者等自然人主体。"肯定论"虽然成功避免在"人工智能体能否成为民事主体"这一问题上过多纠缠，但是依照现有著作权法的规定和法理学的理论解释，著作权直接关联民事主体（包括自然人、法人与非法人组织等），可见独创性的判断乃至作品的认定仍然离不开民事主体资格的探讨，这也是"肯定论"在论证人工智能体产物构成法律意义上的作品无法跨越的理论鸿沟与逻辑间隙。"否定论"的两大派别则是分别从两个角度出发对"肯定论"的观点提出质疑：一是不认同人工智能体产物构成法律意义上的作品，但不否认法律应予以保护，即可以通过其他法律途径将其作为法律权益予以保护，而非适用知

----

　　① 《布里斯托大学法学教授参评大猩猩的自拍照引发的争议》，见搜狐网（https://www.so-hu.com/a/241365_102062），访问日期：2022年3月4日。

识产权法的相关规定；二是人工智能体产物是人类共有的财富，属于公共领域，因而没有法律保护的必要。在这之中，第一个观点完全绕开了人工智能体的民事主体资格及其产物的属性等关键学理争议点，认为可以通过适用其他法律来保护人工智能体产物，但并没有进一步给出相应的解决方案和可操作性的论证；第二个观点则是在目前人工智能被广泛应用并日益凸显其财富价值的背景下，而不为大多数学者所接受，从现实层面上来看也是不符合社会现状和时代发展趋势的。最后的"折中论"体现了一种"摸着石头过河"的勇敢与创新，尽管当下人工智能体产物知识产权的认定在理论和实践两个层面的探索都显得尤为艰难，但是结合个案具体实际、充分发挥法律人的智慧，有条件地承认其知识产权，未尝不是一种进步。综上，大部分学者并不排斥对人工智能体产物实施法律保护，只是更大的分歧和争论聚焦在"采用何种方式保护人工智能体产物"这一问题上。

三、人工智能体产物获得法律保护的方式

在目前人工智能应用日益广泛、功能不断完善的情况下，给予人工智能体产物——尤其是涉及著作权法领域的部分——相应的法律保护，对于人工智能技术的发展和人类文明的丰富是有很大裨益的。显然，根据既有的法律应用版权保护模式，即直接适用著作权法或专利法的规定，问题最终还是回归到人工智能的民事主体资格的认定上。但是正如本章第一节所指出的那样，要完全承认人工智能的民事主体地位面临着理论和实践、立法和司法的双重困难。因此，下文将重点介绍学者们在既有的法律框架下，探索出相对可行的人工智能体产物保护模式。

（一）信息权或特别权保护模式

信息权是指基于信息产生的各种权利的总和。知识产权是无形财产（也称无形资产），信息权可以说是知识产权的一种。基于它的权利必是知识产权的一部分。因此，有观点认为，尽管人工智能体产物不能作为作品纳入著作权法保护，但是其内容可以作为信息权的保护对象。也有学者提出可以单独创设特别权提供保护。① 这一模式更多的只是理论上的设

---

① 参见崔亚东主编《世界人工智能法治蓝皮书》，上海人民出版社 2020 年版，第 201 页。

想，与具备可操性的实践之间还存在一定差距，而且缺少传统著作权法的理论支持和规范基础。

（二）"孤儿作品"保护模式

"孤儿作品"，是指仍在版权保护期内，但是著作权人不明，或者著作权人身份虽然可以确定，但是难以与其联系的作品。这一制度设计源于美国，我国《著作权法实施条例》第十三条和第十八条分别对"孤儿作品"的权利归属和保护期进行了规定。① 将人工智能体产物认定为"孤儿作品"，主要是基于以下理由：目前法律并不认可人工智能的主体地位，其难以成为法律上的"著作权人"；人工智能的创作过程不同于一般的作品创作，具有特殊性，故而人工智能体所有者和相关主体不能简单地被认定为作者；人工智能创作过程中存在多方参与的情形，不同主体之间的贡献有重合，也有分离，难以认定，最终形成一种"著作权人空缺"的法律假象。"孤儿作品"保护模式有利于回避人工智能体产物权利主体缺失的问题，允许作品原件所有人（一般情况下是人工智能使用者）先行利用，免除使用行为带来的侵权风险，以不至于阻碍创作物为人类所利用，体现了"发挥物的效用原则"。②

（三）孳息保护模式

孳息是指由原物或权利所生的物或收益，包括天然孳息和法定孳息。天然孳息是原物依据自然规律所产生之物，法定孳息则主要基于用益物权等法定权利的让渡而产生，其中，"加工孳息"是天然孳息的下位概念。人工智能创作的本质，是通过计算机程序对一系列数据进行处理，运用机器学习等算法从数据中发掘得到有价值的信息，并据此生成相关数据信息。③ 据此，人工智能体产物可以被认为是一种"加工孳息"，这也符合

---

① 《中华人民共和国著作权法实施条例》第十三条规定：作者身份不明的作品，由作品原件的所有人行使除署名权以外的著作权。作者身份确定后，由作者或者其继承人行使著作权。第十八条规定：作者身份不明的作品，其著作权法第十条第一款第五项至第十七项规定的权利的保护期截止于作品首次发表后第50年的12月31日。作者身份确定后，适用著作权法第二十一条的规定。

② 参见刘强著《人工智能知识产权法律问题研究》，法律出版社2020年版，第184页。

③ 熊琦：《人工智能生成内容的著作权认定》，载《知识产权》2017年第3期，第3－8页。

人工智能的技术特点。言及孳息制度下的人工智能体产物知识产权的归属问题，立法例上主要有"生产主义"和"分离主义"两种观点：若按照"生产主义"，则创作物应当归属于为其投入劳动的主体；若按照"分离主义"，则依据产生产物时人工智能程序的所有权确定孳息的归属。我国《民法典》中物权编采取的是以"分离主义"为主、"生产主义"为辅的制度安排，是以原物控制者（包括所有权人和用益物权人）对孳息享有所有权为原则。① 基于这一制度设计，人工智能体产物的知识产权就归属于人工智能体的控制者。

　　然而，要注意到，在实际使用人工智能体的过程中可能会牵涉多方利益主体，例如设计者、所有者和使用者等内部利益主体和投资人、数据提供者等外部利益主体，主体间的权利按照何种标准、以何种方式予以认定和划分是孳息保护模式目前暂时无法回答的问题。② 另外，产物本身的复杂属性也会导致权利归属不明。天然孳息的来源是判断天然孳息归属的关键，人工智能体产物可以被认为是人工智能程序的孳息，也可以被认为是数据的孳息。通常情况下，裁判者会按照各自的贡献程度划分权利及相关利益的归属，但程序与数据在生产产物的过程中的参与度是常人无法轻易窥探的。

（四）雇佣作品保护模式与职务作品保护模式

　　雇佣作品是美国著作权法中的一个制度设计，规定了雇员在受雇期间为完成本职工作或者雇主交给的工作而创作作品的归属问题，也称为"视为作者原则"，旨在适应完成作品表达的"创作者"和享有经济利益的"投资者"相分离的情形，并保护雇佣创作中的投资人利益。雇佣作品制度与我国著作权法中职务作品的概念较为接近。我国《著作权法》第十八条对职务作品③进行了规定。

　　相较于职务作品保护模式，大多数学者更同意通过雇佣作品保护模式对人工智能体产物进行保护：职务作品的前提是平等主体之间的劳动雇佣

---

① 刘强：《人工智能知识产权法律问题研究》，法律出版社2020年版，第163页。

② 我国的孳息制度安排总的来说就是孳息归于原物控制者，但是当涉及诸多利益主体的时候，孳息保护模式是无法简单回答出现的问题的。例如，哪一些可以认定为控制者，哪一些不是控制者但有做出了一定贡献，有贡献的主体是否应当参与权利分配；等等。

③ 《中华人民共和国著作权法》第十八条：自然人为完成法人或者非法人组织工作任务所创作的作品是职务作品。

关系，但自然人对人工智能享有绝对控制，而且若适用职务作品模式就相当于变相承认了人工智能体的民事主体地位；雇佣作品保护模式中雇主的取得方式为原始取得，绕过了人工智能本身性质的讨论，其更在意著作权的实际归属，虽然承认雇佣作品存在于人工智能与自然人之间的关系，但"存而不论"。当然，雇佣作品保护模式并非没有不妥之处，其毕竟属于"舶来品"，对我国《著作权法》的稳定性还是产生了一定冲击。我国职务作品和委托作品等制度设计旨在保护作者的自然权利，雇佣作品则与"基于创作行为取得著作权"的基本理念相背离。①

（五）邻接权保护模式

邻接权属于广义的著作权，原意是相邻、相关的权利，《著作权法》中将邻接权称为与"与著作权有关的权利"，包含表演者权、广播组织权、录音录像制作者权、版式设计者权，其核心是保护作品在传播过程中或者制品在制作及传播过程中相关利益者的权利。② 应用邻接权制度保护人工智能体产物在学界中受到了以易继明、陶乾、许明月等教授为代表学者的广泛支持，尽管学者之间主张邻接权保护模式的目的不同，或是为了保护投资人的利益，或是为了坚持自然人为创作者的理念，但将人工智能体产物视为邻接权的客体是具备较大可行性的。首先，人工智能体产物虽然不属于人的创造性智力成果，但是其外在表现形式与著作权法所保护的作品具有一致性，适用邻接权（广义上的著作权）有一定的法律理论支撑，也维持了我国著作权法律制度体系的完整性和逻辑性。③ 其次，邻接权制度并不关注人工智能体对作品的独创性贡献程度，若人工智能体独创性贡献程度高，则可以应用第一条理由予以保护；若人工智能体独创性贡献程度低，则可以通过认定人类为创作者给予著作权法保护，由此避免探讨人工智能体的法律主体地位问题。再次，以邻接权保护人工智能体产物与邻接权制度的功能高度契合——邻接权保护作品在生成及传播过程中的权利，保护了人工智能使用者、所有者、投资者等相关利益者的权利，符

---

① 参见黄玉烨、司马航《孳息视角下人工智能生成作品的权利归属》，载《河南师范大学学报（哲学社会科学版）》2018 年第 4 期，第 25 页。

② 参见李小侠《邻接权和著作权的衔接与协调发展：以独创性为视角》，载《科技与法律》2010 年第 3 期，第 47－50 页。

③ 参见许明月、谭玲《论人工智能创作物的邻接权保护：理论证成与制度安排》，载《比较法研究》2018 年第 6 期，第 48 页。

合当下人工智能技术和知识产权法的发展趋势。① 最后，部分学者将人工智能的创作类比于表演者的演绎行为，认为人工智能体的产物是对大数据进行演绎产生的结果②，因此在司法实践中或许可以借鉴相关指导性案例的做法。

以上介绍的人工智能体产物知识产权的保护模式暂时都停留在理论探讨层面，未曾付诸实践，但这对于我国知识产权法、人工智能技术的发展和进步都有着深刻的意义。

本章思考题

1. 试探讨是否应该赋予强人工智能法律人格；若要赋予，应该通过何种方式？

2. 讨论保护隐私权与个人信息的民法措施。

3. 对于本章中三种无人驾驶汽车侵权归责原则，你更赞成哪一种？请说明理由。

4. 请简述人工智能医疗机器人侵权的规制路径。

5. 对于人工智能产物是否应受到法律保护，你支持哪种观点？为什么？

6. 试比较五种人工智能产物保护模式的优劣。你还能提供其他保护模式吗？请具体阐述。

---

① 参见刘强著《人工智能知识产权法律问题研究》，法律出版社 2020 年版，第 168 – 172 页。

② 参见匡俊《论人工智能创作物著作权法保护》，载《中国出版》2020 年第 18 期，第 66 页。

第五章 人工智能的诉讼法学问题

威斯康星州诉卢米斯案①

2013 年 2 月 13 日，美国威斯康星州指控艾瑞克·卢米斯涉嫌参与拉克罗斯市的一起枪击案。面对控方所指控的五项罪名，卢米斯愿意承认其中的两项——企图逃离现场及在没有得到主人同意的情况下驾驶其机动车辆。最终，卢米斯因为这两项指控和他与枪击案之间的特定联系而受到刑事处罚。威斯康星州惩教署为卢米斯制作了一份包括 COMPAS 风险评估在内的审判前调查报告，这份报告被法官作为裁判的依据。

COMPAS 是威斯康星州惩教署使用的一种风险评估工具，用以识别罪犯风险并分配矫正资源，有效性已经得到实践验证。COMPAS 将在对自然人评估后给出相应风险级别，帮助惩教专业人员确定罪犯所需的监督级别，这一分析结果可能被作为保释或者量刑的依据。这一工具由一家名为 Nortpointe 的公司为法院提供，由于保守商业秘密的需要，经许可，研发公司只将评估的部分结果告诉法院，而未提供具体的评估过程信息。在初审法院作出判决后，卢米斯提出了抗议，认为法院侵犯了自己的程序性权利——根据美国宪法第十四修正案，被告人有权知道被控告的理由以便进行抗辩，而他却对评估过程不得而知，同时初审法院的判决严重依赖 COMPAS 风险评估结果，而这一评估可能包括对性别的歧视，缺乏准确性。初审法院认为使用 COMPAS 系统进行风险评估并无不妥。之后，卢米斯上诉至州最高法院寻求进一步的救济，州最高法院最终裁定，初审法院采用 COMPAS 风险评估结果并不影响卢米斯的正当程序权利。

上述案例从一个侧面展示了人工智能介入司法审判的情形，在这一案

---

① 朱体正：《人工智能辅助刑事裁判的不确定性风险及其防范：美国威斯康星州诉卢米斯案的启示》，载《浙江社会科学》2018 年第 6 期，第 77 页。

件中，当事人和法院围绕着 COMPAS 软件的评估结果是否属于符合诉讼要求的裁判依据产生了争议，其所反映的正是人工智能对诉讼法学所产生影响的一角。近年来，人工智能发展及应用所涉及的法律问题正逐渐受到学界关注。本章将基于学界现有研究成果，对人工智能与诉讼法学的主要问题进行讨论。由于当前人工智能技术发展不够充分，强人工智能相关研究缺乏实践支撑，学界对涉及强人工智能的诉讼法学问题总体态度较为谨慎，更倾向于就现有实践中弱人工智能的诉讼应用情形（如风险评估、事实证明、辅助裁判及异步审理）进行延伸讨论，本章也将主要针对这四种应用情境下发生的问题进行探讨。本章将先说明人工智能诉讼应用的主要情形，再分别叙述人工智能诉讼应用对诉讼法基本原则、传统理论与制度形成的挑战。

第一节 人工智能诉讼应用情形

如果要讨论人工智能应用对诉讼法学发展的影响，就需要先了解人工智能的诉讼应用情形。当前人工智能在民事诉讼与刑事诉讼中均存在一定应用，不过并非所有的应用情形都产生了新的诉讼法学问题。一些旨在提升诉讼的效率和智能化程度的应用情形能够较好地与现有的诉讼法框架相结合，如刑事诉讼中利用大数据分析、自然语言处理等人工智能技术对符合条件的案件自动转为立案状态的立案"智能审查"系统。[1] 关于这类应用情形将在本书第三编第九章"人工智能与司法审判"中再做讨论。本节将主要叙述对诉讼法学产生冲击性影响的人工智能诉讼应用情形。

一、风险评估

风险评估诉讼应用主要指在刑事诉讼中运用人工智能技术来评估自然人的犯罪风险。根据所使用的时间段，可以将犯罪风险评估软件分为诉讼

---

① 《防止"人为不立案"，上海法院全面运用立案"智能审查"系统》，见新华网（http://sh. news. cn/2022-01/22/c_1310435136. html），访问日期：2022 年 3 月 20 日。

前评估与诉讼后评估。① 诉讼前评估可以理解为评估时被评估对象尚未通过立案进入诉讼程序；诉讼后评估指被评估对象进入诉讼程序后再对其进行风险评估，诉讼后评估的结果可能成为量刑依据，与辅助裁判的应用情形也存在一定关联。

基于国外的观察，风险评估诉讼应用已经得到了一定的实践检验。英国国家数据分析解决方案（NDAS）项目曾经支持了 Most Serious Violence（简称 MSV）预测系统的研发。该系统致力于预测人们在未来两年内是否会使用武器进行第一次暴力犯罪。作为该工具的开发参与者——西米德兰兹郡警察和西约克郡警察，从犯罪和羁押记录、情报报告和"国家警察"计算机数据库中获取了两地约 350 万人的数据。西米德兰兹郡的警察伦理委员会在审查时认为该系统存在"编码缺陷"，无法准确预测暴力事件，反而可能影响公民正常生活，最终中止了这一项目。② 技术瓶颈与伦理问题仍是诉讼前评估走向成熟所需要面对的重要考验。相较于诉讼前评估，诉讼后评估走得更远。以美国为例，美国肯塔基州的公众安全风险评估系统（简称"PSA 系统"）、美国联邦审前风险评估工具（简称"PTRA 系统"），以及最新的以替代惩罚为目标的惩教管理分析系统（简称"COM-PAS 系统"）都具备一定风险评估功能，能够通过评估犯罪嫌疑人逃避审判或再犯的风险为保释或裁判提供依据。③ 这些系统都在司法层面得到了运用，但正如卢米斯案所示，诉讼后评估成为裁判依据是否符合程序合规性仍待商榷，这对其社会认可度造成了一定的影响。

就国内实践而言，通过与人工智能技术企业的合作，警方正在探索将监控录像与大数据所获取的行为数据与人脸识别、步态分析等技术相结合以实现预防犯罪的新路径。近年来，广州云从信息科技有限公司正与警方共同建立基于人脸识别技术的分析系统，如果被评估者出现被判定为达到一定犯罪风险等级的可疑行为举止，警方将能够适时予以关注，并在必要

---

① 参见魏伊慧、何烈伟《犯罪风险评估软件对刑事诉讼法原则的影响》，载《昆明学院学报》2019 年第 2 期，第 94 页。

② "Police built an AI to predict violent crime. It was seriously flawed"，WIRED UK（https://www.wired.co.uk/article/police-violence-prediction–ndas），2022–2–28.

③ 参见高通《逮捕社会危险性量化评估研究：以自动化决策与算法规制为视角》，载《北方法学》2021 年第 6 期，第 132 页。

时进行干预。① 不过这种干预的力度也将受到严格限制，仅仅凭评估结果判断自然人犯罪风险显然难以令人信服，也并不能支持警方采取（如逮捕）等强力手段。《中华人民共和国刑事诉讼法》中将逮捕的条件设置为"有证据证明有犯罪事实、可能判处徒刑以上刑罚的犯罪嫌疑人、被告人以及采取取保候审尚不足以防止其社会危险性"，这一规定旨在防范公权力对公民人身自由的可能侵害。相对于域外的诉讼前评估，我国对此的探索显得更为谨慎，更为注重被评估对象的实时表现。国内诉讼后评估主要应用于公安监管场所中，公安机关将依据《看守所执法细则（2013版）》的规定，参考人工智能的评估结果，结合具体情况进行分级管理，确定预警等级。② 不同于域外将评估结果与保释乃至审判进行明确的联系，这种评估结果的意义相对有限。

诉讼前风险评估应用不仅在伦理与技术可行性上存在争议，其本身也面临合法性审查。若警方仅将威胁级别作为依据便对被评估者采取强制措施，将存在侵犯人权、违背刑事诉讼法无罪推定原则的嫌疑；而司法机关利用其获取数据的优势，使用此类存在算法黑箱③的软件所提供的评估结果作为判案依据，会导致辩护方难以有效行使抗辩权，破坏刑事诉讼法的控辩平等原则。

二、事实证明

事实证明诉讼应用主要是指运用人工智能对案件相关数据进行分析并得出可用于佐证案件事实的结论。这种分析结论符合"存在于法律事务过程中的，具有科学技术含量、能够证明案件事实或者证据事实的各种信息"，属于证据科学意义上的证据。④

---

① 《英媒：中国用人工智能预测犯罪抓小偷》，见新浪新闻网（https://news. sina. cn/gn/2017-07-31/detail-ifyinryq7178801. d. html?from = wap），访问日期：2022年2月28日。

② 《人工智能在监所风险评估中的应用》，见中国安防行业网（http://news. 21csp. com. cn/c16/201907/11382673. html），访问日期：2022年3月26日。

③ 算法作为一种输入—处理—输出结果的方法，其运作依靠数据汇集和机器深度学习。这种运作过程虽来自人类的编写，但其自身的深度学习呈现出的却是常人无法参与的未知地带。这种未知，即是算法黑箱的体现。［参见吴椒军、郭婉儿《人工智能时代算法黑箱的法治化治理》，载《科技与法律（中英文）》2021年第1期，第19页。］

④ 参见马国洋《论刑事诉讼中人工智能证据的审查》，载《中国刑事法杂志》2021年第5期，第158－176页。

国内的应用实践表明，不同事实证明诉讼应用的可接受度不同。相较于处理数据的传统手段，如果该技术仅产生了效率上的提升，一般容易为法官所接受，如分析车辆 GPS（全球定位系统）数据、手机位置数据、银行卡刷卡数据，用以证明涉案人员活动轨迹；分析传销组织会员系统中的电子数据，用以证明有组织犯罪案件中涉案人员的组织架构；以及分析资金来往电子数据，用以证明涉案金额。① 在一起诈骗案中，上海某电子数据司法鉴定中心根据侦查机关的委托及所提供的电子证据出具了对涉案网站客户数量、普通客户的充值金额和盈亏总额进行的统计分析结论，并被法院认定为司法鉴定意见书。② 对于算法复杂程度较高、传统手段所不能实现的应用情形，如面部识别、情感计算③等，法官在选择采信时会更加谨慎。2020 年，在河北省唐山市中级人民法院的一份判决书中，法院认可了由侦查机关提供的通过人脸识别技术以证明案件事实的证据，④ 同年湖南省衡山县人民法院在一次审判中则认为面部识别系统结论不具有唯一性，而未对该证据予以认定。⑤

事实证明诉讼应用具有如下优势：其一，对于一些重复性强或人力所不能及却有利于查明案件事实的信息整理工作，人工智能往往可以胜任；其二，人工智能通过数据汇集和深度学习，能够发现数据中的"规律"并创设规则，进而发挥特定功能以适应实践需要。问题在于人工智能分析结论应当如何与现有证据体系相协调，这一问题将在第三节进行讨论。

三、辅助裁判

辅助裁判诉讼应用是指法官在进行案件的事实认定和法律适用时对人工智能所提供的参考性材料或结论的合理使用。人工智能在事实认定上的

---

① 参见张吉喜、孔德伦《论刑事诉讼中的大数据证据》，载《贵州大学学报（社会科学版）》2020 年第 4 期，第 83－85 页。

② 参见单县人民法院（2019）鲁 1722 刑初 215 号刑事判决书。

③ 情感计算是通过对表情、声调、步态等生理数据的计算，识别个人情感的一项技术。在司法场景中这项技术可以被运用到言词证据可信度的识别等领域。（参见刘艳红《人工智能技术在智慧法院建设中实践运用与前景展望》，载《比较法研究》2022 年第 1 期，第 4－5 页。）

④ 参见河北省唐山市中级人民法院（2020）冀 02 刑终 210 号刑事裁定书。

⑤ 参见湖南省衡山县人民法院（2020）湘 0423 刑初 11 号刑事判决书。

辅助主要表现为运用法律知识、证据规则和特定算法判断案件的法律事实。① 而在法律适用上的主要表现有两点：一是智能提取同类案例，通过比较研究寻找最适合本案的裁判结论；二是智能收集相关解释，以获得最符合立法本意的裁判结果。② 这一应用也将帮助各级人民法院更好地贯彻2020 年最高人民法院颁行的《关于统一法律适用加强类案检索的指导意见（试行）》的要求。

实践表明，人工智能辅助裁判系统是实现辅助裁判应用的重要载体工具。人工智能辅助裁判系统已经在国内外的司法和研究中得到应用。以北京市高级人民法院的"睿法官"系统为例，"睿法官"系统可以根据明显类型化的简单案件的特点，通过历史裁量规律帮助法官进行预判、自动生成裁判文书，辅助法官进行事实校准复核、量刑研判分析；对于事实争议较大、证据繁多的复杂案件，则自动提取裁量因素，将控辩双方争议焦点进行对应，指引法官进行事实认定，并自动组装裁判文书表述以提高效率。③ 与之相比，美国伊利诺理工大学的副教授卡茨推出的 LexPredict 系统的功能更像是结果预测，系统通过寻找与当前案件相关的存在较高相似性的在先判例，并将在先判例的法律适用规则、裁判方法等应用于当前案件中，预测裁判结果，其原理与人工智能辅助裁判系统是近似的。这一系统被用以预测美国最高法院的判决，在 1953 年至 2013 年的 7700 个判决中，该平台算法的预测准确率达到 70%。④ 上文提到的 COMPAS 等风险评估系统在实践中发挥着辅助裁判的功能，目前，美国已有一半以上的州利用这些软件来辅助法官量刑。

辅助裁判诉讼应用可有效提升法官判决的精确性，减轻法官的程序性事务负担，促进繁简分流，提升诉讼效率。同时，应当注意这一应用对审判规范和审判层级的冲击：一方面，长期应用人工智能辅助裁判系统可能会使得法官形成技术依赖，导致法官自由裁量权被弱化；另一方面，依据

① 参见王琦《民事诉讼事实认定的智能化》，载《当代法学》2021 年第 2 期，第 125 –128 页。

② 参见张卫平《民事诉讼智能化：挑战与法律应对》，载《法商研究》2021 年第 4 期，第22 页。

③ 《2018 全国政法智能化建设智慧法院十大创新案例（一）：北京市高级人民法院："睿法官"系统》，见法安网（https://www.faanw.com/zhihuifayuan/58.html），访问日期：2022 年 2 月28 日。

④ 《域外人工智能在司法领域的应用》，见《人民法院报》电子版（http://rmfyb.chinacourt.org/paper/html/2021-09/10/content_209370.htm），访问日期：2022 年 3 月 26 日。

《中华人民共和国刑事诉讼法》第二百三十三条："第二审人民法院应当就第一审判决认定的事实和适用法律进行全面审查，不受上诉或者抗诉范围的限制。共同犯罪的案件只有部分被告人上诉的，应当对全案进行审查，一并处理。"这就意味着刑事诉讼在第二审需要遵循全面审查原则以保证判决的公正。虽然《中华人民共和国民事诉讼法》出于对诉讼效率与处分权的尊重，并未采用全面审查原则，但也在第一百七十五条规定："第二审人民法院应当对上诉请求的有关事实和适用法律进行审查。"在第一审、第二审法院均使用同一辅助裁判系统的前提下，由谁审查、如何审查人工智能辅助裁判系统的结论就成了需要考虑的问题。

四、异步审理

异步审理是基于在线诉讼模式的新发展，是法官与原告、被告等诉讼参与人以非同步、非面对面、错时方式在规定期限内完成诉讼的审理模式。[①] 通过对审判环节的主要流程、关键环节进行重构，借助人工智能技术实现对诉讼参与人进行答辩、举证、质证的引导，异步审理可以允许诉讼参与人在空余时间完成庭审过程的核心内容，例如在法庭辩论环节，原告在诉讼平台上向被告发问，被告可以无须立即回复，在规定时限内于平台上回复原告的问题即可，双方均不必同时在线，法官也可通过同样的方式适时介入互动，归纳争议焦点或者调解，引导当事人完成诉讼。"线下审理"向"线上审理"的转变打破了诉讼的空间限制；而"同步庭审"到"异步审理"的发展则进一步打破了诉讼的时间限制，当事人不仅能够在现代生活节奏下享受诉讼的便利，法官也能从固定的庭审时间中解放出来，随时可对案件进程予以关注，甚至能够同时主持多场相对独立的庭审，有效提升工作效率。

我国是首个启用异步审理模式的国家[②]，处于在线诉讼模式探索的前沿。2018 年至今，无论是地域还是案件类型，异步审理已经得到了进一步的推广适用，在实践中趋向灵活。2022 年 2 月 11 日，合肥高新技术产业开发区人民法院知识产权涉外审判团队对一件涉省外案件采用"异步

---

① 参见杭州互联网法院《涉网案件异步审理规程（试行）》（2018 年）第 1 条。
② 《杭州互联网法院启动全球首个"异步审理"模式》，见浙江政务服务网（http://hzjg. zjzwfw.gov.cn/art/2018/4/3/art_1179047_17029385.html），访问日期：2022 年 2 月 28 日。

审理"模式进行审理,当事人在法院工作人员组建的微信群聊里按照其自行选择的时间提交证据等材料,法官利用工作的间隙在群内引导当事人就证据发表意见,并促成当事人达成调解,两日内即审结一起由互联网购物平台所引发的侵害商标权纠纷案件。① 异步审理的高效优势可见一斑。

诉讼模式的创新也带来了质疑的声音。有学者认为,"异步审理模式将会极大地改变民事司法的属性,当事人的临场参与感、司法的仪式感、剧场效应及审判公开原则都将受到极大挑战"②。具体可以理解为:异步审理"交互式对话框"的沟通模式直接冲击了直接言词原则;③ 其相对宽容的期限也可能为一方当事人所利用,如故意拖延回复以获取博弈优势,这一情况下异步审理的效率反而下降;同时,如果审理方式的灵活度缺乏边界,也可能导致随意诉讼,从而影响诉讼法定的权威。④

第二节　人工智能诉讼应用对诉讼法基本原则的挑战

诉讼法基本原则是诉讼中各方参与人在进行诉讼中应当遵循的基本准则,既对具体诉讼法规则的设立产生一定指导作用,又可以在诉讼法规则缺乏或不明确时补充适用。本节所称基本原则均应在我国法律中存在一定的支持。在处理人工智能诉讼应用与诉讼法的冲突时,应当坚持一个观点:"人工智能只能挑战具体的诉讼法规则,而不能挑战和动摇诉讼法基本原则的要求。"⑤ 基于这一立场,在下文关于二者的讨论中,一般主张以诉讼法基本原则对人工智能诉讼应用进行规制。

---

① 《异步审理　两天结案:知产团队打造"云审理"新模式》,见澎湃新闻(https://m. thepaper. cn/baijiahao_16669608),访问日期:2022 年 2 月 28 日。

② 《"互联网法院案件审理问题研讨会"会议实录》,见《纠纷与法》公众号(https://mp. weixin. qq. com/s?_biz = Mzk0MjI2NTY3Mw == &mid = 2247484284&idx = 1&sn = 00b2f282188454e97774891eaa664872&source =41#wechat_redirect),访问日期:2022 年 3 月 17 日。

③ 参见杨瑞《异步审理方式对民事诉讼法理的挑战与回应》,载《司法智库》2019 年第 1 卷,第 170 页。

④ 参见张卫平《民事诉讼智能化:挑战与法律应对》,载《法商研究》2021 年第 4 期,第 28 页。

⑤ 张卫平:《民事诉讼智能化:挑战与法律应对》,载《法商研究》2021 年第 4 期,第 27 页。

一、清白无须自证——风险评估与无罪推定原则之冲突

无罪推定原则是刑事诉讼法的国际通行原则之一，《中华人民共和国刑事诉讼法》在规定中吸收了其精神内核。有学者认为可以从两个层面理解无罪推定原则的含义：第一，在举证责任分配层面既要求证明被告人有罪的责任由控诉方承担，又要求控诉方对被告人实施了犯罪的证明必须达到能够排除合理怀疑的程度。这些要求为《中华人民共和国刑事诉讼法》第五十一、第五十五条所规定，其中"排除合理怀疑"被吸收到"证据确实、充分"的定罪标准中来。第二，在正当程序要素层面要求"未经证明有罪的应当视为无罪"，强调保障犯罪嫌疑人或被告人在诉讼程序中也能够获得权利保障。这在《中华人民共和国刑事诉讼法》的第十二条规定中得到了明确："未经人民法院依法判决，对任何人都不得确定有罪。"[①]

综合考虑进行风险评估的各个时间段可以发现：在进行审判评估之际，法官往往已经通过法庭调查和辩论明确了被告人所受指控达到了"证据确实、充分"的程度，此时，风险评估旨在判断被告人人身危险性，为法官在量刑时决定是否适用缓刑等提供参考，更接近于辅助裁判应用的情形，不会对无罪推定原则造成影响；（诉讼后）审判前评估侧重于案发后，在确定犯罪嫌疑人的前提下判断犯罪嫌疑人逃避审判或破坏现场的可能性，从而为采取合适的强制措施提供依据。如果已经用传统立案、侦查手段确定犯罪嫌疑人，采取何种强制措施事实上属于法律技术问题，对于犯罪嫌疑人来说，配合警方调查和接受一定的强制措施也成为义务，即（诉讼后）审判前评估的法律问题其实仍在当前诉讼法框架内，没有突破无罪推定原则；而诉讼前评估则要求在确定犯罪行为发生和发现犯罪嫌疑人之前就要预先设定目标，即推定目标"有罪"，然后进行信息收集与评估，这就违背了"未经人民法院依法判决，对任何人都不得确定有罪"的规定。[②] 因此，风险评估应用对无罪推定原则的挑战主要发生在诉讼前评估情形中，并表现为对程序正当要求的冲击。

---

① 参见易延友著《刑事诉讼法：规则 原理 应用》，法律出版社 2019 年版，第 92 – 93 页。
② 参见卞建林、曹璨《信息化时代刑事诉讼面临的挑战与应对》，载《吉首大学学报（社会科学版）》2021 年第 5 期，第 1 – 8 页。

如果仅将"无罪推定"视作一种观念，只要人工智能的算法足够高明，无辜的嫌疑人最终也会被排除嫌疑，似乎违反这一原则也不会产生严重后果。此处需要阐明"无罪推定"原则为何是程序正当所必需之问题。一般而言，程序正当所要求的"无罪推定"原则是一种法律拟制①，法律拟制可以理解为将甲事实产生的效果视作与乙事实产生的效果相同，因此，"无罪推定"原则就是将"未经审判"这一事实下公民的状态视同"无罪"。一方面，这体现了对审判程序和审判权的尊重，是否承担罪责的决定应当自法院经合法程序下达后方产生效力，而对无罪者施加刑罚将违背法律，这是法治的应有之义。另一方面，程序是否正当对于经由该程序产生的结果同样存在影响，这种影响表现为人们对经由该程序产生结果的接受性及这一结果在多大程度上是符合正义的。不正当的程序会削弱其自身的公信力，从而影响其功能的实现。现代意义上的"无罪推定"原则与意大利法学家贝卡利亚对刑讯逼供恶习的批判相关，刑讯逼供破坏了程序的正当性，制造了大批冤案，广受诟病。"无罪推定"原则从根源上否定了刑讯逼供的法理基础，是现代司法的一大进步。尽管诉讼前评估与刑讯逼供本质存在不同，但同样因为违背"无罪推定"而构成对程序正当的冲击。与确定自然人存在嫌疑后展开对其的调查不同，诉讼前评估是基于既往犯罪数据库来找到所有被评估对象的特定行为与犯罪倾向的联系，再利用大数据为被评估对象"画像"，也就是说算法先假定被评估者都存在犯罪的嫌疑，然后寻找证明他们犯罪倾向的事实，近似于《疑邻盗斧》故事中的失斧者怀疑是邻居家儿子偷的，越观察邻居儿子越觉得他可疑。但是找到斧子后，越观察邻居的儿子越觉得他无辜，人工智能模拟的正是失斧者的角色，这就可能因为人工智能存在的算法歧视②提升错误评估的可能性。正如谷歌的搜索算法本身并无不妥，却因用户的搜索行为使得广告推荐传递了对黑人的歧视③，如果特定群体的犯罪率较平均水

①　关于"无罪推定"是一种"推定"，还是一种法律拟制，学界尚存在分歧，考虑到讨论语境，在此取法律拟制之意。（参见劳东燕《推定研究中的认识误区》，载《法律科学》2007 年第 5 期，第 117 – 126 页。）

②　算法歧视是在数据分析中产生的对特定群体形成的系统性、可重复的不公正对待。[Brunolepri, Nuriao, Emmanuell. "Faire, transparent, and accountable algorithmic decision-making processes", *Philosophy & technology*, 2017, 31（3）: pp. 611 – 627.]

③　《研究称谷歌搜索结果显示种族偏见》，见环球网（https://tech. huanqiu. com/article/9CaKrnJzc8h），访问日期：2022 年 2 月 28 日。

平高，接下来同一群体中的个体更容易被评估为高风险，这显然是不公平的。"期待人工智能算法高明"与"期待法官能够找到事实真相"的本质相差无几，当我们尝试通过算法模拟人类思维，从而赋予人工智能判断事实的能力时，也不可避免地使得人工智能存在着相同的思维局限。如果将风险评估结果赋予等同于证据的效果，被评估对象的权利将面临潜在的侵害。"有罪推定"尚且需要我们自证清白，风险评估中被贴上标签的我们可能会因算法黑箱而失去抗辩的权利。即使极致的风险评估能以民众的权利为代价，在最大程度上遏制犯罪，也并非人们所愿意看到的。为实现法理、效率与人本主义的平衡，风险评估诉讼应用还有很长一段路要走。

二、法槌的重量可容分担？——辅助裁判与审判权独立行使之冲突

《中华人民共和国宪法》第一百三十一条明确规定了独立行使审判权原则，《中华人民共和国民事诉讼法》第六条及《中华人民共和国刑事诉讼法》第五条也强调"人民法院依照法律规定独立行使审判权，不受行政机关、社会团体和个人的干涉"。独立行使审判权原则一般用于强调审判机关整体的独立性，并没有具体到法官个人的独立裁判。有学者认为在人工智能应用情形下，从司法权行使主体视角来看，上述条文所表述的含义也可拓展理解为司法权主体的唯一性。① 纵观司法审判的历史演进，即使每个时期的庭审结构与裁判方式都有所变化，但法官在审判中的主导和支配地位始终岿然不动。而人工智能以提供裁判结论参考、生成裁判文书的方式介入审判环节后，司法权是否还完全由法官掌控就成了值得关注的问题。法官作为最终决定者的地位毋庸置疑，这并不意味着在法官形成内心确信过程中人工智能提供的裁判参考没有产生实质影响。在司法人工智能应用情形并不成熟的情况下，我们可以认为这种影响是相对有限的，这就使得审判权主体相关问题并未上升到迫切关注的程度。但是随着未来人工智能对审判的介入逐步加深，实践仍不可避免地要面对这个问题。

主体问题背后是权责匹配问题。独立行使审判权原则要求只有法院具有审判权，其审判人员在裁判时成了法院意志的代表，具体行使这一权

---

① 参见陈俊宇《司法程序中的人工智能技术：现实风险、功能定位与规制措施》，载《江汉论坛》2021年第11期，第100页。

力，并承担相应责任。让人工智能自动生成判决等做法势必形成审判主体的双重结构，事实上将出现程序员、软件工程师、数据处理商、信息技术公司与法官共同做出决定的局面，即实际出现了复数的审判主体，一旦审判主体和决定者难以特定，权力边界的模糊地带随之扩大，审判主体间更可能出现推卸责任的情形。① 在趋利避害的理性驱动下，法官更倾向于遵循人工智能辅助裁判系统的结论，以期逃避责任。不过实际上人工智能辅助裁判系统并没有帮助法官脱离责任承担的主体范围，作为把关者，法官所谓因使用"决策辅助系统"而免责的主张也不会被认可。② 考虑到推进诉讼智能化需要尽可能调动积极因素，如果在人工智能介入审判的情形中发生错判，虽然法官仍须承担主要责任，但是确实是因为技术问题，比如在审判中被推送了不合适的参考案例，就需要根据具体的情形适当减免法官的责任，并对人工智能系统的设计者进行追究。同时也需要注意到，程序的设计开发过程通常由多人参与，很难追溯到具体的个人或组织，且不宜过于扩大系统设计者责任，有学者据此提出可以通过建立和完善"赋权型问责机制"回应司法问责问题，赋权型问责机制是指通过赋予法官相应的权利，如程序选择权、算法解释权，保障法官对裁判结果的决定权，并在法官审查行为与裁判结果错误之间存在因果关系的条件下，由法官对其审判行为和裁判质量承担相应责任的一种问责机制。③ 这一机制仍然将法官视作责任的主要承担者，不仅对于确认归责具有一定意义，也为维护独立行使审判权原则提供了思路。

基于维护独立行使审判权的视角，对人工智能辅助裁判应用的规范可以从以下两个方面考虑：一是构建起司法机关与人工智能产业的联结。司法人工智能产生于人工智能产业，又运用于司法机关，这就建立起了二者的联系，司法机关本身不具备投入巨大的成本研发人工智能技术的条件，而倾向于通过将某些司法辅助工作承包给相关企业，借助科技企业的力量以推进智能司法，比如，中央层面曾提出通过司法辅助事务外包等方式，降低司法成本，提高办案效率，最高人民法院也强调要探索辅助业务社会

① 转引自季卫东《人工智能时代的司法权之变》，载《东方法学》2018年第1期，第125-133页。

② 参见吴习彧《裁判人工智能化的实践需求及其中国式任务》，载《东方法学》2018年第2期，第110-117页。

③ 参见雷婉璐《智能辅助审判技术下法官问责难题的破解路径》，载《哈尔滨工业大学学报（社会科学版）》2022年第2期，第35-41页。

化外包等做法。① 不可忽视的是，司法机关与人工智能企业的目标是截然不同的，司法机关以实现社会公平正义为导向，而企业本质上是"逐利"的。为避免司法人工智能的价值取向被侵蚀，冲击独立行使审判权原则，就必须构建合适的司企关系，形成人工智能行业自律，尤其是要避免行业垄断现象的出现，这就需要建立市场化的人工智能企业招标，实现人工智能产业与司法裁判的有序衔接。同时，司法机关及相关国家机构也必须加强相关人才培养，优化人才结构，司法人工智能的运用必须有复合型人才进行把关。如果仅着眼于技术层面，引入人工智能企业的技术人员，或仅着眼于法律层面，依靠不具备专业技术知识的法官，都可能达不到预期的效果，甚至产生负面影响；这就要求司法机关加强复合型人才的培养，在严格的把关下，科技企业及其人员将较难利用技术优势以利益输送或观念灌输为手段影响司法程序的公正性。② 二是赋予法官辅助裁判系统使用选择权，如果选择使用辅助裁判系统，法官运用人工智能辅助裁判系统时，需要通过签字等方式确认以表明了解相关风险，保证依法裁判，为判决结果负责。程序选择权是上文所提及"赋权型问责机制"的一个侧面，旨在从制度上解决审判权主体问题。程序选择权及其配套机制明确了人工智能辅助裁判系统的辅助地位及法官选择是否使用该系统的自由，使得法官愿意对人工智能技术所形成之结果负责。同时签字等行为也可以说明审判法官通过审查形成了内心确信，赋予人工智能辅助裁判系统分析结论合法性的形式外观，表明该结论已经成为法官判决中的一部分，成为审判机关的意志。③

　　另一个值得探讨的问题是：当人工智能技术足够成熟，不需要人类法官把关即可自行做出判决时，人工智能可否成为审判机关意志的代表？换言之，在未来司法进步的道路上，人工智能能否超越"辅助"的定位？学界仍存在激烈讨论，大致可分为保守主义和激进主义两种观点④。

---

　　①　转引自倪寿明《统筹推进三方面改革》，载《人民司法（应用）》2018年第22期，第1页。

　　②　参见陈俊宇《司法程序中的人工智能技术：现实风险、功能定位与规制措施》，载《江汉论坛》2021年第11期，第102－103页。

　　③　参见陈俊宇《司法程序中的人工智能技术：现实风险、功能定位与规制措施》，载《江汉论坛》2021年第11期，第102－103页。

　　④　参见章安邦《人工智能时代的司法权嬗变》，载《浙江工商大学学报》2020年第4期，第149－160页。

1. 保守主义观点

保守主义者认为应以司法制度的改进为根本，技术方案的实现存在难以逾越的障碍。基于当前人工智能技术发展现状，支持者认为人工智能的审判主体资格不能仅从技术实现的角度考量，还须回归法律主体的本源加以讨论。我国通过法律拟制赋予法人和其他组织主体地位，但这些法律拟制主体的意思表示和法律后果根本上都可以归于其背后的自然人，本质上仍属于人类的"自主意识"和"表意能力"的产物，人工智能则与此有着根本的不同，因此适用法律拟制赋予人工智能法律主体地位并不合适。就目前人工智能主体的可责性而言，"由于人工智能并非法律主体，即使其能够基于深度学习模拟人类的思维方式，但由电子元件和数字代码构成的智能系统永远无法将其物理属性转化为具有血肉之躯的生物属性，更无法从身体组织和思想精神层面感知和理解法律内在的指引、评价、教育和强制功能。"①

2. 激进主义观点

激进主义者则倾向于用技术方案替代制度改革方案。人工智能的根本在于大数据。从海量性（vast）、多维性（variety）、及时性（velocity）的大数据所发掘出来的信息，既让法官摆脱了小数据的局限经验和认知上的盲点，也让当事人、公众能够在最大样本范围内评判司法裁判，进而将司法与社会紧密地联系在一起。② 人工智能具有通过算法精确处理案件，将抽象正义具体化的潜质，不失为一种实现司法公正的路径。

当前学界支持保守主义观点居多，保守主义观点认为人工智能技术即使成熟，也仍然解决不了主体问题，背后蕴含着人本主义思想，比较契合当前社会对人工智能的认可程度。德国学者马克斯·韦伯（Max Weber）谈论近代欧陆法律制度时，曾做出这样的评论："现代的法官是'自动售货机'，投进去的是诉状和诉讼费，吐出来的是判决和从法典上抄下来的理由。"③ 激进主义观点正是基于对"自动售货机"理论的认同而产生的，如果法律的精细程度和法律解释的系统化达到较高的标准，法院的运作与自动售货机确有共通之处，届时是否需要强调和坚持审判主体问题，有待

---

① 孙占利、胡锦浩：《人工智能应用于司法审判的问题与应对》，载《浙江工业大学学报（社会科学版）》2021 年第 4 期，第 409－410 页。

② 参见陈敏光《善假于物与审判异化：司法人工智能的辩证思考》，载《重庆大学学报（社会科学版）》2021 年第 3 期，第 148－159 页。

③ ［美］科瑟：《社会学思想名家》，石人译，中国社会科学出版社 1990 年版，第 253 页。

进一步讨论。

第三节　人工智能诉讼应用对诉讼法传统理论的挑战

人工智能诉讼应用对诉讼法的部分传统理论同样构成挑战，这些理论是诉讼架构的重要组成部分，一些理论也被学界视作诉讼法之原则，具有广泛的指导意义。虽然我国并没有具体的法律条文对其单独进行规定，但是这些理论已被司法实践广泛接受，故在本节将之作为传统理论列出并进行说明。

一、权利的防线——人工智能诉讼应用与控辩平等理论之冲突

"控辩平等"被学界视作刑事诉讼中一项重要的原则，是指刑事诉讼中由于控诉方天然地能够利用国家公权力来追查犯罪及对被告人采取强制措施，控诉方与辩护方始终处于一种不平等的地位，这就要求通过合理配置控辩双方的权利与义务来改变控辩力量先天失衡的情况。① 我国刑事诉讼法并没有明文规定这一原则，而是在总则中的第十四条规定："人民法院、人民检察院和公安机关应当保障犯罪嫌疑人、被告人和其他诉讼参与人依法享有的辩护权和其他诉讼权利"，以及在关于"辩护与代理"等规定中体现控辩平等之内涵。控辩平等同时也是一种刑事诉讼的理想化状态，现实并不具备条件保证控辩双方力量对等，但不影响将控辩平等作为一种追求。

通过在诉讼中应用人工智能技术，控诉方能够利用人工智能技术对涉案信息进行分析，并将其结论作为采取下一步诉讼行为的依据，而算法黑箱的存在使得辩护方抗辩的权利受到削弱，对于这一问题的规范仍存在空白待填补。根据《中华人民共和国刑事诉讼法》，辩护律师在侦查期间具有为犯罪嫌疑人提供法律帮助、代理申诉、控告、申请变更强制措施及向

---

① 参见冀祥德《控辩平等之现代内涵解读》，载《政法论坛》2007 年第 6 期，第 90 –91 页。

侦查机关了解犯罪嫌疑人涉嫌的罪名和案件有关情况，提出意见的权利，所以辩护律师可以查阅或要求控诉方在庭前出示被作为依据使用的人工智能结论背后的算法及所依托的大数据材料，但是商业秘密等将阻碍这一权利的行使。① 如果辩护方可以支付高价使用借助大数据分析和判断法庭行为的软件，就可以对案件走向做出一个基本的判断，为被告人争取利益，而这同时可能会侵害经济能力不足的被告人的权利。② 可见控诉方对人工智能技术的使用可能会破坏现行刑事诉讼法所保持的控辩力量平衡。

　　理想状态下的诉讼结构以法官居中审判，当事人在两造对抗，这种形态的诉讼结构能够维持各方势力均衡，使对当事人诉讼权利的保障落到实处。人工智能诉讼应用与控辩平等理论之冲突是反映了诉讼中人工智能应用情形对刑事诉讼结构冲击的一个侧面。民事诉讼同样不能幸免，不过与刑事诉讼不同，《中华人民共和国民事诉讼法》第八条指明，民事诉讼当事人有平等的诉讼权利。人民法院审理民事案件，应当保障和便利当事人行使诉讼权利，对当事人在适用法律上一律平等。诉讼中两造的结构暂且安稳，但是将人工智能技术引入审判之中势必会加强审判权的力量，间接导致当事人受到漠视。当法官能够借助人工智能技术根据文本材料归结案情、确定事实，当事人充满主观色彩的抗辩、质证不一定能够引起足够的重视，这可能会使审判回到依赖文本材料的书面审理模式和卷宗主义，民事诉讼中法院的绝对地位而导致的法院与当事人之间的结构失衡将成为一种新问题。③

　　基于控辩平等原则与诉讼结构的角度，人工智能应用情形对被告人权利的损害主要表现在算法黑箱及信息来源模糊上，对此的应对也应针对这两个方面开展。

　　算法黑箱产生的原因有以下几个方面：一是涉及国家机密或商业秘密，不可对外公开；二是技术的专业性、复杂性使得算法难以被非专业人士所理解；三是深度学习内在的自主性和不确定性使得预先准备的算法并

---

① 参见魏伊慧、何烈伟《犯罪风险评估软件对刑事诉讼法原则的影响》，载《昆明学院学报》2019 年第 2 期，第 95 页。

② 参见德国希尔根多夫教授于 2018 年 3 月 29 日在中国政法大学所作名为《机器与人工智能在刑事诉讼中应用：刑事诉讼法的新挑战》的讲座。

③ 参见胡铭、钱文杰《现代科技融入刑事辩护的机遇、挑战与风险防范》，载《江淮论坛》2019 年第 1 期，第 140－145 页。

不一定能完全解释所有结论的细节。① 对于算法黑箱的规制，有学者提出存在以下几种路径②：一是使用开源算法，有观点甚至主张公开计算机程序检测科学证据的源代码，但这也可能导致在技术不成熟的情况下，当事人利用算法的漏洞取得不正当的诉讼优势；也有学者认为，对于正当程序而言，代码开源既非必要又不充分，因此透明并非必要要素。③ 可见对于是否使用开源算法的问题尚存在争议。二是建立中立的伦理审查委员会对算法设计进行监管，并定期公开审查结果，这也是不少国家采用的方式，关键在于如何保证委员会的中立性及如何设计其与其他国家机构的关系。三是对算法设计者的行为建立起追责机制，在必要时要求程序员用自然语言来解释算法的设计原理，对于确有过错的，追究其相关责任，同时也需要考虑过分严厉的规制可能会压制设计者创新动力的问题，应当通过合理设置责任分配来实现二者的平衡。

算法分析中基于大数据技术所收集的涉案信息可能位于互联网的每一个角落，包括犯罪嫌疑人、被告人在社交软件及网站所留下的公开信息等。这些信息的真实性及与结论的关联程度对于辩护方有效抗辩可能起到关键作用，因此信息来源的释明便显得尤为重要。当然，以何种方式释明、释明到何种程度则是需要继续思考的问题，如果仅提供数据副本，也应当使辩护律师拥有相同的技术条件进行数据分析，否则就会极大地提升辩护方的成本；而如果要求完全释明，又可能会增加控诉方的负担，降低诉讼效率，导致人工智能技术不再受到司法领域的欢迎，不利于推动诉讼的智能化。

二、与时俱进——异步审理对直接言词原则理论之挑战

直接原则是指法官亲自听取双方当事人、证人及其他诉讼参与人的当庭口头陈述和法庭辩论，形成对案件事实真实性的内心确信，并据以对案件做出裁判。也有学者进一步指出直接原则可以理解为在场原则和直接采

---

① Burrell J. "How the machine 'thinks': understanding opacity in machine learning algorithms", *social science electronic publishing*, 2015, 3 (1), pp: 1 - 12.

② 参见陈俊宇《司法程序中的人工智能技术：现实风险、功能定位与规制措施》，载《江汉论坛》2021 年第 11 期，第 102 - 103 页。

③ Joshua A. Kroll. "Accountable Algorithms", *university of pennsytvania law review*, 2017, 165 (3), pp: 657 - 660.

证原则的配合。① 言词原则是指当事人应当以口头方式进行主张和陈述，使得法官和对方当事人能够了解当事人主张和陈述的真实意思，与书面主义相对，两个原则联系密切，存在一定交叉，故也称直接言词原则。直接言词原则是诉讼的基本原则，但并未在我国法律中单独规定，部分内涵在《中华人民共和国民事诉讼法》第一百三十七和第一百七十六条"关于开庭审理的规定"及第七十七条"关于证人出庭作证的规定"中有所体现。直接言词原则通过规范诉讼流程、促进程序正义，推动了实体正义的实现。

异步审理是否能够与直接言词原则相适应，学界并未形成共识，此处宜将直接原则和言词原则分别讨论。

关于异步审理是否与直接原则存在冲突的问题，学界讨论的争议点主要在"在场"要求上，依据争议焦点，可以认为学界存在三种观点：第一种观点基于传统的立场，认为在线诉讼及其所应用的远程审判并不符合"在场"的要求，在这一观点下，异步审理自然会进一步与直接原则产生冲突。② 第二种观点认为，在智能化技术介入之后，直接原则的内涵应当有所扩张，可对之作功能主义的解释，即在线诉讼运用的现代视频传输技术实现了"异域"面对，依然可以符合直接原则的内核要求，但是异步审理不一定通过视频传输的方式实现沟通，同时法官也并未与诉辩或控辩三方同时面对，因此仍然可能与直接原则产生冲突。③ 第三种观点则认为"在场"的本质要求在异步审理下没有受到影响，所存在的争议大多是对法律文本的封闭式理解，但是法律文本本身对新生事物存在包容和内在张力。一方面，《中华人民共和国民事诉讼法》第十六条规定，经当事人同意，民事诉讼活动可以通过信息网络平台在线进行。民事诉讼活动通过信息网络平台在线进行的，与线下诉讼活动具有同等法律效力。其中"同等的法律效力"说明网络空间与物理空间具有等质的场域属性，诉讼平台因此也能够具备"法庭"属性。另一方面，《最高人民法院关于适用〈中华人民共和国民事诉讼法〉的解释》第二百五十九条指出"当事人双方可就开庭方式向人民法院提出申请，由人民法院决定是否准许。经当事

①　参见陈瑞华《什么是真正的直接和言词原则》，载《证据科学》2016 年第 3 期，第 226 – 269 页。

②　参见郑世保《电子民事诉讼行为研究》，法律出版社 2016 年版，第 356 页。

③　参见张卫平《民事诉讼智能化：挑战与法律应对》，载《法商研究》2021 年第 4 期，第 27 页。

人双方同意，可以采用视听传输技术等方式开庭"。其中的"视听传输技术等方式"并未做封闭式处理，可以认为这一规定辐射到异步审理，因此异步审理符合"在场"要求。①

一般认为，异步审理的"交互式对话框"确实与言词原则存在冲突，这一沟通形式主要采用文字交流，异步审理也就成了一种书面审理方式。根据德国民事诉讼法理对言词原则的解释，言辞审理体现在民事诉讼的口头辩论程序中，包括必要的口头辩论和任意的口头辩论，证据调查程序属于必要口头辩论的适用范围，法庭辩论则需要根据案情决定是属于必要口头辩论还是任意口头辩论，若案情复杂则属于必要口头辩论，相反则属于任意的口头辩论。② 其中，任意的口头辩论环节并不因采用书面审理而违反言词原则，一般采用异步审理的案件较为简单，因此异步审理与言词原则的冲突主要存在于法庭调查环节。③

如何协调异步审理与直接言词原则的矛盾，基本思路是对期限的进一步限制及对沟通形式的改造。前者属于法律技术性问题，此处不展开讨论，对于后者，有学者主张以符合言词原则的形式，如视频留言等替代"交互式对话框"，④ 该形式在一定意义上是回归传统。也有学者主张可效仿建立本土化的"斯图加特模式"，通过"在线充分的书面准备程序＋在线一次言词辩论程序"，促成我国在线诉讼程序构造的转型，具体而言，就是将异步审理作为书面准备程序，与传统的言词原则下的辩论等环节相配合，形成一次完整的审理。⑤ 这一主张其实就是在保留当前异步审理特色下增加言词辩论以适应言词原则的要求。以上两种主张都是尝试在异步

---

① 参见陶杨、付梦伟《互联网法院异步审理模式与直接言词原则的冲突与协调》，载《法律适用》2021 年第 6 期，第 171–173 页。

② 参见［德］罗森贝克等《德国民事诉讼法》，李大雪译，中国法制出版社2007 年版，第 544–560 页。

③ 参见林洋《互联网异步审理方式的法理思辨及规则建构》，载《甘肃政法学院学报》2020 年第 4 期，第 115–128 页。

④ 参见林洋《互联网异步审理方式的法理思辨及规则建构》，载《甘肃政法学院学报》2020 年第 4 期，第 115–128 页。

⑤ 1976 年，德国法学家韦因可夫和波埃分别发表了《为什么以及如何进行司法改革》和《走向言词辩论的集中》两篇论文，为德国斯图加特地区法院探索民事案件集中审理提供了重要理论依据。以这两篇论文为基础，斯图加特地区法院实施了民事审判模式改革，创立了在大陆法系民事诉讼法历史上具有里程碑意义的"斯图加特模式"。（参见肖建国、丁金钰《论我国在线"斯图加特模式"的建构：以互联网法院异步审理模式为对象的研究》，载《法律适用》2020 年第 15 期，第 96–109 页。）

审理中植入体现言词原则的环节，在这种情况下如何保持异步审理高效性和便利性的特色是颇具法律技术性的问题。

直接言词原则并非"铁则"，而是一定历史条件下的产物。中世纪的大陆法系国家曾存在纠问式诉讼制度，这一制度要求法院以调查官员的书面笔录作为根据制作最终的判决，使得当事人的陈述、辩护权利难以得到保证，故而诉讼改革后间接审理主义被直接审理原则与言词原则所替代。① 因此，在人工智能技术变革的今天，在实践中提高诉讼成本的直接审理原则与言词原则是否还处于不可动摇的地位，是值得思考的。

第四节 人工智能诉讼应用对诉讼法规则的挑战

在人工智能技术应用于司法的背景下，现有的诉讼法规则不足以应对诉讼可能出现的新情况，这就要求对诉讼法规则进行修改和解释以适应实践需要。尽管立法的滞后性不可避免，但是诉讼法规则应力求能动修改而非被动修改，并应及时对预期中的新情况做出前瞻性应对，如此才能推动诉讼的进一步智能化。

一、何以安身？——证据科学中的人工智能分析结论

（一）人工智能证据种类问题

现有研究对可用以佐证案件事实的人工智能分析结论的认识和定位尚不统一。② 由于现代人工智能技术与大数据技术的紧密结合，人工智能分析结论往往依托大数据技术来收集与案件相关的信息，有的学者将人工智能结论与其所依托的大数据材料并称为"大数据证据"，把人工智能分析结论看作"大数据证据"的一部分，强调分析结论对大数据材料的依附

① 参见陈瑞华《什么是真正的直接和言词原则》，载《证据科学》2016 年第 3 期，第 266－269 页。

② 参见马国洋《论刑事诉讼中人工智能证据的审查》，载《中国刑事法杂志》2021 年第 5 期，第 158－176 页。

性。^① 有的学者则只将"记载对海量电子数据进行分析后所获得的结论的材料"称作"大数据证据",^② 侧重于强调分析结论在作为证据使用时将区别于所依托的材料;也有学者直接将其称作"人工智能证据",将人工智能分析结论与所依托的大数据材料在概念上就分离开来。^③ 其实在实际问题的讨论中,概念的选择并不导致对立,即使将人工智能分析结论看作大数据证据的组成部分,也并未把它与所依托大数据材料的性质等同起来。考虑到本章重在说明人工智能诉讼应用问题,为方便讨论,故将人工智能分析结论称为人工智能证据。

我国实行"证据法定主义",即证据的种类由法律明文规定,《中华人民共和国刑事诉讼法》第五十条规定,证据的种类包括(一)物证;(二)书证;(三)证人证言;(四)被害人陈述;(五)犯罪嫌疑人、被告人供述和辩解;(六)鉴定意见;(七)勘验、检查、辨认、侦查实验等笔录;(八)视听资料、电子数据,关于人工智能证据应当如何与现有证据种类相协调的问题,学界有以下观点。

1. "传统证据"说

关于证据种类,我国当前采用了法定的形式,"传统证据"说主张将人工智能证据纳入法定证据种类中,因为分类的依据不同,"传统证据"说中也存在不同观点。有观点认为,基于人工智能证据的专业性和科学性,可以将之看作"鉴定意见"。^④ 着眼于人工智能证据的不同特性,"书证"说、"证人证言"说及"非法定证据"说亦有存在。^⑤

2. "独立证据"说

"独立证据"说认为人工智能证据以"综合性"和"重方法"作为其与传统证据种类的区别点,应当视为独立的证据种类,^⑥ 相对于鉴定意

---

① 参见杨继文、范彦英《大数据证据的事实认定原理》,载《浙江社会科学》2021 年第 10 期,第 47 页。

② 参见张吉喜、孔德伦《论刑事诉讼中的大数据证据》,载《贵州大学学报(社会科学版)》2020 年第 4 期,第 83 页。

③ 参见徐惠、李晓东《大数据证据之证据属性证成研究》,载《中国人民公安大学学报(社会科学版)》2020 年第 1 期,第 55 页。

④ 转引自刘品新《论大数据证据》,载《环球法律评论》2019 年第 1 期,第 21 – 34 页。

⑤ 参见杨继文、范彦英《大数据证据的事实认定原理》,载《浙江社会科学》2021 年第 10 期,第 47 页。

⑥ 参见徐惠、李晓东《大数据证据之证据属性证成研究》,载《中国人民公安大学学报(社会科学版)》2020 年第 1 期,第 55 页。

见而言，人工智能证据在某种程度上已经超越了人类可以理解和认知的范围，专家并不能充分地控制和解释这一过程。这类观点主张对现有证据分类进行扩充，强调人工智能证据需要独立运用的特征。

在讨论人工智能证据的种类归属问题时，应当注意到以下两点：一是人工智能证据应当区别于电子证据这一观点已是不争之实，最高人民法院《关于办理刑事案件收集提取和审查判断电子数据若干问题的规定》中第一条就提到，"电子数据是案件发生过程中形成的，以数字化形式存储、处理、传输的，能够证明案件事实的数据"。这说明电子证据应当在时间上属于"案件发生过程中形成的"，在形式上应当"以数字化形式存储、处理、传输的"，而人工智能证据作为分析结论，在进入诉讼程序后才形成，且不必以"数字化形式"呈现，这就将二者区分开来。不过在实践中也存在着人工智能参与程度较低，不能体现出独特思维路径的影响的分析结果，如活动轨迹被认定为电子证据[1]，也有学者认为这是迎合证据体系的"便宜之举"，属于适用不当，并不存在法理争议。[2] 二是种类归属争议之焦点在对"证据法定主义"的态度，"传统证据"说支持者多以修订法律不便或不必要为由，主张对我国证据种类进行扩张解释以适应现状，最典型的传统证据存在方式就是专家证据、鉴定意见或专家辅助人意见，即行业专家对争议中的专门性问题进行检验、分析或鉴定后得出的意见。[3] 所以相对于笼统地将人工智能证据归为"书证"说或将人工智能拟制为法律主体的"证人证言"说，"鉴定证据"说具有更广泛的可接受性。"独立证据"说支持者多认为封闭式的证据体系已经无法适应实践发展，"（证据之种类）如果是指证据数据或其来源，则毫无意义可言，因为任何可能提供或隐藏与待证事实直接或间接相关信息的人、地、物都是潜在的证据数据或其来源，刑事诉讼法及其证据法则存在的目的根本不在于教导侦查机关或法院要如何发觉或侦探可疑的犯罪信息，因此也无所谓限制或未设限制"，[4] 将人工智能证据纳入现有证据体系也并不能准确地说明其特性。也有一些学者主张无须纠缠于证据种类分析，认为这并不利于对人工智能证据进行深入分析和对实践问题的解决，如果将理论重心放

---

① 参见长春市南关区人民法院（2018）吉 0102 刑初 445 号刑事判决书。

② 参见张吉喜、孔德伦《论刑事诉讼中的大数据证据》，载《贵州大学学报（社会科学版）》2020 年第 4 期，第 83 页。

③ 转引自张保生著《证据科学论纲》，经济科学出版社 2019 年版，第 324 页。

④ 林钰雄：《严格证明与刑事证据》，法律出版社 2008 年版，第 24 页。

在法定的证据方法，即法庭调查方法而非法定的证据种类上，也能够突破证据种类定位困难这一问题，继续深入讨论。① 这类观点虽然看似回避了证据种类问题，实际上仍是试图突破法定证据主义的框架进行讨论。在这个意义上，人工智能证据种类归属问题将成为发展我国证据体系的一大契机。

（二）人工智能证据审查问题

一般认为，证据基本属性即关联性、客观性与合法性。关联性又被称为相关性，是指证据必须要与待证事实之间具有一定的客观联系；客观性是指证据所反映的内容应当是真实的、客观存在的，而非猜测、虚构的，因此又称真实性；合法性是指收集证据的方法和程序应当符合法律规定的条件。② 《最高人民法院关于适用〈中华人民共和国民事诉讼法〉的解释》第一百零四条指出，"人民法院应当组织当事人围绕证据的真实性、合法性以及与待证事实的关联性进行质证，并针对证据有无证明力和证明力大小进行说明和辩论"。

对证据的审查，包括对其证据能力与证明力的审查。证据能力又被称为证据资格或证据的适格性，是指一定的事实材料作为诉讼证据应当具有的法律资格，存在明确的规则；证明力，又称为证据价值，是指证据对于案件事实的证明作用的大小，现代各国一般采用自由心证制度对证明力进行审查，即由法官根据自己的判断形成内心确信以认定案件事实。而对人工智能证据的审查也都同样涉及其关联性、真实性与合法性。由于我国奉行"证据法定主义"，证据之审查也有法可循，所以人工智能证据审查方式立足于对其种类的认定。

如果采用"传统证据"说，就需要面临相关规定不能完全适用于人工智能证据审查的情形，比如若将人工智能证据视作鉴定意见，则参照《最高人民法院关于适用〈中华人民共和国刑事诉讼法〉的解释》第八十四条至第八十七条所规定的要求，包括鉴定人是否存在应当回避的情形在内的规则都不能适用于人工智能证据，实践中需要法官变通解释或增设司法解释。

---

① 参见郑飞、马国洋《大数据证据适用的三重困境及出路》，载《重庆大学学报（社会科学版）》2022 年第 3 期。

② 江伟、肖建国：《民事诉讼法》，中国人民大学出版社 2015 年版，第 165－166 页。

如果采用"独立证据"说，则现有法定审查方式并不足以支持对人工智能证据的审查。有学者提出，可以同时审查人工智能证据及其所依托的作为原始电子证据的大数据材料。① 对于电子证据的审查，参照《最高人民法院关于适用〈中华人民共和国刑事诉讼法〉的解释》第九十三条规定，如果原始电子证据能够通过审查，能够一定程度上减轻算法黑箱和算法歧视对此案的负面影响，也为人工智能证据的审查提供了支持；对于人工智能证据的审查，可以参考美国联邦最高法院在多伯特（Daubert）案中所提出的四项评价科技证据的标准："一是理论或技术是否能够或已经被检验，二是理论或技术是否经过同行评审发表，三是是否存在错误率，四是理论或技术是否在该领域或科学界得到普遍接受。"② 也有学者认为，应当逐步放弃严格的"证据法定主义"，"证据法定主义"使得司法实践中存在大量游离于法定证据种类之外的证据，造成了封闭的证据种类规定与开放的证据种类实践之间的矛盾，应当使得审查不受制于证据种类认定，而着眼于证据基本属性的审查。由于人工智能证据的合法性审查涉及程序建构，现阶段尚未形成相应的规则。合法性审查对证明力的影响有限，因此人工智能证据的证据能力标准主要表现为关联性和可靠性两个方面及这两个方面所涉技术、数据和结论的部分。③

二、人工智能介入审判下的审级程序

审级制度是国家为了实现当事人救济权利而设置的诉讼程序，表现为初审结束后若当事人不满于初审结果，国家应当提供诉讼保障机制，给予当事人二审和再审的机会。④ 以民事诉讼为例，《中华人民共和国民事诉讼法》第一百七十一、一百七十七与一百八十二条对审级制度进行了规定。人工智能辅助裁判系统的应用使得审判呈现出"案件事实—自然语

① 参见张吉喜、孔德伦《论刑事诉讼中的大数据证据》，载《贵州大学学报（社会科学版）》2020 年第 4 期，第 83 页。
② 陈邦达：《美国科学证据采信规则的嬗变及启示》，载《比较法研究》2014 年第 3 期，第 17 页。
③ 参见马国洋《论刑事诉讼中人工智能证据的审查》，载《中国刑事法杂志》2021 年第 5 期，第 158－176 页。
④ 参见张玉洁《智能量刑算法的司法适用：逻辑、难题与程序法回应》，载《东方法学》2021 年第 3 期，第 187－200 页。

言—算法演绎—生成判决"的流水线生产范式，一定程度改变同级司法机关与侦查机关之间，以及上下级司法机关之间审判业务的处理方式，[①]这种冲击主要表现在结果可预知及审查困难上。

出于对人工智能优势的信赖及为达成降低上诉率、改判率及再审率的指标，法官往往会倾向于采用人工智能辅助裁判系统的结论，或受其影响作出判决。在类案检索制度背景下，这一判决又将进入数据库中，加强人工智能裁判系统对于同类型案件结论的倾向，这就使得法官的判决越来越可能根据其使用的系统进行预知，侦查机关、检察机关就可以通过对该系统的使用随时预测可能的审判结果，进而依据预测结果改变其诉讼活动，这一人工智能的实质性提前介入会影响诉讼程序的正当性，将犯罪嫌疑人和被告人置于不利的境地。如果全国法院都统一使用一种人工智能辅助裁判系统，使用同样系统的法院就更可能依据同一算法作出同样的判决。在没有新提供的证据或其不足以影响该系统对案件事实的认定的情况下，当事人上诉至二审法院，乃至之后的再审就可能面临同样的判决结果；如果采取不同的算法，司法的统一权威又将受到挑战。人工智能辅助裁判系统的介入可能使结果具有可预知性。

算法黑箱的存在使对人工智能辅助裁判系统的审查有困难，尽管人类法官的自由心证在某种程度上也属于"黑箱"，但是人类法官可以通过语言解释其立场和裁判逻辑。相比之下，人工智能辅助裁判系统的算法具有复杂性，即使在专家辅助下，不同情形下不同因素的使用和量化占比也不能够很好地解释，这就使得人类法官需要对人工智能辅助裁判系统进行审查时存在困难，这一系列问题既涉及判决的权威性，又涉及判决的可接受性，需要谨慎对待。

当然上述情形短期内并不一定发生，但是对这一问题的讨论并不是杞人忧天，人工智能辅助裁判系统推动了审判的智能化，这股外在于司法系统的力量可能将促使审判乃至整个诉讼的组织结构发生改变。在人工智能技术进一步介入审判，对法官裁判造成明显影响甚至呈现主导地位的预期下，现行审级程序的基础上仍需进行制度性补充，有学者提出可以嵌入下列两项司法程序，实现算法裁判与法官裁判的有效衔接。一是增加当事人选择程序。在当前人工智能裁判系统的应用里，只有审判机关可以决定是

---

① 参见钱大军《司法人工智能的中国进程：功能替代与结构强化》，载《法学评论》2018年第5期，第138－152页。

否使用该系统，而未征询当事人的意见，却由当事人承担诉讼结果不利风险，当事人的选择权利实际上被漠视了。因此，为落实权利义务对等原则，应当赋予当事人选择是否使用人工智能裁判的权利，如"在案件审理结束后，由法官直接向被告人提问'是否接受算法裁判'。若被告人同意，则直接采用算法获得裁判结果，且法官不得主动干预、审查裁判结果、当事人选择不可逆。"① 二是完善申诉程序，强化救济程序的实质意义。当第一审程序中使用了人工智能裁判系统，导致结果可预知，所以承办主体必不能继续使用人工智能裁判系统，而将之回归到辅助工具的地位，具体由人类法官主导；同时应当考虑是否有提升审级的必要，在第一审法官没有过多参与人工智能裁判的情况下，该法官可以继续成为算法裁判结果的核查者，而不必提升审级，如果申诉后的裁判结果较第一审有所改变，则在人工智能审判使用算法检索的案例中应具有优先地位，这也将挑战第二审法院与再审法院的传统职能，如何协调两审终审制与人工智能审判申诉程序仍有待进一步探讨。

本章思考题

1. 在本章介绍的关于不同问题的诸多学说中，你更倾向于支持哪种？试阐释理由。

2. 如何为算法黑箱及算法歧视的规制构建一个诉讼规则框架，请谈谈你的看法。

---

① 张玉洁：《智能量刑算法的司法适用：逻辑、难题与程序法回应》，载《东方法学》2021 年第 3 期，第 187 – 200 页。

第六章　人工智能的经济法问题

　　经济法主要调整国家经济运行过程中发生的经济关系，包括市场规制关系和宏观调控关系。市场规制是指法定的国家机关对市场准入与退出及市场经营主体在其存续期间的运营进行的监督和管理。宏观调控是指国家为了实现经济总量的基本平衡、促进经济结构的优化、推动经济社会的协调发展，对国民经济总体活动进行调节和控制过程中所发生的经济关系。随着人工智能技术的发展，人工智能与实体经济、虚拟经济逐步融合，对我国的经济市场产生了诸多影响，也给国家调控国民经济带来了挑战，因此需要经济法作出相应的回应。本章将从市场准入、消费者权益保护、税收、金融四个方面探讨人工智能技术的应用与服务对其产生的影响，通过情景与案例检视我国现有的经济法规范，并综合分析应对人工智能冲击的多种法律模式。

第一节　人工智能与市场准入

一、人工智能与市场准入的基本问题

　　"市场准入"一词源于英文 market access，主要适用于国际贸易中一国商品、服务进入另一国市场的情景。在我国，从申请恢复关税与贸易总协定谈判开始，"市场准入"一词就出现在官方文件和学术文献中。我国建立社会主义市场经济体制后，"市场准入"这一概念才被引进国内法学研究中，并逐渐成为市场监管领域的通用术语。经济法学领域的部分学者认为市场准入制度是有关国家和政府允许公民和法人进入市场，从事商品生产经营活动的标准和程序等各种规范的总称。也有学者从主体角度出发认为，市场准入主要是指针对有关市场主体进入该领域市场的条件和程序

规定，即主要指市场主体登记和审批许可制度。① 从目的角度来看，市场准入是国家为了克服市场失灵，维护市场秩序，依据一定的规则，对市场主体及市场交易对象进入某个领域的直接控制或干预。②

随着时代的发展与技术的进步，人工智能产业逐渐被人们赋予了"引领未来发展"的重要角色。人工智能逐步有了更多的感知能力和更强的自觉性、自主性，也更适应了相应场景的需求；其应用范围也从制造业渐渐扩展到家庭、医疗、教育、金融等领域。③ 但人工智能自身具有的负外部性可能会使得相关产品和服务对既有的法律秩序和社会道德伦理产生冲击。以医疗与金融市场为例，在医疗人工智能领域中，"智慧医生"问诊平台、"手术机器人"等服务和产品进入医疗市场自然对原有的医疗服务秩序造成冲击；在金融领域中，智能投资顾问通过数据分析用户投资习惯和市场风险，在无人工干预的情形下对用户投资资金进行管理，对原有的金融服务秩序也造成了影响。人工智能服务和产品"飞入寻常百姓家"前的市场准入也就显得十分重要，若不符合条件的个人、组织及相关业务违法进入市场，则人工智能服务和产品提供者就有可能越过市场准入线，用技术手段损害使用者权益，或者制造有违社会伦理秩序的产品。因此，市场准入法体系需要从多角度对人工智能产品进行准入规范。

二、人工智能产品市场准入模式

我国的市场准入法是市场监管法体系中的一个独立部门，其体系由多层次的法的部门组成，一个法律规范难以涵盖多种准入模式，因此本节通过主体资格管理、负面清单设置和市场准入程序三个方面介绍可对人工智能产品准入进行规范的模式。

（一）市场准入主体资格管理模式

2021 年 7 月 27 日，国务院公布《中华人民共和国市场主体登记管理条例》（简称《条例》），该条例自 2022 年 3 月 1 日起施行。《条例》总则

---

① 李昌麒：《经济法学（2002 年修订版）》，中国政法大学出版社 2002 年版，第 149 页。
② 戴霞：《市场准入法律制度研究》，西南政法大学 2006 年博士学位论文，第 17 页。
③ 顾险峰：《人工智能的历史回顾和发展现状》，载《自然杂志》2016 年第 3 期，第 165 页。

第二条规定："市场主体，是指在中华人民共和国境内以营利为目的从事经营活动的自然人、法人及非法人组织"，包括"公司、非公司企业法人及其分支机构；个人独资企业、合伙企业及其分支机构；农民专业合作社（联合社）及其分支机构；个体工商户；外国公司分支机构；法律、行政法规规定的其他市场主体"。从规定中可见我国市场准入主体之广泛。然而人工智能市场具有特殊性，经营一般人工智能产品和服务与在经济性市场、社会性市场和垄断市场等特殊市场（如类脑研发、医疗人工智能器械等）① 中经营人工智能产品和服务的主体不能完全适用同一准入标准，否则特殊市场中隐藏的社会利益可能会与以营利为目的的市场主体经营目标发生冲突，从而引发道德危机。如果将手术机器人这类特殊人工智能比照一般准入标准，只要为一般的市场主体就能够经营，经营者很可能为牟利将其出售给无特殊医疗资质的医疗机构，这会破坏医疗市场秩序，甚至危及患者生命安全。因此，人工智能特殊市场主体准入条件需要更严格，除《条例》须登记的事项外，还应另设置对人工智能特殊市场中的市场主体进行包括但不限于学历、专业、经营目的等条件限制。结合市场负面清单，可以将须纳入规制的人工智能产业列入"许可准入类"，要求其具备相应资格、获得相关许可后才能够进入市场。

（二）市场准入负面清单模式

负面清单（negative list），是指相关政策文件仅列举法律禁止的事项，对于没有明确禁止的事项，都默示允许。负面清单作为一种国际通行的外商投资管理方式，其主要特征在于以否定性列表的形式明确外资禁入的领域。② 不同于国际通行做法，我国目前的市场准入负面清单制度内涵更加广泛，并不局限于面向国外的市场主体。我国的市场准入负面清单的内容包括对一般主体的市场准入要求，也涵盖了对外资准入的限制。负面清单采取"非禁即入"模式，也就是"法无禁止即自由"，这给予了市场主体极大的自由，使其可以在广泛的领域进行经营与投资。负面清单在保障市场主体自由的同时，也在一定程度上限制了政府公权力，这就对政府提出

---

① 特殊市场准入法是指狭义的、经济法意义上的特殊市场准入。其主要包括经济性、社会性和垄断准入的法律规制。（参见戴霞《市场准入法律制度研究》，西南政法大学 2006 年博士学位论文，第 59 页。）

② 王利明：《负面清单管理模式与私法自治》，载《中国法学》2014 年第 5 期，第 26 页。

了更高的要求，即更好地界定市场边界并保持市场规范与自由之间的平衡。

我国的市场准入负面清单制度列明了对市场主体禁止和限制的全部行业、领域和业务，对市场准入负面清单以外的行业、领域、业务等，各类市场主体皆可依法平等进入。但清单之外则任由各市场主体自由选择，不做干涉。市场准入负面清单分为禁止和许可两类事项。对禁止准入事项，市场主体不得进入，行政机关不予审批、核准；对许可准入事项，包括有关资格要求和程序、技术标准和许可要求等，或由市场主体提出申请，行政机关依法依规作出是否予以准入的决定，或由市场主体依照政府规定的准入条件和准入方式合规进入。[①]

根据国家发改委、商务部联合发布的《市场准入负面清单（2021 年版）》，目前我国对人工智能技术与传统产业相结合的部分项目已进行了市场准入限制或禁止，例如项目 5 "禁止违规开展互联网相关经营活动"、项目 35 "未获得许可，不得从事商用密码的检测评估和进出口"、项目 58 "未获得许可，不得从事电子认证服务和涉密信息系统处理相关业务"。国务院 2017 年发布的《新一代人工智能发展规划》中，仅有对部分人工智能项目和技术建设的鼓励意见，缺乏对市场内人工智能不可涉领域的禁止性意见。也就是说，我国对于人工智能市场准入范围并不明晰，仍需要相关部门出台专门意见确定涉及人工智能的市场业务范围，但这些也需要具体观察人工智能技术在各领域的实践适用效果。2021 年 9 月 24 日，国家发改委发布《关于整治虚拟货币"挖矿"活动的通知》。该通知中明确将虚拟货币"挖矿"活动列为淘汰类产业，严禁以数据中心名义开展虚拟货币"挖矿"活动。该通知发布后，2021 年 10 月出台的《市场准入负面清单（2021 年版）》中"产业结构调整指导目录"就明确将"虚拟货币'挖矿'活动"添入，这是区块链技术在市场禁止性准入中的例子。随着人工智能技术的广泛应用，我国未来的市场准入负面清单应当在不同的行业、领域、业务上更加明确地规制人工智能准入范围。

（三）多元化市场准入程序模式

人工智能市场准入程序可以根据人工智能市场的准入范围进行构建和调整。在行政许可的情况下，对因产品或服务的特殊性确需行政审批的人工智能项目，实施强制许可制度；对于一般性人工智能项目，不适宜保留

---

① 详见《市场准入负面清单（2021 年版）》。

的行政许可可以改为普通登记备案。此外，逐步建立起健全的人工智能市场准入分流程序制度，可以提高人工智能市场准入规制的效率，在审批前就先行划分一般人工智能产品和服务（如人工智能翻译软件）与特殊人工智能产品和服务（如手术机器人、自动驾驶汽车），通过不同的准入程序进行审核管理。一般准入程序，即一般人工智能产品或服务可仅进行登记备案，无须进行过于复杂的审批流程。特殊准入程序，即对特殊市场中的人工智能产品和服务要求进行特殊强制许可，未获许可则不得进入市场。同时也可以对进入人工智能市场的相关主体主动给予政策上的优惠等激励，可以提高市场主体主动申请备案的积极性。① 一般的人工智能附属产品可以不经审批或者登记备案直接推广或者自由交易。

阅读拓展

我国在医疗人工智能领域市场准入相关政策和发展现状②

2017 年 2 月，国家卫计委修订了 15 条"限制临床应用"的医疗技术管理规范。其中包括人工智能辅助诊断的技术管理规范和质量控制指标。

2017 年 10 月，中共中央办公厅、国务院办公厅印发了《关于深化审评审批制度改革鼓励药品医疗器械创新的意见》，其中对临床试验管理、提升技术支撑能力等的意见，都有利于医疗人工智能产品和服务的落地。

在新冠肺炎疫情初期，我国对于肺炎人工智能产品的技术能力审批也做出了较为详尽的要求。2020 年 3 月 5 日，国家药品监督管理局、医疗器械技术审评中心印发《肺炎 CT 影像辅助分诊与评估软件审评要点（试行）》，文件提出了对软件功能的多项要求，并对影像器械的训练数据提出了较高的标准。

截至 2021 年 8 月 16 日，总计 19 款医疗人工智能器械获得国家药品监督管理局医疗器械技术审评中心批准的医疗器械三类证。

① 胡元聪、廖娟：《人工智能的负外部性及其经济法规制》，载《大连理工大学学报（社会科学版）》2020 年第 3 期，第 76 页。
② 《国家卫生计生委医政医管局、国家卫生计生委办公厅关于印发造血干细胞移植技术管理规范（2017 年版）等 15 个"限制临床应用"医疗技术管理规范和质量控制指标的通知》，见广西玉林市卫生健康委员会官网（http://wjw.yulin.gov.cn/zcjd/t1374768.shtml），访问日期：2022 年 2 月 13 日；《〈2021 医疗 AI 报告〉发布》，见中国医疗网（http://med.china.com.cn/content/pid/296225/tid/1026），访问日期：2022 年 2 月 13 日。

第二节　人工智能技术运用中的
消费者权益保护问题

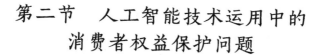

胡女士诉上海携程商务有限公司侵权纠纷一案①

　　胡女士于 2016 年在携程上注册为用户，累计通过携程 App 订房 30 余单，累计消费已逾 10 万元，以总消费除以订单笔数计算，平均每单价格近 4000 元。胡女士已为携程公司的钻石贵宾客户，依照携程公司对外宣传，钻石贵宾客户享有酒店会员价 8.5 折起等特权。

　　2020 年 7 月 18 日，胡女士在携程公司运营的携程旅行 App 中预订了当天舟山希尔顿酒店豪华湖景大床房一间，订单金额为 2889 元。在离开酒店时，胡女士发现，酒店的实际挂牌价仅为 1377.63 元。胡女士不仅没有享受到星级客户应当享受的优惠，反而多支付了一倍的房费。

　　随后胡女士与携程沟通，携程以其系平台方，并非涉案订单的合同相对方等为由，仅退还了部分差价。最终，胡女士以上海携程商务有限公司采集其个人非必要信息，进行"大数据杀熟"等为由将其诉至法院，要求"退一赔三"的同时希望携程 App 为其增加不同意"服务协议"和"隐私政策"时仍可继续使用的选项，以避免被告采集其个人信息，掌握原告数据。

一、本节概述

　　人工智能技术已逐渐通过各种电子平台、应用软件的形式为消费者提供便利快捷的服务。商品和平台服务的推荐、定价、销售都出现了个性化的趋势，这的确给消费者带来了极大的便利。然而，当消费者、用户将手

---

　　① 浙江省绍兴市柯桥区人民法院（2021）浙 0603 民初 790 号民事判决书、浙江省绍兴市中级人民法院（2021）浙 06 民终 3129 号民事判决书。

机中的各项权限、个人隐私与信息数据交给平台和软件后，便利快捷的服务也潜藏着大量的权益被侵害风险：个人信息的收集超出了最小不必要原则、个人信息和浏览数据被平台挖掘分析后用以描绘用户画像、消费习惯，平台对相关信息分析后进行差别定价；等等。本节将从"大数据杀熟"的角度探究人工智能技术运用中的消费者权益保护问题。

二、大数据杀熟

（一）大数据杀熟的内涵

"大数据杀熟"是指经营者依据对消费者个人消费偏好数据（主要包括商品价格耐受度、预期支付能力、消费选择偏好等）的收集、检索、分析与挖掘，利用忠诚客户的使用依赖性和与消费者之间的信息差，就同一商品或服务向其索取高于新用户或一般客户的售价的行为。[①] 从消费者保护的角度来说，"大数据杀熟"是经营者利用信息不对称，依托大数据进行差异化消费行为分析，将消费者群体细分为不同消费能力、不同消费偏好、不同消费意愿等的阶层，根据算法得出该阶层消费者的消费弹性，将消费者进行标签化归类，对消费能力较高、消费意愿较强、消费偏好较为单一、价格敏感度较低且消费行为相对稳定的消费者，不同程度提高其想要购买的商品或服务价格，从而赚取更高额利润的行为。[②] 大数据杀熟已涉及诸多电子消费领域，如在交通出行、酒店预订、旅游服务、电影票、外卖服务等领域，都可以看到大数据杀熟对消费者权益的侵犯。

（二）大数据杀熟的路径

一般平台对消费者进行大数据杀熟，主要通过以下路径：首先，大量收集消费者个人信息，消费者个人信息一方面来自在平台提供服务时要求消费者填写的内容，另一方面来自平台背后的人工智能自动抓取的消费者浏览记录（如网络购物平台的商品搜索记录），也有一些平台的人工智能

---

① 邹开亮、刘佳明：《大数据"杀熟"的法律规制困境与出路：仅从〈消费者权益保护法〉的角度考量》，载《价格理论与实践》2018 年第 8 期，第 47 页。

② 高培培：《构筑遏制大数据"杀熟"的法律屏障》，载《人民论坛》2019 年第 36 期，第 130 页。

通过数据爬取技术捕获消费者在其他平台形成的数据。其次，运用大数据技术进行消费者画像分析。根据以上获取的消费者信息数据，针对每一具体消费者进行精准的"一人一像"分析，进而对消费者进行个性化产品或服务推荐（如今日头条"你关注的，才是头条"，即根据用户浏览记录和习惯进行个性化新闻推送），并根据用户使用习惯、在该平台的消费记录等判断出可以被"杀熟"的老用户后对其进行差别定价，即对依赖平台的用户、不易流失的用户给出高于新用户和一般用户的产品或服务价格从而赚取利润。最后，利用消费者群体之间的信息差达成其"杀熟"目的。在手机时代，电子消费往往是"私人行为"，消费者只需在自己的电子终端屏幕面前即可完成消费，个体消费者之间难以互相了解其他人的消费行为及消费数额，只要消费者不刻意通过两台及以上手机、两个及以上的用户进行价格比较，就难以发现潜藏的杀熟行为。

也有学者归纳了大数据杀熟的其他几种表现形式，如根据定位用户所在地理位置或经常光顾的消费场所进行区别定价：从这些信息可以得出用户所在位置竞争者的情况，如竞争者较少，则可以暗中加价。[①] 或者根据用户的智能移动设备价格的不同进行定价，即根据用户所使用的智能移动设备的销售价格高低推测用户对商品的价格承受能力，为区别定价提供参考，[②] 比如同一平台的同一商品可能在苹果客户端与安卓客户端上显示不同的标价。

（三）大数据杀熟对消费者权益的侵害

大数据杀熟对消费者权益的侵害是多方面的，经营者为后期实施个性化推荐、定价的算法而广泛收集消费者个人信息，若突破个人信息合理利用的限制，使消费者产生"信息被侵犯感"，则可能涉及侵害消费者的个人信息权。经营者对消费者"杀熟"进行区别定价的行为，隐瞒了商品或服务的真实价格，侵害了消费者对价格的知情权。[③] 而不同的消费者购买同一商品或者服务，却在经营者的"杀熟"之下要付不同价格，这被

---

① 王恒睿：《大数据杀熟背景下的消费者公平交易权保护》，载《大数据时代》2018年第11期，第21页。

② 朱程程：《大数据杀熟的违法性分析与法律规制探究：基于消费者权益保护视角的分析》，载《南方金融》2020年第4期，第93页。

③ 邹开亮、刘佳明：《大数据"杀熟"的法律规制困境与出路》，载《价格理论与实践》2018年第8期，第49页。

认为是侵害了消费者的公平交易权。经营者根据消费者的搜索经历、收藏列表、过往消费价格等数据，向消费者精准推送商品和服务的行为，限制了消费者比较和挑选商品、服务的范围，可能使消费者被动地局限在"信息茧房"之中，这一定程度上也可以说是侵害了消费者的自主选择权。

三、大数据杀熟的相关法律规定

（一）《消费者权益保护法》的相关规定

1. 个人信息受保护权

我国《消费者权益保护法》第二十九条规定：经营者收集、使用消费者个人信息，应当遵循合法、正当、必要的原则，明示收集、使用信息的目的、方式和范围，并经消费者同意。经营者收集、使用消费者个人信息，应当公开其收集、使用规则，不得违反法律、法规的规定和双方的约定收集、使用信息。2021 年 11 月生效的《个人信息保护法》也对获取个人信息须征得个人同意作出了详细的规定，包括充分知情、自愿明确的主观要件，撤回同意授权处理信息的效力等。然而在现实中，几乎所有平台、软件在消费者使用之前都会弹出"用户隐私政策"说明，"同意"则可正常使用该软件，"不同意"便不能享受该平台和软件提供的服务。同时，消费者用户的系统权限也自动设定为"最大化权限"，若非消费者自行在系统中取消权限，平台、软件可能会通过权限收集许多非必要、与提供服务无关的消费者个人信息。此外，部分软件还使用算法进行个性化内容和广告推荐，如某平台在消费者下载应用后自动开启"个性化内容推荐"与"个性化广告推荐"权限，在相关说明中使用了诸多消费者个人信息，包括使用应用平台的行为信息（浏览、搜索、收藏等），主动提供的信息（评价、反馈等），IP 地址，位置信息，设备信息（设备型号、操作系统版本、设备环境），甚至是一账号关联使用多平台后可被综合统计分析的信息……这些信息究竟是否合法、正当和必要呢？关闭相关权限的功能几乎都在软件设置中较为靠后甚至折叠隐藏的位置，又是否符合"明示"的要求，自动开启但消费者可选择关闭是否符合"消费者同意"的要件……尽管法律明确对经营者收集、使用消费者个人信息作出了硬性规范要求，但在实践中，屏幕前的消费者仍然处于被动和弱势地位。

2. 知情权与公平交易权

《消费者权益保护法》第八条规定，消费者享有知悉其购买、使用的商品或者接受的服务的真实情况的权利。因此，消费者有权要求经营者提供商品的价格或服务的费用等情况。《消费者权益保护法》第十条规定，消费者在购买商品或者接受服务时，有权获得公平交易条件，这其中就包含着消费者要求商品或服务的定价合理的权利。在之前的案例中，胡女士在携程平台上所订的酒店房间价格与实际价格相去甚远，携程平台虽然是第三方服务平台，但作为酒店预订服务提供者，应当等同于经营者，为胡女士提供实际的费用信息。现实中，第三方服务平台往往利用消费者与实际服务提供者之间的信息差赚取差价，实际上损害了消费者对价格的知情权。作为携程忠实用户的胡女士以高于市场价一倍还多的价格购买了携程平台的服务，这种"杀熟"行为因其价格的不公允侵犯了消费者的公平交易权。现实中消费者对实际市场信息的了解远远少于经营者，而消费者往往也被"大数据"物化为了市场信息，大多数情况下消费者难以发现自己被侵权，更不用说通过《消费者权益保护法》来维权。胡女士偶然发现酒店的真实价格，才有此"大数据杀熟第一案"，可想而知，无数"熟客"可能早已被侵权却不自知。

（二）《反垄断法》的相关规定

对于大数据杀熟，许多学者认为这属于价格歧视[①]。在反垄断法中，价格歧视是差别待遇行为的典型表现，这属于经营者滥用市场支配地位的行为。根据我国《反垄断法》第二十二条，只有具有市场支配地位的经营者对条件相同的交易相对人在交易价格等交易条件上实行差别待遇才可被视作滥用市场支配地位，从而对其进行反垄断层面的规制。2020年11月，市场监管总局发布《关于平台经济的反垄断指南（征求意见稿）》（简称《意见稿》），《意见稿》指出：具有市场支配地位的平台经济领域经营者，可能滥用市场支配地位，无正当理由对交易条件相同的交易相对人实施差别待遇，排除、限制市场竞争。分析是否构成差别待遇，可以考虑以下因素：①基于大数据和算法，根据交易相对人的支付能力、消费偏

---

① 经济学中的价格歧视通常是指企业对同一商品或服务针对消费者不同的需求进行差异化定价（中性概念）。法学中的价格歧视通常是指无正当理由的差别化定价（否定性概念）。并非所有价格歧视行为都属于违法行为。

好、使用习惯等,实行差异性交易价格或者其他交易条件;②基于大数据和算法,对新老交易相对人实行差异性交易价格或者其他交易条件;③实行差异性标准、规则、算法;④实行差异性付款条件和交易方式。不具有市场支配地位的经营者只要通过运用大数据分析工具也可以利用信息优势对消费者价格接受度、消费偏好等进行分析,然后实施精准营销,这样也同样会造成消费者权益受损甚至市场秩序混乱。从《反垄断法》所规定的主体层面来看,目前我国不具有市场支配地位的经营者进行大数据杀熟时很难受到反垄断领域的监管。

(三)《电子商务法》的相关规定

《电子商务法》第十七条规定,电子商务经营者应当全面、真实、准确、及时地披露商品或者服务信息,保障消费者的知情权和选择权。在大数据杀熟的时代,相关经营者对商品或服务的价格信息通常有所隐瞒或保留,这实际上违反了信息披露义务。《电子商务法》第十八条规定,电子商务经营者根据消费者的兴趣爱好、消费习惯等特征向其提供商品或者服务的搜索结果的,应当同时向该消费者提供不针对其个人特征的选项,尊重和平等保护消费者合法权益。也就是说,我国法律并非禁止电子商务经营者向消费者进行个性化推荐,而是要求电子商务经营者在提供个性服务的同时,应向消费者提供其他非个性化的商品、服务,以充分保障消费者的自主选择权。

四、大数据杀熟的法律规制模式

(一)经营者主体认定与义务设定

大数据时代,不具有市场支配地位的经营者利用算法或者后台获得的信息优势对消费者的消费偏好、消费习惯、对价格变动的敏感程度等进行分析后实施的精准推荐、个性化定价行为,也有可能不利于市场竞争。认为大数据杀熟是差别待遇的学者提出,现行《反垄断法》中所规定的差别待遇需要经营者"具有市场支配地位"已丧失了合理性,不具有市场支配地位的经营者的"大数据杀熟"行为,也应当认定为差别待遇行为,并由相关法律对其进行规制。因此,需要突破《反垄断法》对差别待遇实施主体的限制，放宽《反垄断法》中关于差别待遇实施主体的有关规定。① 或者，在有关平台经济的法律规定中对互联网平台经营者的差别待遇不做主体要求，将其针对消费者的大数据杀熟行为视作差别待遇。也有部分学者没有从《反垄断法》角度进行差别待遇的主体突破探讨，而是提出可以在《消费者权益保护法》中加入经营者义务规则，经营者若出于经营目的需要对消费者个人数据信息进行收集、分析等处理，应当在采集信息之前以合理方式告知消费者。②

（二）举证责任倒置适用

通常，平台、软件经营者控制着数据算法，具有较强收集、分析消费者个人信息的能力，而消费者在发现平台、软件有大数据杀熟行为后难以收集相关证据，是被动和弱势一方。在本节案例中，胡女士认为携程平台存在"大数据杀熟"行为，却难以提供相关证据证明携程对其进行差别定价，而面对同样被质疑采用"大数据杀熟"方式的其他平台和软件业也仅是对外宣称，自己不会利用相关技术手段对待其消费者。消费者难以从技术层面对经营者有无使用大数据技术实施"杀熟"行为进行举证。鉴于此，为了更好地保护消费者权益，破除消费者举证难的困境，在司法过程中针对此类案件可以考虑使用举证责任倒置的模式，使经营者承担举证责任。③ 在"大数据杀熟"相关纠纷中，可以适用举证责任倒置的规则，由经营者举证证明其收集、分析消费者个人数据信息行为的合法性。可以参考《消费者权益保护法》第二十二条的规定，要求电子商务平台对于涉及定价依据的相关信息负有一定期限内的数据保存义务，在义务保存期限之内由电子商务平台经营者承担相关举证责任。或者参考《个人信息保护法》第六十九条的规定，个人信息处理者不能证明自己没有过错的，应当承担损害赔偿等侵权责任。此外，在根据算法数据对定价是否公平、是否针对消费者个性特征作出销售行为等问题进行评判时引入相关

① 朱程程：《大数据杀熟的违法性分析与法律规制探究：基于消费者权益保护视角的分析》，载《南方金融》2020 年第 4 期，第 96 页。

② 邹开亮、刘佳明：《大数据"杀熟"的法律规制困境与出路》，载《价格理论与实践》2018 年第 8 期，第 49 页。

③ 王恒睿：《大数据杀熟背景下的消费者公平交易权保护》，载《大数据时代》2018 年第 11 期，第 24 页。

专家意见，以简化被侵权消费者的举证责任。[1]

（三）强化电子商务信息披露

《电子商务法》第十七条已有相关信息披露的规定，大数据杀熟所侵害的客体主要是正常的市场秩序及消费者甚至其他经营者的合法利益。就披露内容而言，应具体分析电子商务平台不同的交易类型，但要包含商品交易的各方面重要信息，例如电子商务平台基本资质、商品基本信息、商品交易价格、交易数量等。尽管我国《电子商务法》对信息披露规定得已较为详尽，但现实中，各类平台没有足够重视对信息的公开和更新，也没有得到相关部门及时的监管，这成了平台利用信息差侵犯消费者权益的原因之一。

（四）规范经营者对算法技术的使用

虽然经营者使用算法的确能够对消费者进行个性化产品和服务的推荐，一定程度上也利于市场良性竞争，但若无对经营者的约束和限制，算法权力就有可能被滥用，最终侵害消费者的权益。算法权力在大数据杀熟这个问题中，可以被理解为经营者利用算法技术对其目标消费者的影响和控制。信息搜集、个性推荐、差别定价便是算法权力滥用的表现。算法作为技术本应是中立的，但经营者相较于消费者拥有技术性优势，所以算法在大数据杀熟中容易成为经营者从消费者处攫取利润的方式。尽管我国有较多的法律和规定可以对大数据杀熟进行规制，但消费者毕竟处于弱势一方，难以真正维权。结合本章第一节，在市场准入方面，可以出台相关法律法规或政策限制部分算法技术应用于经营领域。不过，从鼓励创新、推进技术发展的角度，对于经营者在算法技术层面的限制可以待算法发展更加成熟再进行制度设计，当下我们要思考的是如何在现有的技术环境和法律环境中更好地保护消费者的权利。除了法律手段外，相关部门也可以进行技术创新，用算法监管算法，使用技术性手段对经营者进行约束。

---

[1] 邹开亮、刘佳明：《大数据"杀熟"的法律规制困境与出路》，载《价格理论与实践》2018年第8期，第50页。

第三节　人工智能与税收问题

一、税收服务与征管的人工智能化

我国是税务征收大国，税种繁多，征税主体多样，纳税人有诸多需要在税务机关办理的事项。税务机关人力资源有限、税收征管的专业性较强、税务机关工作任务繁多等因素使得在税务工作中可能出现效率低下、裁量失误、与纳税人缺乏交流等问题。[①] 人工智能具有可持续工作、高效的优势，加之人类赋予其一定的算法和程序后，人工智能可以按照既有的设定准确地做出判断和处理。因此，将人工智能技术运用于税收征管领域可以大量地解放人类劳动力，提高税务行政部门的工作效率，同时为纳税人提供更加便利高效快捷的服务。2021 年，中共中央办公厅、国务院办公厅印发《关于进一步深化税收征管改革的意见》（简称《意见》），《意见》指出，到 2025 年，基本建成功能强大的智慧税务，形成国内一流的智能化行政应用系统，全方位提高税务执法、服务、监管能力，实现税务执法、服务、监管与大数据智能化应用深度融合、高效联动、全面升级。可见人工智能在税收领域大有可为。

（一）税收人工智能应用模式

涉税服务是目前人工智能在税收领域应用最广泛的模式。这种应用模式对人工智能的要求较低，只需要实现涉税咨询的智能解答、纳税申请的智能提醒、申报数据的自动收集和填写即可。随着税务服务的电子化，这些功能更多地应用在平台后台中。在未来，涉税服务人工智能系统的整体架构可设立基于人工智能跨平台、跨系统运行的纳税服务统一平台，通过互联网拓展多形式、多渠道、多种设备的用户接入方式，如税务门户网站、智能手机、可视电话、企业 ERP 系统、ARM 自助办税设备等，只要有网络，用户就可以在任何时间、地点，使用任一信息终端设备，获得同

---

① 周晴：《"人工智能＋税收征管"的理念确立与制度建构》，载《当代经济管理》2019年第 2 期，第 78 页。

质的人性化服务。①

　　目前，税务管理是人工智能在我国税收领域正在探索的模式。在纳税人使用人工智能税务管理方面，国内外都已经有了应用实践。例如伟巴斯特（Webasto）使用的数字化应付系统就借助了上海合合信息科技股份有限公司的财税机器人＋SAP ERP系统，通过该系统可以实现票据扫描、识别、验真、合规自动检查、发票与订单数据匹配、数字化数据、影像留存全流程财税管理，数字化的发票与订单管理让财税处理中的每个环节都可调阅、可追溯，作业效率提升500%～1000%。②美国布洛克税务公司使用的税收领域人工智能认知技术"沃森"帮助其进行纳税申报等相关工作，沃森能学习消化美联邦的税收代码，学习税务公司的税务人员与客户之间的对话，分析会话内容判断纳税人客户是否可能失去节税机会，并在税务师通过文书与客户进行交流时随时跟进，也能够检测是否有潜在的扣除项目或信用丧失的风险从而对税务公司进行及时提醒，为纳税人提供更合理的纳税方式。③

　　在税务部门应用人工智能税务管理方面，学界提出了多种模式。在纳税信用体系里，人工智能税务管理后台可以与纳税信用等级评价的数据关联，并自动抓取分析，建立信用评价模式，在监测中后台一旦发现可能影响纳税信用等级评价的风险点，就实时推送给纳税人接收端的应用或者以电话、短信等方式提醒，给纳税人以风险预警。这就能够实时监测纳税人的违法点，并在后台自动调整纳税人信用等级，改变了一年才评价一次的低频评价状况，从而有效降低监管成本，也能客观上提升纳税人的税法遵从度。④在征管审核和风险分析中，人工智能可以以数据为核心建立不同类别的指标模型。如面对2018年实施的《环境保护税法》及其实施条例，人工智能系统可以把少计收入列作环境保护税的疑点，并自主进行数

　　①　马伟、陈纪元、金晓扬等：《互联网时代税收人工智能大有可为》，载《中国税务》2016年第11期，第79页。

　　②　《合合信息牵手伟巴斯特，帮助后者实现财税合规审核作业标准化》，见techweb官网（http://www.techweb.com.cn/internet/2021-10-08/2859747.shtml），访问日期：2022年3月6日。

　　③　"H&R Block teams with IBM for cloud-based Watson tax services"（https://www.ibm.com/blogs/cloud-computing/2017/02/03/hr-block-ibm-cloud-watson-tax/?mhsrc = ibmsearch _ a&mhq = H%26R%20tax），2022 - 3 - 6。

　　④　朱杰、陆倩、张宝来：《人工智能在纳税服务中的应用》，载《税务研究》2018年第5期，第102页。

据比对，建立年度风险分析指标模型，并以此扫描相同类型企业。[①] 可以说，我们对税收人工智能发展的期望是建立以税收专家系统为核心、智能人机对话系统为媒介、自动化信息处理系统为助手的智能化税收信息管理体系。[②]

（二）税收人工智能应用存在的问题

第一，目前我国的税法实体法仍有缺位。我国现行 18 个税种中，仅有部分税种完成了专门立法，重要税种还存在立法缺失的情况。税收实体法体系的缺失可能会对人工智能税收的建设存在影响，若将来进行智能税收建设编程设计，不完善的实体法风险将可能延伸到虚拟程序之中，导致算法和程序无法在不够明确的法律位阶中进行价值判断和价值选择，从而可能降低智能应用效果。[③] 所以，补足我国的税收基本法对人工智能在税务征收管理中的应用有重要的作用。

第二，人工智能用于税收领域，需要确定相应的应用范围，明确人工智能的行为规则与行为界限。[④] 有学者指出，要在《税收征收管理法》中明确规定税收征管领域可使用人工智能并限制其适用领域、使用方法、使用后果等，并同时区分税务机关行政人员职责和人工智能适用的界限。人工智能在税收征管过程中可以仅使用于税务信息登记、纳税申报、税务缴纳情况检查等工作相对重复和简单的领域，而税收行政裁量决定的做出、税收征管纠纷的解决等复杂的决策事项还是应当交由税务机关行政人员操作。[⑤] 同时，需要一定的税务人员对人工智能在税收征管中的工作进行监管，确保其在预设程序内做出相应的规范动作。

第三，人工智能分析税务信息时必然涉及纳税人信息，统一收集储存大量纳税人信息存在泄露的风险，其中涉及的商业秘密和个人隐私泄露后

① 李为人、李斌：《在税收风险分析中引入人工智能技术的思考》，载《税务研究》2018年第 6 期，第 34 页。

② 马伟、陈纪元、金晓扬等：《互联网时代税收人工智能大有可为》，载《中国税务》2016 年第 11 期，第 78 页。

③ 陈兵、程前：《人工智能时代应加快智能税收法治系统建设》，载《兰州学刊》2018 年第 11 期，第 113 页。

④ 吕铖钢：《税务人工智能的中国进程：基于税法理论的框架性讨论》，载《现代经济探讨》2021 年第 1 期，第 124 页。

⑤ 闫晴：《"人工智能+税收征管"的理念确立与制度建构》，载《当代经济管理》2019年第 2 期，第 80-81 页。

可能会出现纳税人对税务系统的信任度下降等问题。《税收征管法》第八条要求税务机关应当依法为纳税人、扣缴义务人的情况保密，但并未提及泄露纳税人、扣缴义务人信息的法律责任，而人工智能参与税务信息处理后，如遇网络攻击或信息爬取技术造成信息泄露，更是难追究相应的责任。人工智能技术作为税务机关的辅助工具，需要对其进行多方面的限制与约束才能够保障我国智能税务系统的安全运行。

二、人工智能征税问题

税收能够在一定程度上缓解市场失灵问题，对社会收入进行分配和再分配，因此税收是宏观调控和保障经济与社会稳定的政策工具。[①] 人工智能征税问题源于人们对"机器换人"的担忧。随着全球人口步入老龄化阶段、劳动力成本不断增加，加之人工智能技术的发展使得诸多领域都有劳动力的替代产品，能够降低生产经营者的成本，"机器换人"逐渐成为世界主流趋势。[②] 大量劳动者收入下降或失业，而生产、使用人工智能技术的企业成本降低、利润提升，这就易造成劳动者自身消费力不足、社会收入分配不均衡的问题。"人工智能税"应运而生。目前，人工智能还停留在弱人工智能的阶段，也就是作为人类的工具被使用。因此，本节所讨论的"人工智能征税问题"仅停留在生产或消费人工智能产品、服务的层面，不讨论在强人工智能时代是否将强人工智能认定为拥有个体财产、可缴纳个人所得税的税收主体等问题。

（一）人工智能征税问题的提出与讨论

2017 年 2 月 17 日，比尔·盖茨在接受美国 Quartz 新闻网站专访时提出："建议政府向机器人收税。"[③] 比尔·盖茨的想法并不是指在未来，对可能拥有自主意识、自主工作甚至有自己财物的机器人征收所得税，而是对当下机器人行业或者说人工智能行业进行征税，对由于使用机器人而降低了成本、获得了更高利润的企业进行征税。比尔·盖茨认为："征税产

---

① 张守文：《税法原理（第 6 版）》，北京大学出版社 2012 年版，第 5 页。

② 王君、张于喆、张义博等：《人工智能等新技术进步影响就业的机理与对策》，载《宏观经济研究》2017 年第 10 期，第 174 页。

③ ［美］福特：《机器人时代：技术、工作与经济的未来》，王吉美、牛筱萌译，中信出版社 2015 年版，第 70 页。

生的资金可以用来培训工人，也许还可以资助医疗保健和教育的扩展，因为在照顾老弱病残和教学方面还有许多自动化难以代替的岗位。"① 对于比尔·盖茨提出的对人工智能征税这一设想，国内外学界分化出了"赞成论""反对论"两种观点。

1. 赞成论

一是基于保障国家税收的立场，国家享有课税权，而税收是国家财政最主要的来源。目前世界各国对人工智能相关产业基本都实行税收鼓励政策以促进产业发展，同时许多行业都使用或计划使用人工智能产品或机器替代原有自然人劳动力，劳动者就可能会失业，而失去收入来源则会导致所缴纳的个人所得税减少。对技术发展实行的税收优惠政策所减少的税收与无法从下岗劳动者处获得的个人所得税和企业不用缴纳的工资薪金税相叠加，可能会减少国家财政税收。这在一定程度上有违"税收中性原则"，即税收不应改变生产者和消费者的经济决策，不应扭曲资源配置格局②。因此有学者认为，为减少税收流失，可以适当调整税收政策，创设一种针对企业以自动化机器替换劳动者的"自动化税"来弥补劳动者因"机器换人"失业减少缴纳的个人所得税税收，一方面可以调整与平衡机器人和普通劳动者之间的"竞争"关系，另一方面也能增加国家财政收入，缓解财政压力。③

二是基于税收的分配收入目的。科依诺尔和斯蒂格利茨指出，虽然机器的自动化发展总体上有利于促进社会财富的增加，但从社会公平的角度来看，人工智能技术的应用使一部分人获益的同时也会损害另一部分人的利益，难以实现"帕累托改进"，④ 即让一部分人获益的同时不改变其他人的利益现状，因此需要设计适当的税收政策以维系公平的收入分配格局。格雷罗等也认为，在美国现行税制下，自动化成本的下降使得企业进行规模性换工，拉大了社会收入差距，对机器人征税的方法可以减少这种

---

① "The robot that takes your job should pay taxes, SAYS Bill Gates" （https://www. rdwolff. com/article_the_robot_that_takes_your_job_should_pay_taxes_says_bill_gates），2022 - 3 - 18.

② 刘大洪、张剑辉：《税收中性与税收调控的经济法思考》，载《中南财经政法大学学报》2002 年第 4 期，第 95 页。

③ 刘灿邦：《向机器人征税意味着征资本利得税》，载《企业观察家》2017 年第 4 期，第 21 页。

④ Korinek A，Stiglitz J E. "Artificial Intelligence and its Implications for Income Distribution and Unemployment". *Social Science Electronic Publishing*，2017 .

不平等。① 卡兰普建议向机器人技术的获利方（使用机器人的经营者）征税，以此补贴利益受损方（失业劳动者），以缓解因机器自动化进程可能导致的劳动者失业情况。②

三是基于税收公平的原则。税收公平原则是指国家征税应使各个纳税人的税负与负担能力相适应，并使纳税人之间的负担水平保持平衡。③ 从纵向公平来说，应以不同的纳税标准对待不同经济条件的人。企业通过生产或使用人工智能产品而获取相较使用劳动力的更高利润，代表着其有更强的负担能力。而劳动者因被人工智能替代而失业，可能因失业导致收入减少，负担能力减弱。从社会公平来说，人工智能产品或服务的使用可能造成的贫富差异和收入分配不公问题，也可以通过向因人工智能生产或使用而获益的企业征税得以缓解。

四是基于平衡就业与技术进步发展的立场。技术的发展往往会对社会带来一定的冲击，税收有增加技术成本的功能，因此技术发展与税收的政策是紧密相关的。对于征收人工智能服务税可能会阻碍技术创新这一问题，支持赞成说的学者认为可以采取相对缓和的税收政策，如诺贝尔经济学奖得主罗伯特·J. 席勒（Robert J. Shille）主张通过对机器人适度课税，即使是临时税，用于放缓技术前进的脚步，相应征得的税收可以用于帮助被新技术替代的劳动者。④

2. 反对论

反对人工智能征税的学者主要从征税不利于技术创新发展的角度出发，⑤ 认为对人工智能征税可能会抑制相关企业的生产效率（包括生产人工智能服务的企业与使用人工智能服务的企业）。此外，也有学者和专家

① Joao G, Sergio R, Pedro T. "Should Robots. Be‐Taxed?", *NBER Working paper*, No. 2380.

② Jeny K. "Artificial intelligence what everyone needs to know?", *Oxford University Press*, 2016.

③ 刘隆亨主编：《税法学》，中国人民公安大学出版社、人民法院出版社 2003 年版，第 53 页。

④ "Why robots should be taxed if they take people's jobs"（https://www.newsmax.com/Finance/Economy/Robert-Shiller-Tax-Robots-Jobs/2017/03/26/id/780829/），2022‐3‐18.

⑤ 如美国前财政部长劳伦斯·H. 萨默斯（Lawrence H. Summers）提出，发放登机牌的自助终端、加快文件制作的文字处理程序、手机银行技术、自动驾驶汽车、通过预防疾病而破坏医药行业就业的疫苗同样影响就业。诸如此类的很多创新可以减少劳动力投入但获得更多更好的产出，只对机器人课税毫无道理。麦卡锡也认为惩罚提升生产力和创造财富的技术创新是没有意义的。

对人工智能替代劳动者这一观点表示怀疑,① 因为技术的发展也会创造新的就业机会,提供新的工作岗位,从而对向人工智能征税以实现税收分配职能、税收促进社会公平的目的产生质疑。还有一部分学者反对向人工智能征税是因为税制原理中难以找到与人工智能服务完全对应的税种,认为对工具征税也违反各国税收法律制度体系建立的基本原理。② 对人工智能征税若无良好的制度设计安排,可能会造成重复征税,造成经济效率降低、抵消税收的净收益等问题。

(二) 我国对人工智能征税的态度

2017 年 7 月,国务院印发《新一代人工智能发展规划》 (国发〔2017〕35 号),提出"到 2030 年,人工智能理论、技术与应用总体达到世界领先水平"。从理论上来说,国外对于人工智能税已有比较多的研究。在美国,许多州在盖茨提出"机器人税"后开展了对人工智能征税可行性的研究,很多学者建立经济模型探讨人工智能征税的路径和效果。早在 2016 年,欧洲便有议员提出机器人可能加剧社会不平等现象,为了税收和保障财政,先进的工业机器人需要登记注册,企业应就机器人和人工智能对自身所获利润按比例进行申报,并对其造成的劳动者失业付出一些代价。③ 而我国对人工智能征税问题的研究甚少,理论基础远远不够架设一整套对人工智能征税的制度。从技术与应用上来说,2020 年中国机器人密度率为 246 台每万名工人,在世界排名第九位。而第一名的韩国,机器人密度率已达 932 台每万名工人,排名第二的新加坡,机器人密度率为 605 台每万名工人,第三、第四位的日本和德国机器人密度也在 350 台每万名工人以上。④ 可见我国在人工智能技术应用上仍然与世界领先水平

---

① 如韩秉志在《"机器换人",我们如何保住饭碗》(2019)一文中提到,许多专家都认为,虽然"机器换人"已成为必然趋势,但是企业对人才的需求并没有减少,尤其是对复合型人才求贤若渴。高技能劳动者的需求量很大,企业甚至招不到人。未来一些高新技术岗位的产生速度,可能超过传统岗位的消失速度。"机器换人",并不是简单把人换下,而是换上更高技能水平的人。

② 刘灿邦:《向机器人征税意味着征资本利得税》,载《企业观察家》2017 年第 4 期,第 20 页。

③ "with recommendations to the Commission on Civil Law Rules on Robotics 〔2015/2103 (INL)〕" (http://www. europarl. europa. eu/sides/get Doc. do? type = REPORT&reference = A8-2017-0005&language = EN),2022 - 3 - 29.

④ 数据来源:《世界机器人 2021 工业机器人》。

有一定的距离。

　　理论研究不足、技术与应用仍有待提升，且目前我国处在新一轮科技革命、产业革命的风口，直接对人工智能进行征税可能会不利于我国人工智能产业的发展和创新。《中华人民共和国国民经济和社会发展第十四个五年规划和 2035 年远景目标纲要》（简称《十四五规划》）提出，要瞄准人工智能、量子信息、集成电路、生命健康、脑科学、生物育种、空天科技、深地深海等前沿领域，实施一批具有前瞻性、战略性的国家重大科技项目。其中，人工智能被放在第一位，可以看出其重要性。为加快人工智能技术的发展，我国目前对其相关产业采取的税收政策是鼓励的、包容的、支持的。现代国家课税是为提供公共服务筹集经费，一旦做出了对人工智能进行征税的决策，就必须考虑建立与人工智能税的使用密切相关的税款使用和监督机制，使得人工智能税的征收实现价值与目的相统一。[1]而我国现有的理论与技术运用还不足以支撑一个复杂的人工智能税收体制的建立，就此而言，目前我国对人工智能征税的前景并不明晰。

第四节　人工智能与金融问题

一、人工智能在金融领域的应用

　　技术的成熟和发展使得人工智能在金融领域也得到了较为广泛的运用。目前人工智能在金融领域的应用主要在便利服务、交易预测、智能投资顾问、信用评估等方面。

（一）人工智能在便利服务方面的应用

　　招商银行的可视柜台（video teller machine，VTM[2]），通过人机互动可以实现一卡通开户、卡片激活、定期业务、转账汇款等 20 余项非现金银行业务，处理业务的效率是柜面工作人员的 1.8 倍。未来该可视柜台将

---

　　① 王婷婷、刘奇超：《机器人税的法律问题：理论争鸣与发展趋势》，载《国际税收》2018 年第 3 期，第 36 页。

　　② 远程视频柜员机，也称虚拟柜员机、远程柜员机、视频柜员机等。

逐步提升至全年 24 小时服务，打破只能在工作日办理银行业务的限制。交通银行在 2015 年推出的国内首个智慧型人工智能服务机器人"娇娇"已被布局在近 30 个省（市）的营业网点，为银行客户提供智能自助服务，"娇娇"所使用的系统中搭载的都是最新的人工智能技术，整合了包括语音识别（ASR）、语音合成（TTS）和自然语言理解（NLU）技术甚至图像、人脸和声纹等多项顶尖人工智能技术，交互准确率可达 95% 以上。[①] 此外，各大银行乃至金融机构 App 也都上线了人工智能自动回复、远程身份认证授权等服务。人工智能在便利服务方面的应用既为银行业务人员减轻了工作负担、提高了银行的业务效率，也为银行客户提供了智慧服务型体验，节省了客户的时间。

（二）人工智能在交易预测方面的应用

全球第一个以纯人工智能驱动的基金 Rebellion 曾预测了 2008 年股市崩盘，国内长信基金旗下的量化先锋混合基金运用模型智能选股也收获了较好的利润。[②] 全球最大的债券交易商摩根大通称其正在部署数据分析和机器学习软件 MSX，将汇编实时交易数据，让销售员和交易员可以更清楚地洞悉交易全局，帮助他们预测市场走势，这一软件已经用于摩根大通的利率交易。[③] 人工智能在交易预测方面的应用涵盖多方金融业务，其准确率也随着技术的发展和算法的改进而不断提高。人工智能进行的交易预测可以帮助投资者提升投资利润空间，一定程度上规避交易风险、减少投资损失。

二、人工智能对金融发展造成的冲击

（一）人工智能对金融稳定形成挑战

人工智能在金融领域的应用，对金融稳定可能存在不可预见的负面效

---

① 《智能机器人"娇娇"亮相交通银行》，见中国机器人网（https://www.robot-china.com/news/201601/21/30671.html），访问日期：2022 年 2 月 25 日。

② 中国人民银行武汉分行办公室课题组、韩飚、胡德：《人工智能在金融领域的应用及应对》，载《武汉金融》2016 年第 7 期，第 46 - 47 页。

③ 《摩根大通引入人工智能》，见雷锋网（https://www.leiphone.com/category/aijuejinzhi/qvur4mIVpl5Nrvek.html），访问日期：2022 年 3 月 4 日。

应。例如在自动交易系统中，系统给出的一个错误投资决策将可能使得很多投资人蒙受巨大损失。此外，如果金融市场中大量投资者选择使用同一个自动程序或者系统进行投资预测和决策，市场上可能会同时出现大量相同或相似的投资决策，而相应的系统具备的超强计算能力使得决策具有高效率性，短时间内一个程序就可以自动完成大量交易，从而给金融市场造成难以预测的影响。如果相关程序失误或者算法本身被有心人利用编辑，就有可能危及金融市场秩序。例如，2010 年美股的"闪电崩盘"事件、2012 年美国做市商骑士资本半小时损失 4 亿美元等事件，均是算法交易程序失误导致的。[①] 在瞬息万变的金融市场中，人工智能对突发状况的应变能力也显然不足，如自然灾害、政治因素等问题导致的市场波动，脱离人的操作和指挥的人工智能系统很可能无法应对，若不及时加以干涉则很可能会造成重大的投资损失甚至扰乱金融秩序。

（二）智能金融产生信息安全隐患问题

银行或其他金融机构利用人工智能拓展业务或者进行普通业务办理时，主要在拥有大量用户数据的基础上进行大数据挖掘，再由人工智能对其进行分析和处理。这些数据包含大量的用户隐私，这时数据安全方面有两大风险：第一，由网络系统与存储中心可能存在的技术漏洞引起的技术安全风险；第二，大量客户信息与含有客户隐私的信息被泄露的风险。[②] 无论是技术安全风险还是集中泄露风险，都有可能使得用户隐私泄露，从而威胁到金融信息安全。然而金融机构一般很少主动考虑从技术上和制度上建立客户信息保护机制，这就使得运营中存在较大的信息安全隐患。

（三）人工智能应用加大金融监管难度

在现有金融监管法律体系下，人工智能故障或者失控引发的金融风险事件归责较为困难。一方面，人工智能的自我学习、决策机制所产生的行为无法追溯，倘若监管，则需要较多的人力资源对人工智能行为进行监管，这就有违人工智能在金融领域应用降低人力成本、减少人为决策失误

---

① 中国人民银行武汉分行办公室课题组、韩飚、胡德：《人工智能在金融领域的应用及应对》，载《武汉金融》2016 年第 7 期，第 47 页。

② 孙杰、贺晨：《大数据时代的互联网金融创新及传统银行转型》，载《财经科学》2015年第 1 期，第 14 页。

的目的，甚至会使得监管成本覆盖了技术成本；另一方面，一旦人工智能技术的相关应用发生问题，承担法律责任的主体难以界定，当前金融监管法规中，被监管主体停留在自然人和法人，然而在人工智能的参与下，投资账户的实际控制人可能并不是具体的自然人或法人，而是被提前编写但存在一定限度自主机制的人工智能或者算法程序。如果必须确定责任主体，这究竟算不算代理模式，谁又能够为代理行为负责？监管者难以根据现有的法律法规进行责任认定，而实际监管所需要的处理成本也比较高，① 由此加大了金融监管难度。

三、应对人工智能对金融冲击的方式

（一）全面建立风险防控机制

中国人民银行在 2022 年 1 月印发的《金融科技发展规划（2022—2025 年）》中提到，要健全自动化风险控制机制。事前：运用大数据、人工智能等技术拓展风险信息获取维度，智能识别潜在风险点和传导路径，增强风险管理前瞻性和预见性。事中：加强风险计量、模型研发、特征提取等能力建设。事后：通过数字化手段实施自动化交易拦截、账户冻结、漏洞补救等应对措施，增强风险处置及时性、准确性。但单凭技术防范风险也有不足，也需要通过法律的手段对使用人工智能模型的金融机构进行监管。在事前，可以从市场准入阶段就过滤部分存在风险的人工智能应用。事中，根据《网络安全法》和央行的倡议，金融行业组织内部可以建立起本行业的风险防范规范和协作机制。事后，我国应随着人工智能在金融方面的发展和出现的现实问题对相应的法律法规作出补充或修改，建立起人工智能金融决策失误或造成金融安全问题的责任机制。

（二）完善金融市场交易规则

美国金融市场监管部门通过《国家证券交易所规则》的规定来解决人工智能程序错误导致的金融市场波动问题，如果交易所的数字设备发生故障，交易所可以提出动议审查相关交易，并宣布该情形下的交易无效，

---

① 于孝建、彭永喻：《人工智能在金融风险管理领域的应用及挑战》，载《南方金融》2017 年第 9 期，第 73 页。

以维护特殊行情下的市场公平秩序。① 这种方式虽然成本较高，但此规定能够一定程度减少金融市场波动给投资者带来的投资损失，有效地保护信任人工智能投资服务机制的投资者，也维护了金融市场的良好交易秩序。然而我国缺少有关人工智能金融领域应用的市场交易规则，为预防人工智能程序错误，我们可以借鉴美国这一动议审查规定，以防人工智能的不确定性冲击金融市场秩序。

（三）完善金融信息安全保障机制

探讨人工智能金融信息安全的保障机制可以从主体与客体两个方面进行研究。金融信息保护主体应主要包括金融服务的提供者及金融行政管理部门。金融信息采集者的自觉不足以保证信息采集的规范性，也不能够有效地保障信息采集的合法性，因此要有相应明确的法律作出规定。我国《证券法》第四十一条规定，证券交易场所、证券公司、证券登记结算机构、证券服务机构及其工作人员应当依法为投资者的信息保密，不得非法买卖、提供或者公开投资者的信息。那么人工智能投资服务由相应的证券公司或者金融服务机构管理，其应确保人工智能在进行操作时严格保障用户信息的安全。一方面，金融行政管理部门应构建更为完善的个人信息数据系统，对于特定的行业信息，可由监管部门、金融领域各行业协会等制订统一格式，以便构建完备的信息数据体系；另一方面，可以采取相应的智能监测技术手段，并构建相应的制度管理措施，防止个人信息被爬取检索、利用、篡改等，以保障金融领域的个人信息安全。②

金融信息保护客体是指金融信息主体权利义务所指向的对象，即我国的金融信息秩序，③ 可参考《个人信息保护法》中对个人信息的明确规定和相关要求。金融机构可以建立信息安全防控机制，对于用户的个人金融信息进行加密处理，通过多种措施确保信息管理安全，以防信息集中泄露的风险。此外，人工智能需要分析处理的金融信息应当有相应的数据脱敏规范和标准。

---

① 中国人民银行武汉分行办公室课题组、韩飚、胡德：《人工智能在金融领域的应用及应对》，载《武汉金融》2016年第7期，第47页。

② 麻斯亮、魏福义：《人工智能技术在金融领域的应用：主要难点与对策建议》，载《南方金融》2018年第3期，第83页。

③ 刘小红：《人工智能与金融市场规制法律制度》，见冯子轩、罗璨等编《人工智能与法律》，法律出版社2020年版，第167页。

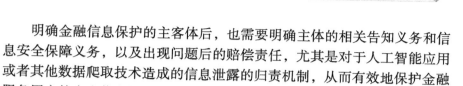

明确金融信息保护的主客体后，也需要明确主体的相关告知义务和信息安全保障义务，以及出现问题后的赔偿责任，尤其是对于人工智能应用或者其他数据爬取技术造成的信息泄露的归责机制，从而有效地保护金融服务用户的个人信息权和隐私权。

（四）加强人工智能金融应用监管

第一，统一监管主体。传统的金融机构和证券交易接受我国银保监会和证监会的监管，但在人工智能技术与金融的融合发展中，许多互联网企业也纷纷开展金融业务，其大多只由市场监管局进行监管，缺乏金融监管的针对性。也就是说，目前我国对于人工智能金融应用和相关服务并没有完全统一监管主体，这难以统一监管标准，也有违监管公平，[①] 可能造成金融秩序的不协调。因此我国需要统一人工智能金融的监管主体，同时也可以将互联网企业经营的金融业务作为银保监会、证监会的监管对象。

第二，兼用技术监管手段。人工智能技术同样可以应用于金融监管领域。例如美国证券交易委员会（SEC）正在试图打造一个超级交易跟踪系统CAT[②]，该系统基于各类金融市场交易数据，利用人工智能判别这些交易是否涉及操纵市场价格，委员会可在此基础上进行判断以对涉嫌违法的交易进行监管。我国的金融监管部门也可以使用人工智能监管金融市场交易，提升监管效率和精准度。法律监管层面，需要有相应的法律法规明确监管部门对人工智能金融应用监管的内容，以及限制监管的领域等。相应的规制还需要以我国人工智能进一步发展为前提。

本章思考题

1. 如何全方位构建人工智能市场准入制度？
2. "大数据杀熟"侵犯了消费者的哪些权利？
3. 从我国长远发展的角度来看，是否应该对人工智能服务进行征税？
4. 人工智能技术对我国金融发展造成了哪些冲击？

---

① 刘小红：《人工智能与金融市场规制法律制度》，见冯子轩、罗璨等编《人工智能与法律》，法律出版社 2020 年版，第 170 页。

② 详情可访问 CAT 官网（https://www.catnmsplan.com/）。

第三编

人工智能与法治的动态运行

第七章　人工智能与立法活动

第一节　人工智能运用于立法的阶段

随着社会经济的发展，人们对人工智能更加重视，其应用也更加广泛。对于人工智能与法律的结合方面，其较早应用于司法、执法领域，在立法领域的应用则相对滞后。从总体上看，在世界范围内尚未实现立法与人工智能的深度结合，人工智能立法技术仍有巨大的潜力等待发掘。立法阶段作为整个法律实施体系中最根本的一环，其重要性不言而喻。党的二十大报告中明确提出，应推进"科学立法、民主立法、依法立法，统筹立改废释纂，增强立法系统性、整体性、协同性、时效性"。2015 年《中华人民共和国立法法》修改后进一步扩大了地区立法的主体，这使得对立法资源和立法人才的需求变得更大。新时代的立法工作越来越重、要求越来越高、难度越来越大，仅靠传统的人力工作的方式很难达到党的二十大报告提出的要求，因而我们迫切需要人工智能技术为立法工作提供及时、准确、有益、有效的辅助。立法人工智能技术的发展是时代的呼唤，也是广大立法工作者的期盼。[①] 因此，作为尖端科技的人工智能与立法活动的结合是科技发展的客观趋势，也是新时代法治建设的必然要求。综上，本节将针对人工智能立法的技术结构展开讨论。

案例引入

2014 年 9 月起，天津市人大常委会法制工作委员会开始使用北大法宝智能立法支持平台（简称"智能立法平台"），尝试借助人工智能帮助开展备案审查、人大立法等工作。这套智能立法平台近期可以升级

---

① 高绍林、张宜云：《人工智能在立法领域的应用与展望》，载《地方立法研究》2019 年第 4 期，第 47 页。

到九个系统，包括提供立法项目管理、草案意见征集、法规文件公开、法规文件报备、法规文件审查、法规文件清理、立法资料管理、立法（后）评估、立法大数据分析等。三年多的实践表明，人工智能的引入及其合理的技术结构，使得备案审查的准确性得到明显提高。例如，智能立法平台为立法工作者设置了"敏感词词库"，当其中的"敏感词汇"出现在待审查文件中时，意味着审查对象此处很有可能出现违法问题。此时就需要人工结合上下文做进一步审查。这样就能达到效率与准确率兼备的效果，体现了立法程序与人工智能相结合的优越性。①

一、立法前的准备

（一）立法参考资料的检索与提供

任何一部法律法规的制定都需要参考大量国内外的立法资料和法律案例，学习先进的立法经验，并根据当地实际的社会情况来制定。据有关资料统计，我国目前有近300部现行有效的法律、700多部行政法规、几百部司法解释、一万多部地方性法规，万余部行政规章，其相应的立法说明及我国已缔结并加入的国际条约的数量则更是庞大。面对如此众多且效力层级不同的法律文件，再加上无数域外的参考法律文件，仅靠数量有限的立法工作者和目前的法律信息数据库是远远不够的。② 毕竟人的精力有限，很难阅读完如此大量的资料并同时准确的理解相应的内容。然而，人工智能在数据收集与分析上的强大能力则能够较好地解决这一问题，其缜密的算法能够有效化解以往资料收集与检索方面的困境，弥补单靠人力在信息收集与检索上的不足。一方面，人工智能配套的法律大数据库正在建立。法律数据库是以国家法律体系为载体的配套法规库。部分省份的数据库与全国人大信息平台互联互通，对社会公众开放。社会公众可以通过数

---

① 高绍林：《人工智能如何辅助地方立法》，载《人大论坛》2018年第4期，第21页。
② 高绍林、张宜云：《人工智能在立法领域的应用与展望》，载《地方立法研究》2019年第4期，第51页。

据库查询本省的地方性法规、规章，以及其他规范性文件①。人工智能极大地增加了以大数据为载体的信息储备量；另一方面，人工智能能够自动将海量的信息进行检索和分类，其可以根据我们立法的需要，提取出新、准、精、全的立法例及法学理论和实践案例等参考资料，给予立法者充足的数据样本支撑立法决策，提高立法的质量水平。

（二）社情民意的收集与整理

我国是人民当家做主的国家，立法遵循"科学立法、民主立法、依法立法"的原则，要想做到这点，就必须广泛听取社会各方面的意见。目前，在立法前公开征求民众意见已经成为立法工作的重要程序，并且在实践中，这些民众意见也为立法工作带来了非常大的帮助。人工智能参与立法，首先能帮助开拓人民群众参与立法的渠道。在传统的立法模式下，社会参与其实是较少的，随着信息时代的到来，只有对社情民意的重视才能够让更多的公众参与到立法活动中，积极建言献策。过去我们常常采用抽样调查、典型调查的方式，这样收集的渠道单一、信息少，对社情民意的收集工作带来了很大的困难。但应用了人工智能后，互联网邮件收集、大数据分析等方式大大降低公众参与立法的成本，提升了信息收集量和信息质量，同时也提高了公众参与立法的积极性。

全国人大在制定一部法律之前，常常需要收集几万条来自社会各界的意见，《刑法修正案（九）》收到的意见就累计达到 16 万条。如此庞大的信息量，如果仅凭人力很难在短时间内做到阅读、筛查、分类并提取有效意见。而人工智能凭借强大的信息处理系统，能够快速地做到数据收集、资源整合以及资源分类，极大地减少了人工整理信息的时间成本和人力成本。例如，2011 年全国人大常委会修订《个人所得税法》时就曾利用"互联网渠道＋大数据分析"来广泛地征求民众意见。此次修订共收集的立法意见有 23 万条之多。② 通过运用大数据分析，众多信息得以有序分类，并最终归于人工智能管理，其有条不紊的分类手段及其所具有的诸多优势特征，极大地提高了立法的效率，为最终法案的诞生做出了不可磨灭

① 江苏省人民代表大会常务委员会备案审查处：《江苏省人大常委会备案审查信息平台上线运行》，见江苏省人民代表大会常务委员会官网（http://www.jsrd.gov.cn/zsjs/zishen_xxh/202001/t20200102_518660.shtml），访问日期：2022 年 3 月 20 日。

② 高绍林、张宜云：《人工智能在立法领域的应用与展望》，载《地方立法研究》2019 年第 4 期，第 49 页。

的贡献。

二、立法中的协助

（一）法律法规的辅助起草

立法阶段是整个法治社会运行过程中的关键环节，只有立法工作做好了，司法、执法等相关工作才能走上合理的轨道。而法律又和我们的社会生活息息相关，其不是一个纯理论性的学科，而同时兼具实践性，且与生活紧密相关。因此，要做到科学、民主、依法立法，就要求立法者深入社会生活，对各个领域的专业知识有所涉猎，这对立法者的素质提出了很高的要求，也加剧了对学科交叉人才的培养需求。然而由于我国交叉学科人才培养起步晚、制度尚不完善等问题，导致在短时间内难以有足够的、具备多种知识的人才来填补在交叉学科方面的缺陷。人工智能的出现恰好可以弥补这一短板，其先进的算法和精密的计算程序决定人工智能拥有强大的学习能力，通过机器深度学习技术，立法者可以自主高效地学习党和国家的政策文件，深度学习我国现有的法律、行政法规、地方性法规、司法解释、部门规章、地方政府规章，学习法学文献和域外法律法规文献，学习立法相关领域的专业知识等，为立法活动提供更为充实的知识储备。[①]这样就能避免立法者因在其他专业知识相对不足的情况下而难以正确地进行决策。

在实践中，"北大法宝"就走在人工智能辅助立法的前沿。中国法学会立法学研究会第三次会员大会暨 2021 年学术年会提出了人工智能辅助立法起草的具体原理："要想构建人机交互的智能起草辅助平台，需要研究立法条文生成要素体系，形成立法规则库和立法模板库，梳理语义立法意图理解。以此为基础构建法律法规要素标注体系、构建面向立法的法律法规知识库、构建法律法规文本语义表示模型、研发基于知识表示的条文对比分析技术、构建立法条文生成要素体系，通过以上研究构建人机交互

---

① 高绍林、张宜云：《人工智能在立法领域的应用与展望》，载《地方立法研究》2019 年第 4 期，第 49 页。

的智能起草辅助平台。"①

（二）立法草案初步审查

立法审查是立法阶段的重要环节，每一条法律法规的出台都应该经过科学性、民主性、合法性的审查，以此保证该条法律的严谨性和有效性。对所立之法进行备案审查，一方面能够加强对立法工作的监督，提升立法的质量，另一方面是为了消除不同法律规范之间的冲突，从而避免不同类别规范之间的矛盾。② 新时代下，立法的备案审查工作仍然需要严肃对待。

《中华人民共和国立法法》修改后，进一步扩大了地区立法的主体。据统计，2015—2017 年，设区的市共制定地方性法规近 600 件，每年数量将近翻一番，这严重加剧了立法资源和立法人才的紧缺。③ 并且，由于各地立法者水平有异，在这样的情况下制定的法律，其质量也通常是良莠不齐。在实践中，地方立法条文内容存在与上位法相冲突、用词不准确、逻辑不严谨等问题，这不仅有悖于扩大地区立法主体的初衷，也对司法和执法产生了不良影响。立法审查工作的不到位也是产生这一问题的重要原因。引入人工智能参与辅助立法审查，一方面能够基于大量的法律资料和技术分析能力，为立法者提出有参考性的立法建议，提高法律草案起草的水平；另一方面，人工智能句式检索、文本校对的能力也能有效改善地方立法存在的条文表述不当、与上位法相违背等问题，进一步提高地方立法质量。对于立法方案的审查，我国正在加紧建设人大备案审查信息平台。备案审查制度是我国的一种立法监督制度，人大备案审查信息平台就是将这些备案信息录入数据库，以实现全国法律信息数据的互通互联。目前，黑龙江、江苏、宁夏等多个省（自治区）已经开始建设推进此平台。以江苏省为例，2020 年 1 月，江苏省人大常委会备案审查信息平台正式上线运行。使用主体覆盖省、市、县三级人大常委会，形成全省人大备案审查工作"一张网"，实现统一规范、统一标准、统一程序、统一运行。信

---

① 赵晓海：《人工智能辅助科学立法的应用研究》，见北大法律信息网（https://www.163.com/dy/article/GPFEKBTE0530W1MT.html），访问日期：2022 年 3 月 20 日。

② 赵谦：《阐明我国立法备案审查的规范内涵》，载《江汉大学学报（社会科学版）》2016年第 3 期，第 50 页。

③ 闫然、毛雨：《设区的市地方立法三周年大数据分析报告》，载《地方立法研究》2018年第 3 期，第 27 页。

息平台包含报备系统、审查建议系统、备案系统、审查系统、数据库五大功能。供省、市、县三级人大常委会，省、设区的市政府，备案审查专家等多主体使用。① 目前，越来越多省份开始建设人工智能备案审查平台，这将大大提高立法审查的效率。

三、立法后的优化

（一）立法方案的选择

立法过程中，常常出现多种方案的选择问题。当面对同一个社会问题时，有几种立法方案解决，立法者需要综合该法律法规可能产生的各种社会影响进行评估与比较，从而做出最优选择。传统的比较方法大部分通过人力进行，比较和选择并没有统一的标准，所以难免会受到主观的影响，同时也很难用量化的数据规范、清晰、精确地进行比对。但人工智能却可以运用对比技术与多元数据融合技术，综合各项指标考虑，对多个方案可能产生的后果进行量化和数据化的评估，且依次排序，使立法者较为全面地了解不同方案的优缺点及优劣性，从而做出最优选择。

（二）立法方案的评估

立法过程并非在法律法规制定后终结，立法后的社会风险评估更是立法阶段的重要工作。立法后评估这一制度在我国的发展时间较短，技术尚不成熟。依照传统模式，立法后评估常常仅限于立法机关内部评估，对于外界评估，仍然沿用典型调查和抽样调查等方式。在地方立法过程中，立法后评估没有得到足够重视，仍然存在评估主体单一、数据收集与分析困难、评估报告形式陈旧等缺陷。针对这些问题，人工智能的引入能够有效解决。首先，人工智能能够极大地拓宽立法评估的主体，并利用互联网的"技术赋权"与"去中心化"使社会公众都有能够参与立法后评估与发表意见及建议的机会，利用新型的信息收集方式全样本采集，线上线下多方渠道解决评价主体单一的问题；其次，人工智能的信息处理技术能够高效

---

① 江苏省人民代表大会常务委员会备案审查处：《江苏省人大常委会备案审查信息平台上线运行》，见江苏省人民代表大会常务委员会官网（http://www.jsrd.gov.cn/zsjs/zishen_xxh/202001/t20200102_518660.shtml），访问日期：2022年4月10日。

地对数据进行分类、收集和分析，得出具体数据，减轻人力负担；再次，在多媒体可视化技术的帮助下，立法后评估报告形式可以一改死板陈旧之风，制作丰富多样的数据展现形式，如利用三维模型展现空间、时间、事件①，让评估结果更加清晰、明确。例如，天津市人大常委会法制工作委员会使用北大法宝智能立法支持平台进行评估后，极大提高了原有评估工作的效率。对于落后、不合适的法律法规，人工智能将会辅助进行自我清理。②

总的来说，人工智能的辅助立法技术将会在社会经济的不断发展之下继续进步，这是社会发展的必然趋势。法律学习者及工作者需要以积极、包容的态度看待这一趋势，善于与人工智能合作，提高办事质量。同时努力学习相关方面的知识，成为新时代的复合型法律人才，从而保障立法工作的高质、有效推行。

第二节　人工智能立法的应用现状

庞大的国家机器要维持良好的运转，需要严谨而完善的制度支持，而制度框架又必定需要许多政策和法律来维持。在日新月异的社会中，这些法律和政策常常需要重新修改和制定。传统模式下，每一次修改都会消耗大量人力物力，社会进步后，人工智能的发展让决策者看到了立法的新模式。在信息化浪潮下，人工智能和大数据技术逐渐发展，立法机关中利用人工智能辅助立法的比例也逐渐提高。应用人工智能参与立法，一方面能够推进我国法治建设快速发展，提高立法质量和效率；另一方面也有助于确立我国在世界人工智能立法领域的领先地位，率先开创"人工智能辅助立法"的中国模式。马克思曾说："实践是认识真理性的检验标准"。要想真正探究出一条属于我国的人工智能辅助立法道路，还需要在实践上的不断努力。为此，党中央出台文件，鼓励各地引入人工智能进行辅助立法。而在各地的实践中，中央和地方、不同地域之间对于人工智能辅助立法的应用程度都有所差异。因此，本节将对人工智能应用的现状展开

---

① 曹瀚予：《大数据在立法后评估中的应用析论》，载《自然辩证法通讯》2018年11期，第14页。

② 蒲晓磊：《用人工智能辅助地方立法》，载《法制日报》2018年1月23日，第10版。

讨论。

一、人工智能立法的应用地域

（一）国内应用状况

近年来，我国对于人工智能应用的重视度提高，加快发展新一代人工智能已经被提升到了国家战略层面，人工智能也在和许多其他学科的融合之中得到了发展。国务院 2017 年发布的《新一代人工智能发展规划》提出，要培育高水平人工智能创新人才和团队，尤其是"掌握'人工智能＋'经济、社会、管理、标准、法律等的横向复合型人才"，还对人工智能推进社会治理智能化做了规划，强调"围绕行政管理、司法管理、城市管理、环境保护等社会治理的热点难点问题，促进人工智能技术应用，推动社会治理现代化"。该部规划首次确认了"人工智能＋法律"的发展模式。① 总的来说，在人工智能技术与法律的结合方面，我国一直在融合推进的过程中，并在立法、执法、司法、公证服务及法律服务等方面取得一定的进展。但在我国，人工智能与立法应用的结合相对有限，大多集中于"意见征集""备案审查"等个别环节，应用的范围小，层次浅。

另一方面，由于不同地区经济发展水平和科技基础的差异，人工智能在立法应用上也存在地区上的差异。目前已出台人工智能辅助立法文件的有北京市、上海市、江苏省、福建省及广东省等经济发展较前沿的东部沿海地区，并且这些省市均建立适应本地区发展特色的人工智能的辅助立法模式，如上海人大常委会建立的立法信息系统②、广东省人大常委会建立的无纸化办公系统等。由此，人工智能在应用的地域分布上呈现出东部地区密集，中西部地区稀疏的图景，与经济发展的地域分布大致相同。除此之外，我国所有省级行政区几乎都开通了立法意见征询渠道，但是仅有 20 个省份开通了线上意见提交渠道或者留言服务，其中一半都来自东部地区。③ 这一方面体现了人工智能辅助立法使用率的不足，另一方面也反

① 姜素红、张可：《人工智能辅助地方立法的应用与规制》，载《湖南大学学报（社会科学版）》2019 年第 4 期，第 140 页。
② 曹瀚予、汪全胜：《大数据在地方立法公众参与中的应用》，载《电子政务》2018 年第 10 期，第 76 页。
③ 崔亚东：《2020 世界人工智能法治蓝皮书》，上海人民出版社 2020 年版，第 141 页。

映出地域和经济发展状况对线上征集信息使用率的巨大影响。

（二）国外应用情况

国外对于人工智能在立法活动中的应用也呈现出较为明显的差异，总体来说影响因素有两方面：第一是经济和科技发展水平。发达国家或地区在人工智能立法技术方面的应用水平要高于发展中国家，例如美国、欧盟等，其研究水平较高，人工智能产品水准高，应用地域就较为广泛。2018年5月，美国在白宫举办的"美国产业人工智能峰会"（Artificial Intelligence for American Industry）中出台文件，宣布成立"人工智能特别委员会"（Select Committee on Artificial Intelligence），提出继续保持美国在人工智能领域全球领导地位的重要举措，这足以看出美国对于人工智能领域的重视。而相较之下，经济科技较为落后的中亚、非洲等地人工智能的使用量就较少，甚至没有使用。第二是受到民族习惯与观念影响，各个地区有其不同的民族风俗，一些思维较为保守、拥有特殊传统或者有宗教信仰的国家，会由于传统观念的影响而排斥人工智能的使用。例如，在美国和加拿大安大略省生活着阿米什人，以拒绝汽车及电力等现代设施，过着简朴的生活而闻名。现代科技在他们眼中代表着诱惑与不纯洁，人工智能作为一种尖端科技，在一些地区的推行阻力也会比较大。

二、人工智能立法的应用层级

（一）中央应用情况

我国一直在推进对于人工智能的法律应用，近年来，中共中央不断下发文件，强调人工智能在未来发展中的重要性，表示要重视人工智能与其他行业的结合。据有关文件表明，全国人大备案审查信息平台已经于2016年底开通运行，目前正在按照"标准、网络、内容、数据"四统一的要求，推进省级人大备案审查信息平台建设，以尽早实现省级人大平台与全国人大平台对接和各级立法主体信息平台间的互联互通。[①] 同时，全

---

① 沈春耀：《全国人民代表大会常务委员会法制工作委员会关于十二届全国人大以来暨2017年备案审查工作情况的报告：2017年12月24日在第十二届全国人民代表大会常务委员会第三十一次会议上》，载《中国人大》2018年第1期，第13页。

国人大备案审查平台与国务院电子报备系统的联通工作也有条不紊地开展，充分展现了党中央对人工智能的法律应用的重视。

在我国，党领导立法、保证执法、支持司法、带头守法。党在推动科学立法方面具有至关重要的作用，在立法领域引入人工智能技术，是互联网和大数据时代的必然要求，是科学立法的要求，也是运用马克思主义的立场、观点和方法的重要体现。① 因此，党中央率先应用人工智能参与立法的意义是非凡的。与地方相比，中央对于人工智能辅助立法的应用更多，也更能够集中统筹、获取各种信息资源，其获取能力也稍强于地方。

（二）地方应用情况

相对于中央，地方的人工智能立法技术使用更加多元化，也有更多创新之处，不同地区因地制宜，结合本地特色将人工智能立法技术加以利用。一般来说，地方上的人工智能立法应用主要有两种：一种是由政府自筹的立法信息平台，另一种则是由政府购买或者合作的第三方立法辅助系统产品，偶尔也会有二者结合的产品。例如天津市人大常委会法工委就决定与北大英华科技有限公司合作，在"北大法宝"数据库的基础上，共同研发一套具有人工智能雏形的规范性文件备案审查系统，以提高立法审查的效率和科学性。这套系统在 2014 年 9 月正式投入使用，并且拥有九个子系统，包括提供立法项目管理、草案意见征集、法规文件公开、法规文件报备、法规文件审查、法规文件清理、立法资料管理、立法（后）评估、立法大数据分析等。② 这一投入使用有助于提高天津市立法审查的质量，从而为其他城市提供了可参照的模板和重要经验。

三、人工智能立法应用存在的问题

（一）实践运用较少

现阶段，我国虽然已经开始重视人工智能在立法方面的应用，中央和多省（市）、自治区也在尝试将法律与人工智能进行结合。但是目前，人

---

① 江必新、郑礼华：《互联网、大数据、人工智能与科学立法》，载《法学杂志》2018 年第 5 期，第 1 页。

② 蒲晓磊：《用人工智能辅助地方立法》，载《法制日报》2018 年 1 月 23 日，第 10 版。

工智能对于立法实践的运用仍然停留在一个较为初级的阶段。首先，部分地区的经济发展和科技发展水平尚不足以支撑人工智能的大面积、深层次使用。人工智能作为一种前沿科技，在引入和运作的过程中需要雄厚的经济和科技实力支撑，势必消耗大量资金。我国人工智能的地域分布与各地区的经济发展水平密切相关，目前我国很多地区经济科技水平还尚未达到引进人工智能的水准，无力动用大量资金引入人工智能进入立法系统，因此人工智能立法技术也很难实现大面积的实践运用。其次，我国对于人工智能立法应用大部分仍然停留在"引入"而非"应用"的阶段，这意味着很多地区仍在探索与磨合，探究如何将人工智能和本地实际情况结合，以谋求最好的使用效果。因此，在尝试阶段，应用规模自然较小。最后，人工智能在立法方面的应用较多分布于其中的一个或者几个环节之中，例如，人工智能立法技术在相关资料的收集、意见的征集和立法的评估与审查备案中应用较多，而没有覆盖立法阶段的全流程，其原因与技术水平和知识图谱未发展完全有关，这也是人工智能在立法部分阶段中的实践应用较少的一个重要原因。

（二）应用水平有限

我国人工智能立法应用水平有限主要体现在四个方面：第一，我国人工智能立法应用起步较晚，许多制度尚不成熟。相比应用较为广泛的执法和司法环节，人工智能的辅助作用仍处于探索尝试阶段，因此应用范围较窄，介入的程度也有限。并且由于目前世界上人工智能的发展都尚处于探索阶段，所以可供借鉴的资料和模式较少，仍须继续探索。第二，由于种种限制，我国尚未建成全国范围内互联互通的法律信息平台，立法服务产品也较少，较为著名的是以提供意见征集、文件审核等服务的北大法宝。人工智能立法技术的应用需要大量数据作为运行的基础支撑，数据库的不完备将会导致人工智能作出的辅助判断不准确，因此，加紧数据库的建设和加快法律信息资源的互联互通，对于人工智能应用水平的提高有着重要意义。第三，法律知识图谱有待突破。知识图谱是用可视化的图谱形象地把复杂的知识领域通过数据挖掘、信息处理、知识计量和图形绘制显示出来。[1] 基于法律知识图谱的特性，立法服务产品运作的原理就是需要利用

---

① 秦长江、侯汉清：《知识图谱：信息管理与知识管理的新领域》，载《大学图书馆学报》2009 年第 1 期，第 30 页。

知识图谱将人的思维方法转化为算法。但现阶段,知识图谱的构建并不成熟,还需要长期努力。① 第四,熟练地将人工智能技术运用于立法活动的人才较为欠缺。人工智能和法律领域都具有极强的专业性,两者交汇融合,更对于从事这一行业的专业人士提出了很高的要求。相关领域人才既要对我国的立法体制、中央和地方立法权限、法律效力层级及立法程序有着深刻理解和把握,拥有处理复杂社会矛盾、不同利益诉求关系的能力与智慧②;又要求该人才熟悉计算机科学与技术方面的知识。因此,抓紧培养跨学科人才是现阶段的重中之重。

(三) 研究模式单一

目前我国人工智能辅助立法在理论研究的模式上仍然比较单一。一方面,当前法学领域关于人工智能的研究,主要集中在人工智能主体的法律资格、刑事责任及人工智能生成物的著作权等问题,关于人工智能在立法上的研究,则多偏向于"以立法来规制人工智能的使用",而少有"人工智能辅助立法"方面的文献。通过在知网数据库搜索"人工智能"并且"立法"的关键词,检索结果分布如图 7-1 所示。可见,对于"人工智能辅助立法"课题的研究仍然处于一种较为欠缺的状态,而这必然会影响到人工智能辅助立法的实践发展。

另一方面,现在大多使用的研究模式都选择采用叙述型研究方法梳理并分析待解决问题,运用解释型法律技术来分解其内部原因,通过规范性方式来提出应对的措施。这种研究模式,尽管思路比较清晰,但是统计分析工具的缺失使得研究很难打破理论与实证上、定性与定量上的桎梏,从而削弱理论研究成果的说服力。③ 这种单一的研究模式与人工智能的高精尖科技相结合,使得人工智能的辅助立法技术虽然较传统立法模式有了很大的改变和进步,但在智能化的程度上还远没有达到成熟阶段。综上,研究模式的单一也是现今人工智能辅助立法技术中存在的一大问题。

人工智能立法是我国新时代法治建设的重大现实课题。习近平总书记

---

① 崔亚东:《2020 世界人工智能法治蓝皮书》,上海人民出版社 2020 年版,第 143 页。
② 高绍林:《人工智能如何辅助地方立法》,载《人大论坛》2018 年第 4 期,第 2 页。
③ 李超:《人工智能辅助立法:现状、困境及其因应》,载《人大研究》2020 年第 4 期,第 14 页。

指出，"信息化为中华民族带来千载难逢的机遇。"① 在这样的历史大背景下，我们一定要抓住时代的机遇，正确理解、积极应用人工智能技术，科学地推动人工智能辅助立法工作的展开，同时大力培养复合型人才，积极适应大数据时代的要求。在保障人工智能辅助立法工作有序推进的同时，优化原有立法制度和手段，做到"科学立法、民主立法、依法立法"，让我国的人工智能辅助立法技术走在世界的前列。

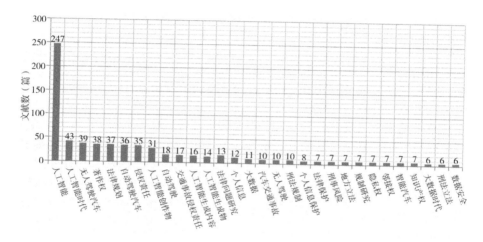

图 7 - 1　"人工智能"并且"立法"的关键词检索结果

（资料来源：曹瀚予《大数据在立法后评估中的应用析论》，载《自然辩证法通讯》2018 年 11 期，第 12 页。）

本章思考题

1．我国西部地区在面临人工智能引入立法过程中可能会遇到哪些问题，未来应如何解决？

2．如何看待人工智能在优化立法方面的作用？

① 《引领网信事业发展的思想指南：习近平总书记关于网络安全和信息化工作重要论述》，载《保密工作》2018 年第 12 期，第 4 - 5 页。

第八章　人工智能与高效行政

第一节　人工智能行政的应用场域

　　在新一轮科技革命的推动下，人类社会正朝向数字化和智能化为主要特征的智慧社会迈进。在这一阶段，数字化和全球化的浪潮极大地冲击了传统社会下的行政行为模式，日新月异的现代社会环境已经超越了传统公众行政系统能够正常运行的极限，从而给国家和政府都带来了新的问题。与此同时，由于社会逐渐向高度数字化和智能化的方向发展，传统具备单一知识体系的单个公共管理者已经难以对复杂的社会问题和社会现象进行精确的分析和处理，政府所面临的"认知负荷"开始显现。这种情况下，想要继续按照传统模式来应对新的社会变化就会变得愈加困难，传统公共行政系统正面临着新兴技术所带来的全方位冲击。随着人工智能技术的逐渐应用和发展，人们在寻求问题解决的道路上，生成了一种新型范式——算法行政。它正在迅速地生成并日趋完善，并逐渐地受到广泛的关注。[①]在这种技术的辅助下，行政的效率和科学性都将得到极大的提高。本节将对人工智能利用算法辅助行政工作的应用展开讨论，探寻其在行政方面提供的便利和强大的辅助功能。

一、人工智能在政策形成方面的应用

（一）公众意见收集

　　公众积极向政府建言献策的意义是非常重大的，它是我国行政机关政策发布的一个重要环节，体现了民主国家的要求。首先，公众积极向政府

---

　　① 王张华、颜佳华：《人工智能时代算法行政的公共性审视：基于"人机关系"的视野》，载《探索》2021 年第 4 期，第 84 页。

建言献策有利于向决策者充分反映民意，体现决策的民主性，同时，这也是对民众智慧的一种收集渠道，体现了决策的科学性；其次，在公民提出建议的同时，其自身也会提高对于政府决议的理解，从而有助于日后政策在民间的落实，提高民众参与政治生活的积极性。人工智能系统在政策形成方面最重要的作用之一就是能够拓宽公众参与政策形成、建言献策的渠道，提高公众对于政策形成的参与效率，从而有助于提高行政机关对社情民意收集的效率。传统行政管理方式中，由于难以收集大量的样本，行政机关的办事效率往往不高。但借以大数据与网络信息技术，人工智能就可以开拓更多信息收集渠道，并将其多样化地展现给公民，推动公众政策意见收集更加快捷、方便与精准。同时，人工智能的出现开创了新的人机交互模式，极大地减少了传统模式下收集公众意见所需要的人力和物力，较好地满足了信息社会的发展需要。另外，在人工智能帮助下，算法推送满足了社会公众对公共行政需要的多样性，如解决传统服务信息盲区，提供个性化服务；提升民众政策参与积极性，克服公共政策制定与执行中的民意隐匿与绩效模糊，加深了公众对于政策的理解，使得政务更加公开透明，也大大提高了公众建言献策的质量，从而带动政策质量的提高。①2018 年 2 月 2 日，上海市立法信息平台投入使用，此平台的使用大大方便了公众意见的收集。公众未来有望借助人工智能系统，提交对行政规则的意见。人工智能系统可以对公众意见进行收集、筛选和归并，运用自然语言处理技术阅读、总结和反馈意见，技术成熟时甚至能对这些意见加以回应。②

（二）模拟选择方案

由于生活中现实情况的复杂多变，一项政策的出台往往要草拟多份方案，最终优中选优，挑选出最合适的一稿。但决策者在做选择的时候常常面临很多问题：首先，现实情况的复杂决定了任何方案都不可能只有单一的优点或者缺点，大部分情况下，每一份方案都有利有弊，很难直观地看出究竟哪一份提议才是最优选择；其次，多份备选方案的信息量也是巨大

---

① 赫郑飞：《人工智能时代的行政价值：变革与调适》，载《中国行政管理》2020 年第 3 期，第 418 页。

② 宋华琳、孟李冕：《人工智能在行政治理中的作用及其法律控制》，载《湖南科技大学学报（社会科学版）》2018 年第 6 期，第 83 页。

的，仅凭少数决策者（即使都是行业的精英人才），也很难在短时间内阅读完所有方案并且给出最终抉择；再次，很多时候仅凭人力的判断主观性较大，决策者的思维和经历一定程度上影响了最终的选择，在科学性和客观性上有所欠缺。然而对于上述问题，人工智能系统能够起到强大的辅助作用。对于多个备选方案的抉择问题，人工智能可以通过其强大的运算能力、数据分析能力和自动化模型架构来模拟已经形成草案的政策及各种备选方案，结合各地实地情况因地制宜地评估不同备选方案可能带来的风险、损耗的成本及期望获得的效应。例如，可根据政务服务大数据，自动形成涵盖市场主体存量、资金流入及市场活跃度等信息的走势分析，帮助政府制定有效的产业调控政策。[①] 再比如，可以利用"智慧信用城市政府信用管理平台"进行智能信用分析；也可以将模拟算法应用于招标投标、投资融资、日常监管、行业分析等应用场景。[②] 在存在多种备选方案的情况下，人工智能的情景模拟能够做到数据可视化，并通过运算将各项优劣展示给决策者，让最终选择更加客观和理性。

二、人工智能在行政治理中的作用

（一）推动政策执行和落实

人工智能对于推动政策的执行和落实的意义是十分重大的，但在信息时代的冲击之下，传统模式越来越难发挥其作用，主要有两个方面的原因。

一方面，在传统模式的行政执行过程中，常常存在物质资源短缺和面向人群太过庞大而执行人员不足等问题，从而导致个人工作负担过重。人工智能能够有效化解人力物力资源的不足，处理完大量复杂而烦琐的数据工作后，仅留下部分需要人力处理的工作。这极大减少了行政人员的工作量，使他们专攻术业，仅针对专业领域问题作出裁定，从而提高行政执行的效率和质量。同时人工智能的加入能将困难的工作简单化，梳理好庞大

---

① 艾琳、王刚：《重塑面向公众的政务服务》，社会科学文献出版社 2015 年版，第 245 - 298 页。

② 宋华琳、孟李冕：《人工智能在行政治理中的作用及其法律控制》，载《湖南科技大学学报（社会科学版）》2018 年第 6 期，第 85 页。

社会客体下复杂的关系网。例如，行政机关可以建构智能化监测平台和智能化预警系统，对数据集进行处理，通过预测违法行为发生的概率及分布，将有限的资源投入到更需要的地方①。2018年，上海食品药品监督局就曾对网络平台订餐数据进行分析，甄别出第一批存在较高食品安全风险的餐厅，并据此开展了线下调查，发现部分餐厅存在管理状况差甚至出现无证经营的情况②。这种有针对性的检查大大降低了行政执法的成本，提高了工作的针对性和效率。

另一方面，传统的人力监管已经很难满足越发复杂的行政执法要求，而人工智能的应用将有助于行政执法更好的落实。无论是社会治理还是政府管理，其前提都是对管理对象信息的收集。在传统模式下，人们只能通过使用少量具有标志性的信息来制定公共政策，但这种做法终究有其局限性。但科技发展后，政府对于管理对象的信息有了新的、准确的收集渠道，这让我们以更低的成本获得了更高的效益。一个典型的例子就是，在人工智能系统、行政执法监测平台、信息收集系统的建构下，行政机关引入人工智能系统，引入视频监控、遥感、无人机、无人驾驶汽车、机器人等对管理对象进行更全面的信息收集。③ 对于违法行为、违法情节及幅度有更清晰的认知，以此避免人工模式下遇到的真相难以查明等种种问题。

（二）打造高效科学的数字政府

在信息化时代之下，技术与制度的结合是确保智能算法技术向善的必然选择，因此，"数字政府"已经成为当今政府建设的一个重要方向。对于政府来说，推动数字政府的建设有助于重塑政府治理结构、优化政府职能、革新治理理念。在互联网时代，信息成为一种尤为重要的资源，对数据资源的占有程度往往影响着政府决策的公平正义性及科学性。当今由于信息差的普遍存在，政府失灵的情况时有发生，想要消除这种信息差，让政府能够处理更大量、更繁杂的信息，从而掌握信息的主导权，就需要通过引入人工智能技术加以解决。数字政府平台为政府自身集聚数据资源提

① 徐骏、苗运卫：《智能辅助：破解环境刑事司法证据困局之匙》，载《常州大学学报（社会科学版）》2018年第2期，第20页。

② 宋华琳、孟李冕：《人工智能在行政治理中的作用及其法律控制》，载《湖南科技大学学报（社会科学版）》2018年第6期，第85页。

③ 宋华琳、孟李冕：《人工智能在行政治理中的作用及其法律控制》，载《湖南科技大学学报（社会科学版）》2018年第6期，第84页。

供了巨大的优势，以减少政府失灵的情况发生，帮助政府做出对于公众更加有利的行政决策。[①] 同时，人工智能的引入将极大提高行政工作的效率。例如，安徽省合肥市在 2019 年逐步推行个体工商户智能审批，申请者提交标准化材料后，机器自动审核出照。试运行仅一周时间，合肥市瑶海区自助办照的个体工商户数量就达到该区新设立个体工商户总数量的50%，极大提升了审批效率。[②]

阅读拓展

　　近年来，随着数字政府建设的逐步推进，越来越多的文件审批和行政审批都从原先的现场办理转变成线上无纸化办理。数字化后的业务流程大大地提高了不同审批部门之间业务流转效率。例如，上海市政府就引用达观科技研发的人工智能系统辅助行政工作，并在实践中获得了良好的效益。

　　该系统的运行方式为：申请端通过光学字符识别（OCR）＋自然语言处理（NLP）技术，自动提取、填写用户资料中的关键信息。同时，在审核端，机器代替人工自动完成行政审批中的审核工作，进而使审核人员可通过机器提示快速地完成复核，加快行政审批效率并为基层审核人员减负。几年来，这套技术在行政实践中取得了不错的效果。

　　据达观科技介绍，这套系统的亮点很多。首先，对于传统图片识别领域上的难题，达观自研的 OCR 算法模型可以通过校正图形、淡化印章、精准识别手写体技术等识别文件内容。其次，这套系统可以运用深度学习技术，针对不同地市各类版式的文档进行标注训练，通过大量样本训练形成具有泛化能力、能准确识别所有版式审批信息的 AI 模型。训练好的 AI 模型更准确地解构新版式的文档，达到举一反三的效果。其还可以通过运用机器视觉（CV）技术解决强验证码的校验问题。这一技术的引进，也为上海市人工智能行政应用带来了新愿景，也给行政工作注入了新的活力。[③]

---

　　① 王张华、颜佳华：《人工智能时代算法行政的公共性审视：基于"人机关系"的视野》，载《探索》2021 年第 4 期，第 93 页。

　　② 许一云、高星星：《浅析人工智能在行政领域的应用及其风险规制》，载《人民法治》2020 年第 19 期，第 36 - 39 页。

　　③ 王张华：《基于人工智能的政府治理模式变革研究》，湘潭大学 2020 年博士论文，第132 页。

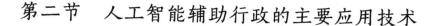

第二节　人工智能辅助行政的主要应用技术

人工智能科学的基础是人工神经网络。人工神经网络是一种依托现代计算机技术，充分利用生物研究技术发展成果，模仿生物神经网络行为特征，进行分布式并行信息处理的数学算法模型。[①] 根据中国电子技术标准化研究院编写的《人工智能标准化白皮书（2018 版）》归纳，目前人工智能标准体系包含："A　基础""B　平台／支撑""C　关键技术""D　产品及服务""E　应用""F　安全／伦理"六个部分。其中关键技术涉及计算机视觉、自然语言处理、人机交互、生物特征识别和 VR／AR 等。[②] 这些技术在实践中大展拳脚，为辅助行政做出了重要贡献。例如运用最为广泛的自然语言处理技术（natural language processing，NPL），就为其辅助的行政工作减少了大量不必要的人力物力资源的支出。但目前我国的人工智能产业发展尚未成熟，基础技术仍有许多待突破之处。

一、主要应用技术分析

（一）自然语言处理技术

自然语言处理技术是人工智能辅助行政最主要的应用技术之一。自然语言处理技术是通过给计算机配置大量不同语言知识，使其能够接受语言习惯各异的人们采用自然语言给它输入的命令，理解自然语言背后所要表达的主观意义，从而实现由一种语言向另一种语言的翻译等功能的相关技术的统称。[③] 作为与社会息息相关的一种管理手段，行政管理极其依赖语言表达和文字运用，而人的语言在各种语境之下有着非常丰富的含义，传统的信息平台只能按照表层含义分析指令意图，会在一定程度上造成误

① 林敏、陈洁宏：《海关行政执法自由裁量权人工智能辅助决策初探》，载《中国口岸科学技术》2020 年第 1 期，第 63－64 页。

② 中国电子技术标准化研究院编：《人工智能标准化白皮书（2018 版）》，见中国电子技术标准化研究院官网（http://www.cesi.ac.cn/images/edit or/20180124/20180124135528742.pdf），访问日期：2022 年 4 月 20 日。

③ 陈肇雄、高庆狮：《自然语言处理》，载《计算机研究与发展》1989 年第 11 期，第 1 页。

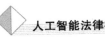

解，有时这些误解会产生很大的解决成本。因此，自然语言处理技术的存在是非常有必要的，在这种深度理解模式之下，人工智能能更有效地协助处理信息，减少语意理解上的失误。

在实践中，自然语言技术广泛被应用到行政执法当中。例如，上海政府引入的由达观科技开发的人工智能辅助系统就运用了此技术。其首先能够做到关键要素抽取，自动提取、填写需要审批资料中的关键信息。例如，抽取身份信息、信息编号，需要审批的事宜等。在自然语言处理技术的辅助下，其准确性和速度获得大幅度提高。对比传统模式，极大减少了人工审查所需要的时间和物质资料成本。其次，自然语言技术还能够将分属于不同板块的信息进行分类重组，重新将原有文本梳理成一份可看性较高的文件，为决策者提供更加科学清晰的辅助资料。

（二）语音识别技术

语音识别是人工智能使用最广泛的技术之一，其功能是将人类语音中的词汇内容转化为计算机可读的输入，例如案件和二进制编码等。不光是强人工智能，很多弱人工智能，例如手机语音助手、智能家电都应用了这一技术。在生活化的应用场景下，语音识别技术的出现使得人们甩掉键盘，通过识别语音中的要求、请求、命令或询问来作出正确的响应，这样既可以克服人工键盘输入速度慢、极易出差错的缺点，又可以缩短系统的反应时间，使人机交流变得简便易行。语音识别技术应用于行政，也能为其带来极大的便捷。

在有新冠肺炎疫情的大背景下，这一技术表现了尤为出色的作用。由于疫情限制，人们不方便再进行传统的面对面交流，这也为很多行政工作带来了不便。在这种情况下，成都市武侯区人民政府引入了集奥聚合公司研制的疫情防控机器人，用以辅助工作，取得了良好的效果。集奥聚合疫情防控机器人采用深度神经网络技术和语音识别技术，能够多线并发地进行全双工语音对话。在强大的技术加持下，实现了"全程无接触"的人工智能对话，进而进行人员信息的收集、回访、汇总、分类工作，协助政府单位、医疗机构、基层社区等快速完成疫情的重点人群筛查、防控与宣教等工作，最大限度降低因近距离接触而产生交叉感染的风险，为疫情防控和行政工作带来了极大的效益。

此外，人工智能语音技术在行政会议记录等场合也能够大放异彩。在传统模式下，会议记录等工作由工作人员手动录入，但人工输入的平均速度约为 150 字/分，很难跟上人的正常说话速度（约 200 字/分钟）。考虑到人在激动、紧张的时候语速会不自觉加快的情形，要想记录下所有发言就更加困难。同时，这种记录工作由于强度大、速度快，对行政人员来说是一个较大的负担。但人工智能的语音识别技术能够将听到的信息立刻转化为文字，在设定程序时抓取关键词，更可以提高准确率；庭审结束后，更能够做到快速检索、分类整理。现代计算机可以达到 7×24 小时不间断高效运行，这就为人工智能学习海量数据奠定了基础，不会出现由于长时间运作而速度下降的情况。语音识别技术还可以应用于自动口语翻译，即将口语识别技术、机器翻译技术、语音合成技术等相结合，可将一种语言的语音输入翻译为另一种语言的语音输出，实现跨语言交流。[1]

（三）自主学习技术

高级人工智能的核心技术之一就是机器自我学习技术。所谓机器学习，其运作原理就是利用计算机技术，对于采集的数据做计算分析，并通过不断改进计算方法来提高完成特定系统的准确性。这个特定系统即为学习算法，而机器学习则是将数据输入给学习算法，算法根据输入的数据生成计算模型。用另一组测试数据输入计算模型，该模型即可输出判断结果。[2] 换言之，就是人工智能经过机器学习之后，能够将普通数据输入其中，而后经过处理后，输出数据或者一个结果，供使用者参考。在许多行政决策中，人工智能学习技术的使用能够在众多草案的选择阶段就发挥预测作用，对科学决策、依法决策发挥重大作用。此外，行政机关也可以借助这一功能对行政相对人作出行政指导，减少人力物力的消耗。在未来，人工智能的自主学习技术发展到一定阶段后，人工智能甚至能够将输入辅助系统中梳理好的行政执法依据、行政裁量基准、行政执法流程、行政执法文书等信息整合出相应的执法决定，而不再需要人的控制。[3] 这有助于削减行政执法的成本，助力高效、智能、民主的政府建设。

---

① 禹琳琳：《语音识别技术及应用综述》，载《现代电子技术》2013 年第 13 期，第 45 页。

② 孟子流、李腾龙：《机器学习技术发展的综述与展望》，载《集成电路应用》2020 年第 10 期，第 56 页。

③ 袁雪石：《建构"互联网+"行政执法的新生态》，载《行政管理改革》2016 年第 3 期，第 37 页。

二、存在问题分析

（一）价值结构发生改变

庞大的政府机构有条不紊地运行的背后，是一套完整的价值体系的支撑。在传统的行政价值体系中，价值的主体是由需求各异的人组成的社会。作为客体，社会具有价值生产作用；作为主体，则具有价值需要功能；正因有主体性价值需要的满足，方能产生客体性价值。因此，行政价值的主体性是本体，而人是公共行政价值主体中的核心要素。客体是物，是为了满足价值主体的需要、创造精神物质文化的客体性价值而存在。[1]换言之，这套价值体系是"以人为本"的，人是维系这套价值体系的核心。但在数字时代到来后，人工智能的引入使得行政价值主体的地位受到了冲击。

首先，人类的独特地位是强大的学习和认知能力所赋予，当人工智能拥有自主学习技术、能够更新自我认知，且过多介入政治生活的时候，人的独特价值属性就会受到挑战；其次，人的价值在于对社会的贡献，这意味着人必须要积极参与到社会生活中，才能实现其本身的价值。但人工智能的介入会代替大量的基础性及管理性的工作，减少部分人的就业机会，对于人的独特权及认知独特性有所损害；再次，行政工作的价值并非仅仅在于对规则和权威的遵从，很多情况下更是处于一种道德的考量。人工智能也许能够在自主学习技术下较好地推行规则推理，但对于复杂的道德情感问题，人工智能能否运用算法逻辑做出正确合理的决定，则仍是一个未知的问题。如果不能，意味着人工智能在这类问题上有着难以避免的短板，如果可以，则会对传统价值判断形式和公共行政的本体概念造成巨大冲击。综上，人工智能虽然能够给行政带来巨大的便利，但同样也存在着众多与传统行政价值的矛盾冲突。

（二）权力边界模糊

除了对理论性问题的思考之外，人工智能介入行政所造成的实质性问

---

① 赫郑飞：《人工智能时代的行政价值：变革与调适》，载《中国行政管理》2020年第3期，第20页。

题更令每一个普通公民担忧。人们理想中的数字政府是公平、精确、高效率的服务者，然而在现实中往往存在潜在的算法偏见、歧视与不透明的情况。这些问题挑战着公众对于人工智能的信任底线，削减人类生存的价值基础。在算法情景下，行政实践关系可能是一种以协调人与人、人与机器甚至机器与机器之间的新型关系集合。传统围绕"人"建立起的公共关系崩塌，人类的话语权开始让位于程序代码的算法控制，走向被算法技术支配的过程。①"算法治理"和"算法支配"似乎只有一墙之隔。

首先，人工智能算法代替人工，意味着"私权力"将逐渐介入公权力的运行场域，因为再强大的人工智能，都要依托于高精尖技术公司，这些公司可以依据自己在资源上的独特优势陆续介入政府的公共行政职能，这种"入侵"将会潜移默化地重构传统的公共行政权力关系和权力结构，造成一种非常微妙的状态。此外，如果依托太多的行政职能在人工智能身上，那么原本以"人类权力"为核心的行政运行状态便会被算法权力撺掇。作为政府来说，能借助智能算法技术的强大优势实现对社会的有序和有效治理原本是一种理想情况，况且现阶段来看，"新兴技术公司与组织'分享'政府的管理权限，已经成为不争的事实。"②但观望长期发展，这对人类世界政治运行的稳定未必是一件好事，过多依赖人工智能治理，同样也会在某种程度上弱化政府的治理能力。为此，人类已经做了诸多努力来达到二者之间的平衡。不过，如果不能合理分配权力，划定权力边界，将会对社会公众的利益造成巨大的潜在风险。在界定权力边界一事上，需要做到清晰且谨慎。

（三）隐私信息泄露

人工智能介入行政，公众最关心的问题就是隐私泄露。政府作为一个国家行政权力的中心，其收集了大量的公民信息，这些信息一旦泄露，将会对个人的生活造成不可估量的影响。人工智能的一个巨大优势在于其能容纳和收集大量数据，且检索和分类功能都相当完备。有这种优势，其势必会收集海量数据作为大数据分析的前提。出于商业机密的保护需要，人

---

①　王张华、颜佳华：《人工智能时代算法行政的公共性审视：基于"人机关系"的视野》，载《探索》2021年第4期，第87页。

②　王张华、颜佳华：《人工智能时代算法行政的公共性审视：基于"人机关系"的视野》，载《探索》2021年第4期，第86页。

187

工智能算法系统的数据输入到模型输出的学习过程均存在着不透明性。以前政府想要采集一个人的人脸信息或者其他生物特征，大部分情况下都需要获得对方的同意和配合，更为重要的是，这些数据的提取是一次性的、离散的。但如今已经大为不同，政府可以大规模地、持续地在公共场合获得一个人的面部信息，而且不需要经过当事人的同意，甚至在当事人不知情的情况下就能获得数据。① 某种程度上，这有可能是侵犯公民隐私权的做法。并且，人工智能的开发者大部分仍隶属于高精尖企业，一旦企业利用这种独特优势有心收集、倒卖公民信息牟取不当利益，造成的社会影响是相当恶劣的。对于一些特定群体（如未成年儿童）而言，这些个人信息的泄露将会造成更大的影响，极有可能滋生拐卖等犯罪行为。近年来，收集用户数据倒卖的行为时有发生。例如，美国媒体就爆出 Spokeo，ZoomInfo，White Pages，PeopleSmart，Intelius，以及 PeopleFinders 等 121 家企业涉嫌进行用户数据倒卖，其中很多是赫赫有名的大公司。众人所皆知的 Facebook 公司就曾利用自己的独特优势，将用户信息用于美国大选，政治家借助媒体公司的力量，在用户不知情的情况下大范围监听、销售用户信息，在竞选中收集、挖掘、传播政治竞争对手私人信息，给用户隐私造成严重侵害。② 人们或许可以为了行政的高效和便利做出一定的牺牲，但这种退让的边界在哪里，则仍然需要出台完整的法律法规来规制。不应让政府的管理权限被私人剥夺，公众权益受到侵害。

实际上，我国已出台的《网络安全法》第四十五条就规定：依法负有网络安全监督管理职责的部门及其工作人员，必须对在履行职责中知悉的个人信息、隐私和商业秘密严格保密，不得泄露、出售或者非法向他人提供。但在技术公司垄断核心技术的研发之下，这种交易很多时候都存在于暗处。国家机关能否在短时间内发现、制止、惩罚仍然有待考量。从短期来看，人工智能的发展尚处在弱人工智能阶段，有些技术存在不确定性，成熟的人工智能法律制度的构建尚无基础和条件。但为适应人工智能技术发展的需要，应该在现行法律框架内进行完善和补充。③

如今，人工智能与公共行政的融合程度不断加深，这为公共行政带来

---

① 涂子沛：《数文明》，中信出版社 2018 年版，第 119 页。
② 夏梦颖：《人工智能传播环境下隐私权的法律保护及完善》，载《当代传播》2019 年第 5 期，第 88 页。
③ 夏梦颖：《人工智能传播环境下隐私权的法律保护及完善》，载《当代传播》2019 年第 5 期，第 89 页。

了不少便利之处，人们不再需要耗费大量人力物力去做繁重的数据收集工作，也不必在浩如烟海的文件中手动搜寻与分类。人工智能的加入将行政带入了新的数字化时代，让传统的公共行政也向着数字化、算法化的智慧形态发展，但这种"算法行政"模式冲击了原本由专业化知识而形成的"技能政府"模式。同时，伴随而来的算法歧视、隐私泄露等问题也不可忽视，如何解决这些问题并划定权力的边界，是新时代的重要课题。综上，人工智能发展关系未来人类共同命运，人工智能所带来的伦理价值问题更是全人类的共同问题，因此，加快国际合作，共同制定发展规范是大势所趋。我国在注重发展的同时，也应该放眼世界，加强与各国的合作，积极推动相关国际规范的制定，力图站在时代前沿。

第三节　人工智能行政的应用实例探析

一、福建省交通厅综合执法管理系统①

福建省交通厅综合执法管理系统由福建省交通科学技术研究所承建、福建惠舟信息科技有限公司参建，其运用 WebServer 程序于省交通厅综合执法办公网站，以完成协查通报、在线输入、快速查询等程序性工作。该系统有助于解决交通行业内的多头执法、人员庞杂、成本较高等问题，实现交通厅综合执法业务的跨部门、跨门类合作，提升整体业务的水平和效率。福建省交通厅综合执法系统的建立以"数字交通"工程的阶段性成功为前提，在覆盖全省的交通信息专网及交通通信信息中心的基础上进行建设，主要包括了综合执法案件（协查通报）管理、数据交换子系统、门户网站管理、远程执法、执法队伍管理、执法文书管理和辅助决策分析等子系统。

综合执法案件（协查通报）管理子系统的主要功能是把执法系统中涉及的文书、手续和流程等规范化程序转移到线上网站，主要涉及当事人和交通机关人员两类主体：前者可以通过该系统查询案件处理的流程进

---

① 惠舟科技：《福建省交通综合执法管理系统需求分析说明书》，见豆丁网（https://www.docin.com/p-109231520.html），访问日期：2022 年 4 月 20 日。

度，后者则可以就相关内容进行信息录入、报表处理等业务活动。该平台的运行主要围绕着 Setvlet 和 Model 展开：设置一个主控的 Setvlet，接受所有用户请求的 Jsp 页面并进行关联，以响应用户事件。同时，在 Model 所存储的数据和业务规则处理信息库中，检索出相应内容提供服务并进行处理。

数据交换子系统的主要功能是数据抽取服务、数据集成服务、网络传输服务、系统监控服务和配置管理控制台。其将不同地区、部门、业务管理系统中的数据汇聚到省厅基础信息数据库，并进行分类、统计、分析，为远程执法、辅助决策、电子政务等其他子系统提供信息数据支持，并共享至各执法部门单位，实现跨部门合作，改善"信息孤岛"的局面。其中数据抽取服务包括集中策略管理、抽取原始数据、数据源客户端管理和数据收发服务。数据集成服务包括中心基础数据维护、中心数据装载、中心数据目录更新、中心数据交换、数据报文管理和数据清洗。网络传输服务包括有线传输、无线传输、文件导入导出、数据库安全访问代理和传输优化配置。系统监控服务包括数据集成监控、数据交换监控和监控数据处理。配置管理控制台包括用户管理、系统配置、日志分析和数据交换跟踪。该系统主要运用 Java Bean 进行数据传递，同时以大数据和搜索引擎服务支持用户经由 Jsp 页面发出的请求。

门户网站管理子系统包括执法动态、法规政策、举报投诉、政务公开、便民服务等栏目，以及网站访问管理等管理性模块。其运用 J2EE 技术体系实现了系统内部的三层架构，分别为表示层、应用层和数据层，同时包括安全平台、监控管理和配置平台的基础服务支撑。表示层包括交通介绍、便民服务、执法动态等栏目内容，经由 Web 接入层将界面中的可处理对象传递到业务组件层进行处理和调度。业务组件层中的业务逻辑规则是以模块化的方式存在，包含交通介绍业务模块、便民服务业务模块、执法动态业务模块等，与数据接口层进行对接。数据接口层包含数据库访问接口、邮件系统接口及其他系统接口，将系统中的各类数据、技术体系进行技术上的屏蔽，实现对业务组件层的信息提供的透明性。数据层为最后访问的层级，其访问内容包含数据级和应用级，具有可延展性，有利于适应未来系统的变化。

远程执法子系统主要以客户端的形式服务于执法人员，完成执法人员在异地离线地进行各种数据资料的上传、下载和查看，其采用的主要技术为 Socket 技术、FTP 技术和 Web Start 技术。执法人员使用该系统时，从交通厅的 Web 服务器上发出请求，综合执法系统即对人员进行认证；通过认证后，执法人员可以从本地录入案件，在联网时上传到相关目录中，并进行正误信息的筛选；信息上传后，远程执法子系统在联网模式下通过 Socket 方式向信息中心发送消息，实时通讯服务器通知应用服务器处理该业务请求；应用服务器从文件服务器中获取相关信息，并向实时通讯服务器通知处理结果，后者将结果返回到执法人员客户端。

福建省交通厅综合执法系统的上线，充分拓展了基层执法单位的服务内容和服务方式，提高了执法人员对案件信息和盘查对象的信息掌握程度，统一了文书格式、处理程序、数据存储格式等，实现了执法工作的规范化、先进化和创新化。

二、北京市亦庄区"战疫金盾"系统①

2020 年，新冠肺炎疫情突然暴发，面对突如其来的疫情，基层组织成了落实中央政策、构筑群防群治的防疫战线的重要力量。基于基层防疫的紧迫性和复杂性，北京经济技术开发区工委宣传文化部牵头，北京亦庄一站式融媒平台尚亦城 App 团队统筹协调，共同推进智能大数据防控治理平台"战疫金盾"全面上线。该平台依托大数据、人工智能等科学技术，对防疫数据进行可视化分析，实现精准的"网格化管理"，同时不断随疫情防控实际情况更新版本，逐渐将平台功能覆盖至政策传达、数据收集、信息排查、动态管理、检测预警等多个方面，为基层抗疫管理提供了坚实的技术支撑。从总体上看，该系统主要由一个聚合平台、四大主系统和五个应用层子系统组成。

该聚合平台面向公众，统一信息集合入口，将涉及基层社区防疫的多方面信息收集整合，包括中央政策方针、公共社区服务、居民防疫指南、企业服务通道等多元内容。大量繁复的数据基底依赖于人工智能的分流筛选，通过大数据分析能力、联邦数字网关技术和 AI 模块化算法模型，聚合多元数据、分流同类信息、筛选同质内容，由此实现平台信息存储和发布的类型化、规范化和精准化。

"战疫金盾"的主系统主要位于中后段，包括防疫布控小程序、企业

---

① 北京市亦庄融媒体中心：《战疫金盾》，见全国党媒信息公开平台（https://www. hubpd. com/c/2020-04-16/956738. shtml），访问日期：2022 年 4 月 20 日。

护航系统、报表管理系统和防控指挥平台四个部分。防疫布控小程序通过收集全区人员健康信息记录出行数据，实现精准布控；企业护航系统收集整理全区企业数据，完善系统报备并助力企业复工复产；报表管理系统绘制图表，将部门数据可视化，推动行政执法部门多维度精准施策帮扶；防控指挥平台涵括人群、企业、经济三大数据分析平台，满足全域数据可视化的需求，有效提高决策效率和针对性。

防疫物资调度系统联结多家服务企业，高效有序调配口罩等物资发放，增强企业员工复工复产的积极性，缓解疫情管理人员短缺的困境；工地防疫报备系统聚合复工的项目、场域、人员、物资等全方位的信息，实现复工工地的统一管控，为智慧工地贯穿全生命周期的信息物质纽带提供了可参数化的管理调控；周转住房申报系统联动多个相关部门，有效解决复工复产下的住房周转申报难、审批满等难题，实现一键申报下的快速办理，助力企业复工复产；楼长疫情巡查系统整合全楼的企业问题整改情况，将疫情防控监督可视化和平面化，以便于进行针对性的督促警告，明确责任主体，提升企业承担责任的自觉性；药品管理联动系统对购买人员和库存销量信息进行备份上报，实时监控特殊药品的购买情况和流向，有效提升食药监局及商务金融局等政府部门对基层疫情防控数据的掌握度。

"战疫金盾"的全面上线运行，是智能城市业务在特殊疫情当下的最新科技化成果。作为底层的技术基础，"智能城市操作系统"提供的大数据分析贯通时间和空间两个维度，相较于传统的数据处理方式，它的速度已达到原来的 10 ～100 倍。通过数据整合、监管预测、联动指挥等环节，打通居民、企业、社区等诸多主体之间的信息数据共享通道，打造了一个互通互联的社会治理信息共享平台，能够在短时间内对居民信息、企业生产等庞杂数据进行归类和分析。在居民端，其通过构建"一网式"的疫情防控服务平台，满足百姓在特殊时期的生活需求，从而保障企业的复产复工，实现高效的防疫鼓励管理；在行政端，其以图表的方式展现疫情防控的趋势，进行状态监测和结果预测，以便行政部门人员了解城市抗疫的基本情况，获取信息数据支撑，以此进行科学决策，有效领导基层防疫工作。在平台上线后，"战疫金盾"先后被人民网、央视新闻、北京电视台等媒体赞扬，并被其他地区借鉴推行。

本章思考题

结合第三节提到的两个案例，分析人工智能运用于行政执法活动中可能面临的问题，并探讨相应的解决方案。

第九章　人工智能与司法审判

在互联网、人工智能、大数据等现代科技急剧发展的当下，提升司法审判程序中的智能化、数字化水平成了当前司法程序现代化的时代需求。随着人工智能在智慧法院、智慧检务等重点应用场域的全面开展，北京、上海、河北等地陆续推出了基于人工智能技术的导航、研判和辅助办案系统，为司法人员的案件审理提供了较为完善的类案检索支持和信息数据支撑，有效提高了司法程序的规范性和结案率。当前，据现有的司法智能化实践和经验分析，人工智能介入司法程序的特征主要体现为司法运行平台化、诉讼服务电子化、流程节点可视化、民事裁判智能化、管辖案件涉网化、司法监督智能化等。这些系统流程的优化在很大程度上减少了重复资源的投入，更符合经济性原则，从而在短时内替代大部分的人工作业。但作为一种从现实场域走向虚拟空间的新型审判模式，司法智能化在实践过程中难免面临着来自法律审判原则、司法交互工具等诸多方面的质疑和挑战。受制于资金、数据、技术和价值等方面的限制，目前人工智能在司法领域的运用仍旧以人工为主、智能为辅，未在某一程序上出现以人工智能全面代替司法人员的情形。

第一节　人工智能参与司法审判的应用现状

一、人工智能司法的应用地域

（一）国内应用情况

在 20 世纪 80 年代，我国已经开始进行人工智能的司法运用，研发法律专家系统，如"罪行综合平衡与电脑辅助量刑专家系统""实用刑法专家系统""LOA 律师办公自动化系统"①。随着人工智能、区块链、大数据等新兴技术的发展，司法审理中的信息数据收集、整合与分析逐渐趋向便捷智能。我国在近些年来逐渐意识到人工智能在司法领域的良好发展前景，并通过试点的方式逐渐将其应用于实践中，其主要包括智慧法院和智慧检务。

其一，智慧法院。所谓"智慧法院"，即以提高司法效率和水平为目标，以安全可信为特征，以数据共享为手段，运用人工智能、大数据等科学技术促进司法公正化和审理高效化的信息化系统。

该概念于我国首次提出是在 2015 年 7 月的全国高级法院院长座谈会上。会议指出，司法改革和信息化建设作为人民司法事业发展的两大重要组成部分，二者的深度融合是我国未来司法发展的大势所趋。2016 年 11 月，在第三届世界互联网大会上，最高人民法院所组织的"智能法院暨网络法治论坛"向公众描绘建设智慧法院的美好愿景，并表明建设的决心。在最高人民法院的大力推动下，地方各级法院都开始了相关的司法改进探索。② 2017 年 7 月 8 日，国务院在《新一代人工智能发展规划》中指出，应大力推动智慧法院的建设，建设集审判、人员、数据应用、司法公开和动态监控于一体的智慧法庭数据平台，促进人工智能在证据收集、案例分析、法律文件阅读与分析中的应用，实现法院审判体系和审判能力智能化。2018 年 1 月 5 日，智慧法院导航系统和类案智能推送系统全面上线运行，实现了全国各地的法院及派出法院的信息数据共享共通、公开流转，打破司法机关和公民之间的信息壁垒，不断拓展人工智能应用的深度和广度，提升司法审判的正义性。据目前智慧法院的建设成果来看，全国各级法院都积极参与研制了多种司法人工智能辅助系统和装备，如北京市高级人民法院的"睿法官"智能研判系统、上海市司法系统的"上海刑事案件智能辅助办案系统（206 工程）"、江苏省检察院的"案管机器人"、苏州法院的"智慧审判苏州模式"等。③

其二，智慧检务。所谓"智慧检务"，即运用大数据、云计算、移动互联网、人工智能等信息技术，提高司法机关服务决策的智能化水平，对

①　于敏：《浅议大数据、人工智能在刑事辩护中的应用》，见尚权律师事务所官网（http://www.sqxb.com/2020/ltlw_0710/419.html），访问日期：2022 年 3 月 20 日。

②　徐骏：《智慧法院的法理审思》，载《法学》2017 年第 3 期，第 55 - 64 页。

③　魏斌：《司法人工智能融入司法改革的难题与路径》，载《现代法学》2021 年第 3 期，第 3 - 23 页。

内服务司法审理，对外服务人民群众的一种检务运营模式。2015 年是我国智慧检务发展中具有重要里程碑意义的一年，该年 7 月 3 日，最高人民检察院的"互联网＋检查工作"座谈会首次提出"智慧检务"的概念。2016 年 12 月 15 日，国务院在《"十三五"国家信息化规划》提出，当前应大力推送"科技强检"战略的落实，积极打造"智慧检务"。2017 年 9 月 26 日，全国检察机关智慧检务工作会议明确阐释了智慧检务的具体含义。

　　2018 年 6 月 4 日，在检察机关智能辅助办案系统建设工作座谈会上，最高人民检察院党委书记、检察长张军强调："智慧检务的建设要聚焦科学化、智能化和人性化。"① 科学化，即以新时代中国特色社会主义建设和发展规律作为指导，实现司法和行政部门的信息共享，适度使用智能手段审理案件，规避过度依赖导致的机械办案和过少应用导致的效率低下。智能化，即深刻认识科学技术的规律和衍生应用，科学看待自然科学和社会科学的辩证关系，将感性的个人需求和理性的程序涉及相结合，实现技术和业务的协调发展、工具和智慧的统筹进步。人性化，即充分考虑使用者的便捷性，贯彻开放、监督、可持续等理念，鼓励创新实践，各级司法机关在统一平台上交流智慧检务开发运用的新成果。此外，张军还指出，人才队伍和机构建设的保障也需要同步跟进，设立研究机构，培养专业人才与相关职能部门联动，与检察机关的内设机构改革协同。

　　目前，智慧检务所介入的司法领域主要有智能语音辅助询问、基于机器学习和自然语言处理的智能办案辅助系统、计算机视觉应用等。② 借助自然语言的学习，机器能够运用神经网络技术的分析，从已有的案卷和司法判例中总结司法审判的规律，同时辅以大数据帮助司法人员决策办案、规范司法标准，形成统一开放的集成化智能辅助系统。在这种新型的运营模式下，司法机关可以有效提升公民寻求司法援助的便捷性，维护公民对于案件相关信息的知情权，提升司法机关的公信力，促进司法工作的现代化发展。

---

① 《张军在检察机关智能辅助办案系统建设工作座谈会上强调，智慧检务建设要聚焦科学化智能化人性化》，载《人民检察》2018 年第 12 期，第 1 页。
② 陶建平：《"智慧检务"建设的分析与展望》，载《中国检察官》2020 年第 1 期，第 69－72 页。

（二）国外应用情况

相较于我国，国外将人工智能应用于司法实践的时间会更早，早在20世纪70年代，美国等国家便以人工智能技术作为基础，推出了基于人工智能技术的法律推理系统、法律分析模拟系统和专家系统等应用于司法审理中。2016年，欧洲司法效率委员会（the European Commission for the Efficiency of Justice，CEPEJ）发布的第24期报告《欧洲法院信息技术的运用》中显示，欧洲已有超过40个国家和地区的法院将信息化技术融入司法实践中，其表现形式包括但不限于计算机辅助记录、案件追踪管理系统、在线法院、电子卷宗、在线庭审听证等。[①] 除了欧洲之外，还有新加坡的电子申诉、俄罗斯的电子文件流转仲裁员、韩国的交互式互助网络，等等。

欧洲司法效率委员会在智能司法的发展层面具有较为清晰确切的规划路线。近年来，该委员会一直在细化针对人工智能与司法融合的规划，其中包括共有27个成员国，涉及多项信息技术和人工智能的应用。2018年12月，司法质量工作组（CEPEJ-GT-QUAL）所编写的《在司法系统及其环境中使用人工智能的欧洲伦理宪章》（简称《欧洲伦理宪章》）通过了CEPEJ的决议，即全球首份司法领域关于人工智能的伦理宪章，提出了"尊重基本权利""不歧视""质量和安全""透明度、公正性和公平性"和"在用户的控制下"五大原则。[②] 2019年12月，欧洲司法效率委员会在第33次全体会议上决定成立网络司法与人工智能工作组，负责信息技术和人工智能在司法领域的融合推进。2020年1月，《欧洲伦理宪章》就网络司法与人工智能工作组的工作模式做出了具体的规定，工作组的主要任务是以信息与通信技术、人工智能作为技术框架，开发智能司法工具，为司法人员、法律专业人士和法律援助需求者提供保障，从而提高司法审判的公正性。2020年12月8日，CEPEJ在第34次全体会议上通过了该工作组的新阶段工作路线图。会议指出，在未来发展中，应评估并均衡成员国的智能司法水平、建立互联互通的实践数据库，其中应重点关注电子文件的生命周期、在线执行程序和有关组织间的协调工作，并适时引入区块

① 戴曙：《民事司法的数字化变革与重塑》，华东政法大学2021年博士学位论文。

② 陈志宏：《欧洲司法效率委员会关于信息化的路线图》，载《中国审判》2021年第1期，第62－63页。

链等新技术。

二、人工智能司法的重点应用技术

（一）区块链技术

在我国目前的智能司法实践中，区块链技术的应用较为广泛和高效，主要围绕着案件证据的收集和分析开展。区块链技术，泛指基于区块链技术的一切证明材料，包括区块链生成、存储与核验的证据。区块链记录，即区块链技术增强真实性的主要数据，基于"区块"和"链"信息，对案件中的争议性数据提出解读性意见。[①] 区块链数据，指将个人收集或第三方存取证平台获得的证明材料上链后所存放的内容。而解读性意见则具有多元形式，包括多种机构对证明材料的意见，如法院的审查判断结果、鉴定机构的鉴定意见、第三方平台的技术认证、专家判断等。相较于传统的存证方式，区块链技术等新兴技术参与下的电子数据在近年的司法实践中更受青睐。在日益增长的案件和海量数据面前，传统方式逐渐暴露出成本高、耗时长、证明力不足等弊端，而区块链技术参与下的电子证据，具有不可篡改、不可抵赖、多方参与等特性，[②] 在厘清复杂案件事实、有效运用异构证据办案方面具有鲜明的实践优势。

针对电子数据在司法实践中的应用，我国从 2012 年起陆续通过《中华人民共和国民事诉讼法》《中华人民共和国刑事诉讼法》《电子签名法》等法律。2018 年 9 月 13 日，最高人民法院在《关于互联网法院审理案件若干问题的规定》第十一条中指出，"当事人提交的电子数据，通过电子签名、可信时间戳、哈希值校验、区块链等证据收集、固定和防篡改的技术手段或者通过电子取证存证平台认证，能够证明其真实性的，互联网法院应当确认。"自 2012 年《中华人民共和国诉讼法解释》明确规定使用电子数据的条件以来，近十年电子数据在司法层面的应用逐年增加，在知识产权相关的行政案件和民事案件中的上升趋势尤为明显。据 2020 年《中国电子证据应用白皮书》显示，截至 2020 年 12 月，受疫情和前沿技术发展的影响，移动公证电子证据取证用户规模已达到 9000 万，连续 5

---

① 刘品新：《论区块链证据》，载《法学研究》2021 年第 6 期，第 130 – 148 页。
② 《区块链司法存证应用白皮书》，2019 年 6 月。

年保持增长状态，近六成的维权者都在首次取证中选择移动公证。

基于区块链技术的快速发展，我国在中央和地方都建立了符合当地司法实践特征的相关智慧司法平台。在中央，最高人民法院建设人民法院司法区块链统一平台，纳入多级多省市的数十家法院，已完成了国家授时中心、多元纠纷调解平台、公证处、司法鉴定中心等 27 个节点的建设。截至 2020 年底，司法区块链平台共有内网端 14 个节点、互联网端 35 个节点，合计上链数据超过 6.02 亿条。① 2022 年 1 月，最高人民法院举行"区块链在司法领域应用研讨会暨信息技术与法治建设科学与技术前沿论坛"，针对司法区块链平台发展做出最新指导。最高人民法院院长周强强调，应加强平台建设，数据统一上链，打通不同环节和系统之间的"数据孤岛"，降低数据关联成本，提升数据的安全可靠性。同时，会议指出，在司法区块链"骨架"基本搭建的基础上，应加快推动区块链技术在司法应用层面的实践，最高人民法院信息中心数据管理处处长陈宝贵将其概括为三大应用场景，分别为司法服务管理、服务审判执行和服务人民群众。

相较于中央的区块链统一平台，地方的区块链创新应用则较为丰富。如杭州互联网法院的"司法区块链"，拥有加密算法及数字证书保证等技术，能够辅助证据链举证及侵权检测等工作，解决数字版权、金融合约、网络服务合同等纠纷类型；如北京互联网法院的"天平链"，联合北京市高级人民法院、鉴定中心、公证处，以及央企、金融机构等 20 家单位作为节点，实现事前评估、事前上链和事后勘验的全流程参与，对接简单且安全性高；又如广州互联网法院的"网通法链"，广泛融合专业领头企业，构建"一链两平台"的智慧信用生态体系，实行生态共建的多方监督，具有电子数据接入管理、存证数据规范对接、智能合约加密保护等多元功能。此外，吉林、山东、天津、河南、四川等 12 个省（市）的高级人民法院、中级人民法院、基层法院均已上线了区块链电子证据平台。②

（二）5G 技术

5G 技术在司法层面的运用主要集中在智慧法院的建设中。在最高人

---

① 《〈法治蓝皮书·中国法院信息化发展报告（2022）〉在京发布》，中国法学网（http://iolaw.cssn.cn/xshy/202207/t20220701-5415154.shtml），访问时间：2022 年 8 月 14 日。

② 杨东、徐信予：《区块链与法院工作创新：构建数据共享的司法信用体系》，载《法律适用》2020 年第 1 期，第 12 - 22 页。

民法院网络安全和信息化领导小组 2018 年第二次全体会议上，最高人民法院院长周强强调应扎实推进智慧法院建设。至 2018 年底，工业和信息化部许可三大通信运营商在全国开展 5G 移动通信系统试验。① 5G 技术在互联网法院中的运用逐渐具有更为坚实的技术基础，呈现出良好的发展前景。

　　5G 网络介入司法层面的意义主要体现在数据传输、司法服务、网络庭审、终端设备等方面。② 在数据传输方面，5G 网络的峰值理论传输速度可达 20 Gbps，合 2.5 GB/s，比 4G 网络的传输速度快 10 倍以上。其可以在很大程度上提升法院内部和法院与其他机关之间的数据传输速度，打破各职能部门之间的数据鸿沟，并进行跨越式的收集、检索和分析，以低成本实现高利用率。在司法服务方面，5G 技术的发展带动虚拟助手的性能优化改善，从大厅服务的固定端到网站咨询的移动端，从立案咨询到判后回访，实现全流程、多平台、多地点的司法服务优化，延长司法服务时限，变革服务模式，提升服务效能，更高效地满足公民的司法诉求。在网络庭审方面，5G 网络的快速传输速度能够在一定程度上破解之前在线庭审的传输延迟、仪式感缺失等困境，以裸眼 3D、全息投影等技术高度还原现场庭审，全面推进在线庭审在全国范围内的推广，减少跨省诉讼的繁复程序。在终端设备层面，5G 技术的迅速推广推动多功能终端的多元化，如法官智能留言系统、诉讼阅卷自助终端、智能导诉指引、三位路径导航等终端服务，集成检索、识别、分析等多重功能，使数据互联变的高效，合法维护诉讼人权益。而执法人员在办案中采用的 UWB 手环，也能够利用 5G 技术的快速传播特点实现人员背景核查及异常行为的监控和实时预警，及时生成活动轨迹，实现对可疑人员的针对化管理，确保办案的精细化、系统化、规范化和现代化。

　　此外，在部分诉讼服务中，5G 技术还能与其他科技相结合，不断创造新型的司法服务形式。借助 VR 产业基地落户南昌的契机，江西省南昌市中级人民法院率先进行了尝试，实现 5G 信号保障下的 3D 虚拟诉讼服务中心。2019 年 3 月 4 日，对万某华等 3 人恶势力团伙案进行二审公开

---

① 彭云翔：《5G 网络与智慧法院建设相融合的展望》，见中国法院网（https://www.china-court.org/article/detail/2019/08/id/4297287.shtml），访问日期：2022 年 2 月 19 日。

② 彭云翔：《5G 网络与智慧法院建设相融合的展望》，见中国法院网（https://www.china-court.org/article/detail/2019/08/id/4297287.shtml），访问日期：2022 年 2 月 20 日。

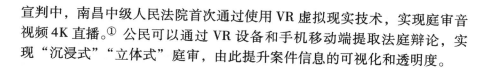

宣判中，南昌中级人民法院首次通过使用 VR 虚拟现实技术，实现庭审音视频 4K 直播。① 公民可以通过 VR 设备和手机移动端提取法庭辩论，实现"沉浸式""立体式"庭审，由此提升案件信息的可视化和透明度。

三、人工智能司法的应用实例

（一）智慧法院

线上法院在我国的智能司法实践中开始得较早。1996 年，最高人民法院下发的《全国法院计算机信息网络建设规划》标志着人民法院信息化建设的起步。在第九个五年计划期间，北京、辽宁、上海、江苏、福建、河南、广东、海南省（市）的八家高级人民法院就已完成了计算机局域网络建设，基本实现审判全流程管理的信息化。② 在第十个五年计划期间，数字法庭建设开始起步，至 2013 年底，全国科技法院已经超过 9000 个。截至 2022 年 3 月，据中国庭审公开网统计数据显示，全国累计在线庭审直播数量已经达 1809 万场，其中最高法院累计直播数超 7000 场，尤其是在近两年疫情防控的特殊阶段，在线庭审日渐成为智能司法应用的热点。目前，我国已有 31 个省、直辖市、自治区开通线上直播庭审，并提供庭审预告、案件回顾、重大案件分析等服务。

以广州互联网法院为例，2018 年，中央全面深化改革委员会审议通过《关于增设北京互联网法院、广州互联网法院的方案》，同年 9 月，广州互联网法院正式挂牌成立，通过建设遵循互联网规律的新型技术平台、裁判规则和治理规则等，不断创新智慧办案系统的运营模式，全面优化在线诉讼服务，提升网上庭审的有效性和快捷性。该法院运用 5G、人工智能、富媒体等技术，开发了诉服平台、审务公开、执行公开、审判公开、数据公开等若干个子平台，不断优化"一核多平台"及"一站式诉讼服务中心"建设。其中，诉服平台下细分为立案指南、诉讼指南、诉讼流程、诉讼常识和诉讼文书等五个板块，为居民的线上诉讼流程提供智能指

---

① 罗嘉辉：《全省首次！南昌中院使用 VR 直播庭审》，见江西省南昌市中级人民法院网（http://nczy.chinacourt.gov.cn/article/detail/2019/03/id/3751202.shtml），访问日期：2022 年 2 月 23 日。

② 孙航：《智慧法院：为公平正义助力加速》，载《人民法院报》2019 年 9 月 18 日，第 1 版。

引，对当事人和公众等不同主体提供针对性服务，满足基本的诉讼服务需求。

除此之外，广州互联网法院还就历年所审理的具有时代意义的案件研发针对性系统，如针对网络著作权纠纷全要素审判的"ZHI 系统"。该系统具有一键 5G 批量立案、全网域链上存证、侵权证据智能比对、裁判文书智能生成等多项功能，能够实现案件庭审时长和审理期限的同步下降，有效避免了举证困难、成本较高、赔偿不足等问题。① 如针对数字金融协同共治的"Rong"平台，它具有规划审查、在线诉前批量化解、在线司法确认、电子支付令等功能，能够完善受理、催告、和解、调解、支付令等流程的在线办理程序，实现多主体共同治理的高效纠纷化解机制。② 如针对被执行人履行能力的"E 链云镜"智能执行分析系统，它具有人物画像、AI 执行、动态预警等功能，能构建"静态数据＋动态行为"的分析模型，针对被执行人的个人信息和社会行为进行全方面监控，实现精准画像，保证胜诉当事人的合法权益。③ 又如针对企业机构线上纠纷的"枫桥 E 站"，依托"网通法链"智慧信用生态系统，实现数据流向的全程记录，建立数据查询、应用的机制，实现案件诉源治理机制的全面完善和纠纷的一站式化解。④

据相关统计数据显示，自该法院建立以来，已经取得良好的质效，截至 2021 年 9 月 24 日，该院共受理案件 147694 件，审结 134500 件，一审服判息诉率 98.42%，自动履行率 88.72%，办案质效持续向好。

---

① 广州互联网法院：《广州互联网法院研发网络著作权纠纷全要素审判"ZHI 系统"》，见广州互联网法院网（https://gzinternetcourt.gov.cn/#/articleDetail? id = uzpj9c02270cf9z5xoi1 qrf2ygdjkffg&titleType = judicialInnovation&type = InnovationInitiative&apiType = routine），访问日期：2022 年 5 月 3 日。

② 广州互联网法院：《数字金融协同共治"Rong"平台》，见广州互联网法院网（https://gzinternetcourt.gov.cn/#/articleDetail? id = 3c4b7c30495242e5b035d3642cf6c716&titleType = judicial Innovation&type = InnovationInitiative&apiType = routine），访问日期：2022 年 5 月 3 日。

③ 广州互联网法院：《"E 链云镜"智能执行分析系统》，见广州互联网法院网（https://gzinternetcourt.gov.cn/#/articleDetail? id = a5ad1a6891104e449d408f9b4f79088e&titleType = judicial Innovation&type = InnovationInitiative&apiType = routine），访问日期：2022 年 5 月 3 日。

④ 广州互联网法院：《线上解纷站点："枫桥 E 站"》，见广州互联网法院网（https://gzinternetcourt.gov.cn/#/articleDetail? id = 9291e9ac80bf4c0487225e770376d484&titleType = judicial Innovation&type = InnovationInitiative&apiType = routine），访问日期：2022 年 5 月 3 日。

（二）中国移动微法院

移动微法院是智慧法院建设成果下沉到基层司法服务的重点领域之一。2022 年 2 月 22 日，最高人民法院发布《人民法院在线运行规则》（以下简称《运行规则》），针对智慧法院建设应用成果，进一步详细规范移动微法院等智慧法院建设的应用方式和运行管理，方便居民参与"指尖法院"的诉讼、调解等活动，同步提升司法审判工作的质效。据最高人民法院信息中心副主任孙福辉的回答，全国已有 3500 多家法院构建并联通了以中国移动微法院、人民法院调解平台等为载体的在线诉讼和调解平台。中国移动微法院已经处理审判立案申请 1179 万余件，执行立案申请 310 万余件。①

中国移动微法院是法院全流程移动办案应用系统的微信小程序。其起源于浙江宁波，2018 年在余姚法院试点，逐渐在宁波市两级法院及全省推广。2019 年 3 月，最高人民法院基于浙江法院的实践基础，在宁波市召开"中国移动微法院"的试点推进会，将试点范围从浙江省扩大到北京、上海、吉林、辽宁、河北等 12 个省（市）区。该小程序具有立案、调解、送达、庭审等多元功能，分为多元调解、手机阅卷、法规查询、移动执行、网上保全、网上鉴定、网上信访、旁听预约等子程序。多元调解程序分为在线服务、在线调解和在线立案三个部分，能够针对当事人提交的问题进行智能咨询和在线评估风险，并进行相关法条检索和类案查询，就不同种类案情的基本内容制作问卷，根据当事人的填写情况提供分析报告，以此提高纠纷处理的效率。网上保全程序分为保全和担保服务，能实现网上保全一键申请、快速审批、在线裁定的一站式服务，并提供覆盖全国的网上担保服务，具有一定的权威性，能够高效快捷地进行报价、出函等流程。网上鉴定程序分为远程摇号、远程文书签字等程序，在将审计、鉴定、检验、评估等流程等数据录入平台后，委托给专业机构，实现一站式委托。网上信访程序分文书模板、法律法规、常用工具等模块，针对不同案件类型提供文书撰写指导，并外接元典智库智能检索系统以支持相关法条的查询。

---

① 高鑫：《最高法：将推进中国移动微法院升级为人民法院在线服务》，见 MSN 官网（https://www.msn.cn/zh-cn/news/national/最高法 – 将推进中国移动为法院升级为人民法院在线服务/ar-AAU950b），访问日期：2022 年 4 月 2 日。

移动微法院在全国范围内的普及，在一定程度上改善了部分地区较为不便的司法模式。先前的法院需要通过开车、坐船等方式开展巡回审判，出现"车载法庭""江上法庭"等就地审判的模式，而"中国移动微法院"的上线运行，使"江上诉讼"变为"云上诉讼"。当事人仅需要一部手机便可以进行证据提交、在线辩论、申请执行等程序，不仅节省公民在诉讼期间的时间成本和交通成本，也压缩了司法人员在办案期间的程序性工作用时，从而节省司法资源，贯彻司法经济性原则。在司法信息化发展的新阶段，为顺应《运行规则》要求，中国移动微法院将升级为"人民法院在线服务"，作为在线法院服务的总入口，集成整合调解、立案、阅卷、送达、保全、鉴定等诉讼服务功能和智慧服务相关功能，① 实现"一站式"服务，彰显了"以人民为中心"的时代理念在司法层面的贯彻运用。

（三）公益诉讼大数据平台

放眼全国，智能检务在公益诉讼方面的应用愈发普遍，福建、四川、江苏、内蒙古等多个省份（自治区）都建立了相应的公益诉讼大数据平台。此类平台可以通过收集互联网上的海量公益诉讼数据，将碎片化、无序化的信息体系化、有序化，并进行筛选分流和评估研判，帮助司法机关确定侵害公共利益的适格原告主体，为司法审理提供科技化、效率化的技术服务支撑。

以内蒙古为例，2019 年起，呼和浩特铁路运输检察院分院认真贯彻落实自治区检察院党组织决策部署，将公益诉讼作为自己的核心业务，立足全局，统筹推进线索整合、系统改革、案件审理等系统性改革。2022年初，呼和浩特铁路运输检察分院的"法眼"公益诉讼大数据应用平台正式上线运行。自 2021 年 11 月试运行至正式上线运行，该平台已经针对公益诉讼的不同类型进行相应线索的检索整合，并智能推送线索 400 余条，通过研判认定后的部分线索即可导入公益诉讼的办案程序，以此提供司法审理方面的辅助。该平台主要运用大数据、人工智能、数据可视化、区块立案、云服务、爬虫技术及 OCR 等先进技术，针对公益诉讼中证明资料收集、证据司法鉴定、材料修复监督的"三难"问题，设立"源、

---

① 《推进在线诉讼、在线调解，最高法发布〈人民法院在线运行规则〉》，见新华网（http://www.news.cn/legal/2022-02/22/c_1128405627.htm），访问日期：2022 年 3 月 5 日。

流、智、慧、音"5个模块，下分案源采集办案指挥、流程管理、智能推送等14个子系统，集检索、宣传、智慧、监督、教育等多元功能为一体，实现多方面、全流程的公益诉讼数据辅助。①

平台的革新意义主要集中于线索方面。针对不同模块的公益诉讼线索，其能够在整合海量数据的基础上，进行自动抓取、快速识别、评估研判和集中展示等操作，为办案人员的线索筛查评定工作减轻负担，提高工作质量和效率。在收集效率层面，旧有的以铁路单位和公益诉讼联络员为主体的人员收集报送体制具有耗时耗力、类型单一、质量低下等弊端，而"法眼"能够充分整合互联网消息、媒体报道、群众举报等新型案源，提升线索的精确度和适配性。在线索监督层面，其采用"平台＋人工"的模式，根据公益诉讼平台推送的线索，负责的检察官依据案情对其进行研究判定，再次筛选出符合公益诉讼案件标准的线索，指派办案团队进行调查、取证等工作，以此减少公益诉讼案件的反应时间，加强监督和整改措施。在科学司法层面，平台充分利用大数据技术在数据收集、处理、联结等方面的高效性，提升司法服务资源的配置效率，集中有限的人力物力在重点领域，由"办案"转向"监督"掌握司法的主动权。

信息数据整合是该平台在公益诉讼中的重点发展对象。其将"大数据＋公益诉讼"作为办案新模式发展的主要推进内容，针对自治区内外都建立了相应的信息共享机制。对内，该平台和自治区政务云中心、生态环境厅、市场监督管理局等75家单位建立数据共享的机制，累计收录法律法规19万余条，各类线索3000余条，技术装备300件，鉴定机构2162家，专家1.4万名，办案人才700名。② 对外，该平台与全国检察业务的应用系统相对接，实现中央与地方两大系统的联通，建立了办案新模式。

① 《呼铁检察机关"法眼"公益诉讼大数据应用平台正式上线运行！》，见内蒙古自治区人民检察院呼和浩特铁路运输分院官网（http://www.tlhohohot.jcy.gov.cn/ttxw/202202/t20220208_3547576.shtml），访问日期：2022年2月19日。

② 《呼和浩特铁路运输检察分院："五个围绕"全力推进主司公益诉讼检察院建设》，见内蒙古自治区人民检察院（http://www.nm.jcy.gov.cn/dwjs1/zt/18j/202104/t20210330_3179311.shtml），访问日期：2022年4月3日。

第二节 人工智能参与司法审判的经验分析

一、人工智能司法的积极效果

(一) 模拟法律方法

人工智能介入司法程序进行法律保障和指导的途径主要表现为模拟常用法律方法进行试推理。通过对已有案卷进行整合分流，司法审判的智能化依托对旧有案例的审判经验分析，借以科技手段准确、高效地模拟司法人员对法律方法的运用，以实现对法律理论和法律事实的正确适用。在法律方法的模拟学习中，主要包括司法三段论和类比推理方法。

其一，司法三段论。司法三段论的应用历史源远流长，其思维形式自古埃及时期便已形成，为司法审判中的法律适用提供思维方法与技术层面的支持。此法律方法的基本结构表现为法律规定与案件事实之间的涵摄，在我国具体表现为以法律法规为大前提、以案件事实为小前提、以判决结果为结论的分段推理过程。这一法律方法以逻辑作为论证核心，是实现司法审判正确性、公平性、正义性的重要工具。鉴于这一法律方法对于逻辑的高要求性，以及证据证成的必要性，证据的标准规范是人工智能对其进行学习时的重点发展对象。以上一节所提到的上海刑事案件智能辅助办案系统 (206 工程) 为例，据上海高级人民法院副院长、全国审判业务专家、206 工程业务组负责人黄祥青介绍，这一刑事案件智能辅助办案系统的机器学习规则主要分为三个部分，分别是统一证据标准、制定证据规则和构建证据模型。[①] 与法律条文中的证明能力规定不同，该人工智能系统所学习的证据标准侧重于证据的证明程度。针对该系统在证据的收集、审查和判断方面的标准，《上海刑事案件证据收集、固定、审查、判断规则》进行了详细的规定，为司法人员对证据的审查判断提供参照标准。对于证据的核心要素考察，206 工程以证据为中心，具备相应的逻辑比对

---

① 严剑漪：《揭秘 "206"：法院未来的人工智能图景——上海刑事案件智能辅助办案系统 164 天研发实录》，载《人民法治》2018 年第 2 期，第 38 – 43 页。

和校验的功能，强化了对于司法三段论推理前提的外部证成。①

其二，类比推理方法。类比推理方法是另一种普遍适用的法律方法，在人工智能的司法介入中具体表现为类案检索及其推送技术、大数据挖掘技术、类比推理系统、法律解释程序。② 目前，中央及地方各级法院所运用的智能辅助办案系统中，类案推送和量刑建议等功能被普遍采用，如人民法院出版社的法信平台、浙江建达刑事辅助办案系统、国双"检察院智慧民事辅助办案系统"等，这些智能辅助系统在程序设计上具有一定的共通性。以浙江建达刑事辅助办案系统为例，在类案推送技术上，其运用大数据和云计算技术，依照案由、犯罪手段、刑罚等标准，将提交的案件材料进行解构和分析，对案件特征进行确定和提取，比照数据库中的已有案件进行特征指标的相似性分析，从而找出相似性案件。在量刑标准参考上，其以司法审判的指导意见为基础，对相似性案件的相关裁判文书中的量刑情节进行条件的整合归类，从而将案件指标化，在其基础之上通过深度挖掘技术对案件特征进行匹配，构建定罪量刑的指标集合。③

（二）优化司法资源配置

在法治社会建设的时代语境下，公民维护自身合法权益的自主性愈发强烈，诉讼案件数量逐年上升。面对日益严峻的"案多人少"这一困境，针对庞大的法律规则体系、复杂的审判辅助工作、审判和审判辅助工作的日渐分离等现象，合理高效的劳动分工和人力资源配置是司法体系改革应有之义。2019 年 9 月 12 日，最高人民法院所发布的《关于进一步推进案件繁简分流优化司法资源配置的若干意见》提出，应当推进司法手段现代化信息化、专业化人员办案、简化诉讼环节等措施的落实，以进一步优化司法资源，提高司法效率。

目前，我国已经在全国各地普遍采用信息技术手段实现司法资源的优化配置。据相关数据显示，截至 2020 年底，全国 98% 的法院建立了诉讼服务大厅，98% 的法院运行诉讼服务网，部分线下一站式服务项目已经拓

---

① 孙跃：《法律方法视角下人工智能司法应用的法理反思》，载《上海法学研究》集刊 2019 年第 9 卷，第 124－136 页。

② 侯晓燕：《人工智能在参照援引指导性案例中的应用及其完善研究》，载《西部法学评论》2019 年第 3 期，第 36－45 页。

③ 浙江建达科技股份有限公司：《浙江建达刑事辅助办案系统》，见法安网（https://www.faanw.com/zhihuijianwu/4893.html），访问日期：2022 年 4 月 3 日。

展到线上。① 如地方法院在立案大厅等地放置的"机器人",具有普法教育、诉讼指引、类案查询等多重功能,公民可以通过面部识别、文字输入或语音对话等方式与机器人进行互动,从中了解相关法律规则及类案的裁判结果。又如庭审记录方式的智能化,浙江、江苏等地区的庭审智能语音系统、庭审录音录像改革等司法实践表明,人工智能辅助下的法庭笔录具有较高程度的准确性。在 2020 年,全国共有 3258 家法院配备了庭审语音识别系统,覆盖了全国 26 个高级人民法院,具有 8 种方言语言模型,支持庭审过程中自动识别和切换语言模型,在浙江、安徽、北京等地法院广泛应用。②

上述的司法智能化实践,使司法工作人员不需要像之前花费大量时间在如阅读案卷、撰写法律文书等程序性、重复性的工作上,从而将更多的精力用于实质性工作,如案情分析、事实探索等事项上,提升法律方法运用的准确度,增强司法公信力。

二、人工智能司法的局限因素

(一) 资金投入不足

人工智能研发成本较高,稳定的资本投入是推动人工智能技术开发的重要保障。在智慧司法服务平台的建设过程中,人工智能产业的发展初期需要购买软硬件等基础设备,建设完成及运行期间还需要定期的运维服务、功能升级、耗品补充等资金投入,此类支出都是维持智能化平台持续运营的必要费用,难以减少。③ 虽然当前除了国家支持的人工智能系统平台研究,不少科研企业也加入了司法智能系统研发的队列中,但我国的研发生态系统仍然不甚健全,司法机关承担了大量的基础研究和组织开发工作,④ 花费大量的人力、物力和财力,各地的投入不足限制了智能司法在

① 陈甦、田禾、吕艳滨:《中国法院信息化发展报告 No.5 (2021)》,社会科学文献出版社 2021 年版。
② 陈甦、田禾、吕艳滨:《中国法院信息化发展报告 No.5 (2021)》,社会科学文献出版社 2021 年版。
③ 侯博文:《大兴安岭司法行政机关智慧服务平台建设研究》,大连海事大学 2020 年硕士学位论文。
④ 崔亚东:《世界人工智能法治蓝皮书 (2020)》,上海人民出版社 2020 年版。

地方的进一步推广发展。

如南京市司法局在 2020 年的社区"智慧矫正"司法工作报告中提到，现阶段"矫正模式"的薄弱环节之一便是资金投入问题。智慧矫正模式下的"网格化管控"、"智慧共享"、应急指挥联动机制等智慧司法建设数据平台的良好运行依赖后续资金的投入，在该局社区拨付资金使用完毕后，分中心的相关信息化配套设施的建设和运行只能暂停，直到下一周期的拨款下发后才能继续。① 又如大兴安岭地区司法行政信息化系统，2019 年各司法行政单位平均投入智慧司法平台建设的资金约为 20 万元，但在实际使用过程中，部分区县分别出现了资金使用受限等情况，反映出平台建设经费保障不足的问题。

（二）数据质量不佳

区块链技术是我国各级法院尝试探索智慧法院之时采用的底层技术，而数据作为司法区块链的"原料"，其质量和人工智能深度学习息息相关。当前，在法律人工智能的发展中，其面对的数据困境主要为数据来源不足、质量不佳、内容失真、应用不足、安全性和智能化不足等。

在数据来源层面，目前司法数据的来源主要为司法机关工作人员提供的数据信息，但由于公众、企业等对象对数据使用的滞后性，数据提供者和使用者无法及时进行对接，使用者难以直接对数据加工提出意见，造成供给方和需求方的错位，数据的生产、使用和加工无法形成一个闭环。② 在数据失真层面，存在故意造假和部分真实两种情况。前者是指数据造假，且与案情无关，违背司法统计指标电子数据的规定，无法帮助司法审查；③ 后者则是指司法数据的并不完全公布，只是为了证明法律政策的正确性，而非司法人员采用的真实信息④，无法实现对案件整体的准确把握。

① 《浅谈"智慧矫正"新模式　提升矫正监管精准度》，见南京市司法局网站（http://sfj. nanjing. gov. cn/ztzl/sfyw/llwz/201911/t20191108_1702377. html），访问日期：2022 年 4 月 3 日。

② 孙晓勇：《司法大数据在中国法院的应用与前景展望》，载《中国法学》2021 年第 4 期，第 123－144 页。

③ 施珠：《智慧法院建设与"大数据"质量》，载《东方论坛》2019 年第 1 期，第 59－74 页。

④ 左卫民：《关于法律人工智能在中国运用前景的若干思考》，载《清华法学》2018 年第 2 期，第 108－124 页。

在智能化方面，人工智能的数据学习建立在高度结构化的信息数据之上，而诉讼主体的语言多样性、主观价值性则为语料库更新带来一定的挑战，面对实践表达的复杂性和无限性，以及关键词筛选输入的人工工作量，知识图谱更新的滞后性会在一定程度上影响数据的智能化分类。

（三）技术发展有限

技术局限性主要体现在技术端和现实端两个方面。首先是算法，算法是人工智能运行的动力，推动智能司法系统认识、提炼、总结案例经验和规律，用于预测、监督、引导司法案件审理。目前中国智慧司法界并未研发出针对法律领域的一整套专有技术，而是采用市面上普遍使用的共性技术。[①] 面临具有多种证据形式，且需要经过当庭辩论的案件时，传统庭审模式下的举证、质证、双方辩论等环节则难以在线上开展，不利于庭审程序的严格执行。当事人的设备、技术差异也容易对信息收集和分析能力造成干扰，从而影响双方对于审判结论的公正性评价。技术上针对性的缺乏使得司法审理领域的人工智能运用和现实实践的需求难以匹配，无法达到智慧司法的预期效果。

其次是司法过程影响因素的多元性。司法过程的影响因素所具有的高度联结性，涉及政策方针、法律解释、立法沿革、社会民意、公序良俗等多重因素，而人工智能只能依托于计算机程序和算法。目前所常见的司法数据分析报告往往基于较为简单的指标进行分析，如案由、年龄、地域、犯罪手段等，数据图表较为简单，而缺乏较深入挖掘、分析、标注信息，分析并预测其发展趋势的建模。[②]

（四）价值失衡

智慧司法的价值局限性主要体现在其本身的价值认定方面，以及对司法工作的价值平衡挑战。

首先，是人工智能本身的价值认定方面。价值判断是人类基于价值选择做出的主观判断，而司法中的价值判断源自法体系，在法律冲突的情况

---

① 魏斌：《司法人工智能融入司法改革的难题与路径》，载《现代法学》2021 年第 3 期，第 3 – 23 页。

② 左卫民：《关于法律人工智能在中国运用前景的若干思考》，载《清华法学》2018 年第 2 期，第 108 – 124 页。

发生时，价值判断对于法律裁判的加成能够提高审判结论的可接受性。当前，通过将计算机编程进行程序化运作，在进行逻辑推理时得出相应的结论，其已能够在一定程度上模拟人类思维的过程和人类大脑的运作。[①] 但是道德作为在客观的法律规范之外约束人类行为的主观形式，其效率的发挥难以和法律规范一样地表现为结构化、有约束性的规则。因此，智慧司法建设难以用规则思维来约束价值判断和道德推理。[②] 过度的机械化容易带来"算法正义"，可能会在部分案件判决中忽略与法官价值判断相关的主观性因素，而这也正是在司法案件判决中，人工智能只能处于辅助地位、而无法完全取代法官的原因。

其次，人工智能对于司法程序的介入，无疑提高了司法审理工作的效率，但其同时也对公平和效率这一司法辩证关系的相对平衡提出了挑战。在部分较为简单的案件审理过程中，人工智能应用缺乏对案情价值标准的分析，容易产生追求高效率而牺牲个案正义的问题。如智能化量刑辅助系统的应用，其通过自然语言处理技术和深度语言学习，挖掘先前相似案例中的关键信息，如手段、年龄、社会危害性等因素，结合待分析案件的事实情况，自动筛选、比对和分析，生成相应的量刑建议。[③] 但这种程序下生成的量刑建议能够根据要素的类别自动赋分，充分考虑共性要素的影响比重，但复杂案件的特殊性则容易在批量审理中被忽略，造成复杂案件简化处理的情况，使得司法判决结果失去公正性，影响司法机关的公信力。

三、人工智能司法的发展路径

（一）价值方面

鉴于司法中人类主观因素介入的比重大，仅依靠算法的司法决策难以达到情和理的统一。因而构建人工智能的合理价值体系，有利于保证司法审判正义的稳定性，以及坚定公民对司法公平性的信心。

---

①　彭中礼：《司法人工智能中的价值判断》，载《四川大学学报（哲学社会科学版）》2021年第1期，第160–172页。

②　魏斌：《智慧司法的法理反思与应对》，载《政治与法律》2021年第8期，第111–125页。

③　魏斌：《司法人工智能融入司法改革的难题与路径》，载《现代法学》2021年第3期，第3–23页。

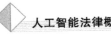

其一，维持司法工作人员的主体地位。上文提到，当前的司法审判模式逐渐分化出审判和审判辅助，要使司法智能化可持续性发展，就必须坚持司法审判中"人"的主体作用，始终保持人的主导性。在人工智能数据平台进行类案检索或量刑参考时，运用的是综合海量信息下的平衡和选择，属于理论性法理推理。此时，司法人员需要在相应环节后参与道德理论的人文性审思，不能因追求效率而放弃价值，明确智能审判适用下的案情标准。智能化的审判系统，其意义在于辅助法官行使审判权，而不是取代法官的位置。在必要条件下，司法人员应保持传统审判模式，司法大数据与人工智能技术的应用，理应尊重法官的独立性和亲历性。[①]

其二，构建价值数据集合[②]。当前，智慧司法中的价值仅停留于宏观的理论原则层面，对于具体案件的价值属性分析仍属于少数。对此，可以将"表示学习"融入机器学习的过程中，挖掘案件的属性特征，先摘取较具有代表性的价值感情特征，分离出观察数据的变差因素，通过分析其抽象概念和外围的衍生信息进行全自动数据分析，用数据的形式描绘具体价值理念。

其三，形成司法价值均衡。价值化的数据集合之后，难免出现不同价值间的位阶冲突问题，此时便需要一个均衡互补的价值体系，[③] 其中最为重要即为公平与效率的平衡。在人工智能辅助司法审判的过程中，司法人员不能为了提升司法结案率而忽略个案正义，应将价值化数据集合中所收集整合的指标纳入司法工作的评测体系中，对司法过程进行公平和效率的综合评价，从而获得较为公正客观的司法价值评判结果。

（二）数据方面

作为司法区块链、5G 技术等前沿科技运用的重要基石，数据的收集、筛选、管控、应用等环节在智慧司法的发展道路上具有举足轻重的地位。为充分实现数据在智慧司法中的价值，可以从拓展数据来源、提升处理能力、加强管理应用三个方面着手改善。

---

① 王禄生：《司法大数据与人工智能开发的技术障碍》，载《中国法律评论》2018 年第 2 期，第 46－53 页。

② 彭中礼：《司法人工智能中的价值判断》，载《四川大学学报（哲学社会科学版）》，2021 年第 1 期，第 160－172 页。

③ 魏斌：《司法人工智能融入司法改革的难题与路径》，载《现代法学》2021 年第 3 期，第 3－23 页。

首先，联合"智慧城市"建设工作。针对智能司法中的数据来源、数据质量等问题，可以不局限于纵向上的传统模式的挖掘，而是从横向上打通各数据集，联结智慧城市和智慧法院、智慧检务，[①] 将智慧城市下的智慧医疗、智慧环保等数据信息与智慧司法共享。这一横向的联动能够缓解智慧城市和智慧法院的发展错位问题，填补信息鸿沟，充分利用智慧城市在数据收集方面的多领域、多样化优势，拓宽司法数据库的信息来源。

其次，提升综合数据处理能力。增加司法数据互通平台所接入的机构数量，促进信息共享主体的多样化，将信息互通共享贯彻到司法工作的每个环节。明确数据录入的参数标准，使不同平台之间的数据对接的过程快速化、简便化，实现多领域数据的实时更新和流通。同时，明确数据需求者和使用者要求，提升数据整合和加工处理能力，提高数据利用率。推动区块链条存证、调解引导机制、诉后心理疏导等诉讼服务内容精确化、人性化发展，必要时结合当事人心理状态的智能化分析结果，开展长期性追踪，体现司法服务领域的人文主义关怀。

最后，加强数据的管理和利用。在内部建立完善的数据分类分级治理制度，规范数据的采集、使用、公开及所有权、使用权问题。[②] 标准明确、覆盖全程的数据库可以有效区分数据开放的对象，保护保密信息的安全性，在充分利用数据资源的基础上，保护个人隐私不受侵犯，国家秘密不受泄露，从而维护各方的利益。

（三）人才方面

在未来的司法发展中，人类仍然会在长时间内占据主导地位，在司法工作人员的培养和监督方面，需要深化与人工智能的融合。

首先，人才培养。智能辅助办案系统、区块链司法数据平台等智慧司法等建设成果大量涌入司法领域，对司法工作人员掌握相应的信息数据技术提出了一定的要求。加强复合型人才的培养，有利于为司法领域提供兼具学科知识和应用能力的跨领域人才。运用信息技术手段进行法学知识的教学，再针对司法领域的智能化发展需求制订相关技术研发规划，形成双

---

① 韩亚光：《智慧司法与法律数据应用问题分析》，载《上海法学研究》2020 年第 1 期，第 130－140 页。

② 孙晓勇：《司法大数据在中国法院的应用与前景展望》，载《中国法学》2021 年第 4 期，第 123－144 页。

向良性循环。其次，人员监督。基于大数据的人工智能"画像"，能够在接入各数据元、整合司法人员的个人信息和工作情况等数据的基础上，进行数据建模，抽象出一个完整的信息合集，反映司法人员特征。这些画像能够通过考察司法人员职能履行、法律适用、舆情危机处理等方面的实践情况，具体分析其应加强的能力，推动司法人员工作能力和水平的提升，对司法腐败行为进行监督和预警分析，从而促进司法现代化、智能化发展。

当今，人工智能在司法领域的发展不断深入，在国内外的发展也逐渐呈现出立法完善化、形式多元化、主体多样化等特点。其运用区块链技术、5G技术、云计算技术等新兴科技，模拟常用的法律方法，优化司法资源配置，提升司法人力、物力、财力的利用率。在国家政策层面，政府通过颁布一系列的措施，大力推进智慧法院、移动微法院、公益诉讼大数据平台等智能化司法建设成果在全国范围内推广和落地，鼓励科研企业研发智慧司法创新成果，实现司法实践质效的双重提升。但智慧司法的发展并非一蹴而就，资金投入、数据困境、算法局限、价值失衡等一系列问题阻碍着司法智能化的深入发展。从维护司法人员主体地位入手，建立价值化数据合集、构建价值数据集合，到拓展数据来源、提升综合数据处理能力、加强管理应用，再到培养复合型人才、加强司法人员监督，司法的现代化、智能化发展道路道阻且长，需要国家、企业、个人等多重主体的共同努力，才能推动智慧司法迈向新的发展阶段，推动中国特色社会主义法治建设。

本章思考题

1. 如何理解人工智能引入司法活动中的局限因素？
2. 试从多个方面提出完善人工智能引入司法的方式及措施。

第四编

人工智能的国际法问题

国际法，又称"国际公法"（public international law），旧称"万国法"（law of nationals）。① 万国法或国际法是一个名称，用以指各国认为在它们彼此交往中有法律约束力的习惯和条约规则的总体。② 简单地说，"国际法是主要调整国家之间关系的有法律拘束力的原则、规则和制度的总称。"③ 随着国家间交往的密切，国际法的应用越来越广泛，也在更大程度上影响着国家的利益。当人工智能与国际法相"碰撞"时会产生诸多的国际法问题，会涉及国际人权法、国际人道法、海洋法等国际法的具体分支。在技术上，不少国家目前已经在运用机器学习手段辅助条约谈判、国际诉讼和仲裁，有时还向人工智能"投喂"有关国家的外交立场和实践，以预测其在另外一些问题上可能的态度和策略。同时，在案例学习中，人工智能还可以在研究法官或仲裁员的裁决倾向上发挥重要的作用。中国在实现中国特色社会主义现代化和实现强国目标的过程中，不得不面临着与其他国家的交往，不得不面临一系列的国际法新问题，而人工智能的出现也应成为我国提升自己、发展自身国力的重要契机。

---

① 参见黄瑶著《国际法》，北京大学出版社 2007 年版，第 1 页。
② ［英］劳特派特修订：《奥本海国际法》上卷，石蒂、陈健译，商务印书馆 1997 年版，第 3 页。
③ 参见黄瑶著《国际法》，北京大学出版社 2007 年版，第 1 页。

第十章　人工智能与国际人权法问题

我国历来重视国际人权问题。传统上，国际人权法面临的挑战往往来自恐怖主义、战争、贫困与环境恶化。在智能时代下，国际人权法还会面临来自人工智能的严峻挑战。一方面，人工智能将会对国际人权法，如人权的主体、人权的内容等产生影响；另一方面，人工智能的不当利用会导致严重侵害人权的行为，例如人类利用自主武器系统做出违反国际人道法的行为，将会严重危害其他国家和地区的人的生命、财产安全。[①] 面对世界的大变局，中国作为负责任大国，积极承担起自己的责任，并将中国保障人权的理念和经验分享给世界，为促进全球人权事业健康发展贡献着中国智慧。

第一节　当今国际人权法发展的进程

一、国际人权法的概念

"人权，是在一定历史发展条件下的产物，是人类历史上的观念发明和制度创造"[②]，是人类文明的建设成就，"其既不是先验地存在于人的头脑之中和社会关系之内的思想与制度，也不是某种外在于人类社会的力量植入人类头脑的芯片"。[③] 自 1948 年联合国大会通过《世界人权宣言》以来，"我们的时代是权利的时代。人权是我们时代的观念，是已经得到普

---

① 赵骏、李婉贞：《人工智能对国际法的挑战及其应对》，载《浙江大学学报（人文社会科学版）》2020 年第 2 期，第 10 – 25 页。
② Lynn Hunt. *Inventing Human Rights*：*A History*，W. W. Norton & Co.，2007，pp. 15 – 30.
③ 参见魏磊杰《人权起源的国际政治学：评〈最后的乌托邦：历史中的人权〉》，见齐延平主编《人权研究》第 20 卷，社会科学文献出版社 2018 年版，第 380 – 395 页。

遍接受的唯一的政治和道德观念"。① 战后人权国际保护的发展大致可以分为三个阶段：1945—1976 年，人权国际观念保护确立阶段；1976—1990 年，人权国际保护规范初步形成阶段；1991 年至今，人权国际保护观念、规范和保护机制全面发展阶段。安全和发展是当今时代的两大主题，有学者认为人权已成为当今时代的主题之一。②

古代和近代时期，由于交通技术及通信技术不如当代先进，人与人、国与国之间的交流都比较困难，故而人权法更多地局限在国内人权的保护上。随着近代各种技术的发展，法律已不再局限于一国或一个地区，国际人权法的各种问题被人们激烈的讨论。在很长时间里，保护人权只是作为国家内部政治生活和立法原则而存在，只涉及国内法问题，各国国民的人权问题被视为完全受各国排他性管辖的事物。"随着第一次世界大战的开始，属于人权范畴的许多具体问题开始进入国际法范畴，并由国际法所调整。第二次世界大战以后，一系列有关国际人权的公约被制定，人权问题开始全面被国际法所关注，成为国际法的重要内容并正在形成现代国际法的重要分支，国际人权法。"③

国际人权法，在英文中通常称为 international human rights law，或者 international law of human rights。所谓国际人权法，实际上就是以国际人权条约为主要渊源，用于协调各国人权制度，促进各国在人权领域进行国际合作达到在世界范围内尊重、促进和保护人权目的的法律制度。④ 国际人权法主要包括实体法和程序法两个方面的内容。实体法即人权保护的国际标准，程序法即国际人权保护机制。

二、国际人权法的基本体系

自然人应是人权的基本主体。从社会整体的角度出发，当自然人立于社会，提出维护和实现自身的权利需要时，它就成了一个社会概念（社会成员）。正如人权法区分国内人权法和国际人权法一样，社会成员也有

---

① ［美］路易斯·亨金：《权利的时代》，信春鹰、吴玉章、李林译，知识出版社 1997 年版，前言，第 1 页。

② 参见郭曰君等著《国际人权法实施机制研究》，中国政法大学出版社 2018 年版，前言，第 1 - 6 页。

③ 黄瑶：《国际法》，北京大学出版社 2007 年版，第 337 - 339 页。

④ 古祖雪：《论国际法的理念》，载《法学评论》2005 年第 1 期，第 42 - 48 页。

国内和国际之分，所以社会成员又分为国内社会成员和国际社会成员。对于国内社会成员来说，保护他们主要依靠国内人权法，比如国家宪法，宪法相关法律及与人权和公民权有关的专项法律。这类社会成员主要表现为本国公民、外国侨民、无国籍人、难民、战俘。对于国外社会成员来说，保护他们的方式主要依靠国际法（国际人权条约和习惯法），保护的对象往往是国家、民族和种族。

国际人权法的基本体系由人权国际法律或政治性文件组成，最主要的是联合国体系下人权相关的国际宣言和国际公约。以 1945 年《联合国宪章》为根，1948 年《世界人权宣言》为基，产生了人权法体系，其中包括 1966 年《公民权利和政治权利国际公约》及其两个议定书、1966 年《经济、社会及文化权利国际公约》及其任择议定书。另外还有比较具体领域的人权公约，如 1948 年《防止及惩治灭绝种族罪公约》、1965 年《消除一切形式种族歧视国际公约》、1979 年《消除对妇女一切形式歧视公约》、1984 年《禁止酷刑和其他残忍、不人道或有辱人格的待遇或处罚公约》、1989 年《儿童权利公约》等。我国签署并批准了《经济、社会及文化权利国际公约》及《公民权利和政治权利国际公约》等。

第二节　人工智能发展对国际人权法体系的影响

"2019 年 4 月 8 日，欧盟委员会发布人工智能伦理准则，以提升人们对人工智能产业的信任。"[①] 此外，欧盟基本权利机构发布了一份关于人工智能的报告，该报告深入探讨了人工智能技术必须考虑的伦理问题。联邦铁路局局长 Michael O'Flaherty 在报告的前言中写道："可能性似乎无穷无尽。""但在使用人工智能时，我们如何才能充分维护基本权利标准？"O'Flaherty 说："人工智能并非绝对可靠，它是由人类制造的，而人类也会犯错。这就是为什么人们需要知道何时使用人工智能，它是如何工作的，以及如何挑战自动决策。欧盟需要澄清现有规则如何适用于人工智能，组织需要评估他们的技术在开发和使用人工智能时如何干预人们的权利。""我们有机会塑造人工智能，它不仅尊重我们的人权和基本权利，而且还

---

① 《欧盟发布人工智能伦理准则》，载《传感器世界》2019 年第 4 期，第 35 页。

保护和促进这些权利。"① 韩大元说："宪法意义上的'人'，具有独特性、不可重复性、个别性与多样性，是具有尊严，拥有道德完整性、自主性的能动性的人。基于人的尊严，人只能作为主体而存在，任何时候都不能成为客体与工具。但我们逐渐发现，在现代科技面前，个人的力量越来越渺小，人类开始变为生物学意义上的价值碎片，完整意义上的人类价值逐渐遭到分解，人类的存在价值趋于分裂，社会共识出现裂痕，科学技术带来深刻的人类主体性危机。"② 可以看到，随着人工智能对人类社会的影响越来越大，不同国家及不同群体对于人工智能与国际人权法之间的问题讨论也越来越激烈。然而，由于目前及未来一段时间内，我们可能都将处于弱人工智能时期，讨论人工智能的人权也就缺乏可供参考的实践形态，而只能主要归于哲思和伦理学上的争论。

一、人工智能是否能成为国际人权法保护的对象

随着人工智能的更新迭代，有关人工智能的诸多问题需要我们进一步去讨论。当人工智能与国际人权法相关时，我们需要讨论的第一个问题就是：人工智能是否能够成为国际人权法保护的对象？目前看来答案应该是否定的，这主要基于以下几个理由。

第一，技术层面上。人工智能技术虽然发展到了比较高的水平，但其目前自主性依旧有限，表面看起来人工智能在自主地发生作用，实际上依旧是其幕后人在操纵它进行一系列活动。例如，电脑程序以非法手段侵犯他国公民隐私；别国智能机器人在另一国打伤该国公民；一国自主武器打死打伤另一国公民。这些例子中，电脑程序、智能机器人、自主武器都属于人工智能技术催生的产物，它们看似拥有自主能力，实则依旧被其背后的国家或企业所操纵，故而当它们侵犯他国公民的人权时，在国际人权法领域应当追究其背后力量的责任而不应当追究人工智能的责任。

第二，伦理法理上。目前个人是否能够成为国际法的主体依旧是需要讨论的问题，不可否认的是，国际人权法保护的主要对象是个人。但是这个个人更多指的是自然人，之所以自然人能够成为国际人权法保护的对

---

① 《欧盟人权机构发布人工智能伦理报告》，见搜狐网（https://www.sohu.com/na/440407612_120867862），访问日期：2022年3月2日。

② 参见郭锐著《人工智能的伦理和治理》，法律出版社2020年版，第3－4页。

象，是因为自然人拥有独立思考与作出价值判断、价值选择的能力。而人工智能虽然在一定程度上能够进行"思考"，但这种思考更多的是程序员设定的，与其说是人工智能在"思考"，倒不如说这是程序员的思维表现形式。在国际社会上，人工智能也不应当作为独立个体享有某种人权。

第三，风险把控上。若在国际人权保护的范围内加上人工智能这一选项，极有可能削减自然人作为权利主体的地位，也有可能造成自然人人权与"机器"人权之间的斗争。若真的赋予人工智能人权，当人工智能以非法手段侵犯他国自然人时，该对此人工智能作出判决吗，作出怎样的判决？拆毁？赔偿损失？剥夺政治权利？还是对其背后实际操纵者作出处罚？显而易见，当赋予人工智能人权之后，人工智能极有可能成为某些国家侵犯他国人权的挡箭牌，并对整个人权体系造成打击，自然人的生命可以和人工智能等同？这是显然的悖论。人工智能侵占自然人人权是对国际人权的一种侵夺，故而人工智能不能成为国际人权法保护的对象。

二、人工智能带来的"算法歧视"问题

人工智能所形成的歧视，可以简称为"算法歧视"或"数据歧视"，这种歧视是一种对人权的侵犯。在实际应用中，算法通过各种手段收集的数据，看似给我们带来了极大的便利，可事实并非绝对如此。"算法的运算法则并非完全客观，例如部分媒体以用户的个性化数据为基础，向用户不断推荐相似的内容，这些高相似度的内容在一定程度上侵蚀且固化了人们的思想，也就是我们常说的'茧房效应'。此外，算法应用到生活中的各个领域所引发的负面效应不容忽视。"① 例如种族歧视、性别歧视、年龄歧视、消费上的价格歧视等，这些都是不利于促进社会公平的因素。无论从理论还是现实层面，人们都更加重视这种由人工智能所带来的对人权的侵犯，并积极对此进行探讨。

学者认为，算法需要关注的主要有六个方面：透明度（transparency）、准确性（accuracy）、可靠性（reliability）、可解释性（explicability）、可验证性（verifiability）、可追溯性（traceability）。其中，算法的透明度是指在不伤害算法所有者利益的情况下，公开其人工智能系统中使用

---

① 高丽华、刘尧：《人工智能背景下的"算法歧视"及其治理》，载《新闻战线》2021年第22期，第47—49页。

的源代码和数据，避免"算法黑箱"。它的考量因素包括：是否与用户进行沟通并告知其是在与人工智能系统交互，而不是与人交互；是否向用户告知人工智能系统的特点、局限性和潜在缺陷；算法的准确性需要公司保障数据的全面性。数据的可靠性是指在一定时间内、一定条件下可以无故障地实现特定的功能。算法的可解释性，是指算法所有者或使用者应尽可能地对算法的过程和特定的决策提供解释，这有助于维护算法消费者的知情权，避免和解决算法决策的错误性和歧视性。算法可验证性是指在一定条件下可以复现算法运行的结果，这有助于追责和处理异常情况。可追溯性是对算法监督及维护的要求。数据方面，主要需要考虑三个方面的问题：个人敏感信息处理的审慎性、隐私保护的充分性、确保数据质量。①

　　人工智能将人的特质量化、数据化，可能产生各类歧视，从而对个人尊严，也即人的平等道德价值构成挑战。比如，拥有最先进图像识别技术的谷歌曾经陷入"种族歧视"的指责中，只因它的搜索引擎会将黑人打上"猩猩"的标签，而搜索"不职业的发型"，里面却显示的是"黑人的大辫子"。还有搜索有"黑人特征"的名字，很可能弹出与犯罪记录相关的广告。除此之外，在工作权、受雇佣权利的问题上，人工智能在筛选简历的过程中也会产生歧视。筛选简历的 AI（"雇用前评估"）因此而获得了大约 30 亿美元的市场，此时的人工智能可能会成为雇主（发达国家、有优势的个体）实施歧视行为的帮手，明面的雇主不会考虑性别、地域、出身阶层等，但是却可以以人工智能为屏障来规避因个人偏见而产生的问题，将责任或结果直接推给人工智能，以至于那些接受雇用的人是睁着眼睛看机器进行筛选，而因为缺乏相关立法，他们无法维护自身的合法权益。

三、面对"算法歧视"的一些解决方式

　　基于人工智能的"算法歧视"，有的国家积极采取行动去规制这种行为，很多学者也开始思考解决方法的路径。

　　欧洲主要运用反歧视法和数据保护两种方法来规制人工智能的"算法歧视"。在反歧视法方面，《欧洲人权公约》第十四条禁止基于性别、种族、肤色、语言、宗教、政治或其他观点、国籍或社会出身、与少数民

① 参见郭锐著《人工智能的伦理和治理》，法律出版社 2020 年版，第 176－180 页。

族的关联、财产、出生或其他状况的歧视。不过，在人工智能应用的场景下，很难发现和证明是否有歧视标准存在，即使对技术和算法背景有所了解，也很难证明存在非直接的歧视，即不直接基于上述情况造成歧视，但其效果或影响实质上已经造成歧视的情况。在数据保护方面，欧洲专门出台《通用数据保护条例》，其第二十二条就规定，明确禁止特定对个人有法律效力或类似效果的全自动决策，除非个人明确同意、对于合同成立是必须的或者是法律明确授权的。在后一种情况下，数据控制者有义务采取措施保护数据主体的自由和合法利益，至少是参与干预的权利足以表达自己观点或对决策结果表示抗议。在一些情况下，数据控制者需要向数据主体说明数据使用的操作方式或原理。一些学者认为这是一种新的人权——"获得解释的权利"。

我国也出台了相关规定来应对类似"消费鄙视链""大数据杀熟"和"算法歧视"。国家互联网信息办公室、工业和信息化部、公安部、国家市场监督管理总局联合发布《互联网信息服务算法推荐管理规定》，自2022年3月1日起施行。国家互联网信息办公室有关负责人表示，出台《互联网信息服务算法推荐管理规定》，旨在规范互联网信息服务算法推荐活动，维护国家安全和社会公共利益，保护公民、法人和其他组织的合法权益，促进互联网信息服务健康发展。近年来，算法应用给政治、经济、社会发展注入新动能的同时，"算法歧视""大数据杀熟""诱导沉迷"等算法不合理应用导致的问题也深刻影响着正常的传播秩序、市场秩序和社会秩序，给维护意识形态安全、社会公平公正和网民合法权益带来挑战。在互联网信息服务领域出台具有针对性的算法推荐规章制度，是防范化解安全风险的需要，也是促进算法推荐服务健康发展、提升监管能力水平的需要。①

有学者认为可以从五个方面对人工智能"算法歧视"进行规制：一是利用技术手段规制算法，提高算法运行中的公开透明度，实现"人+算法"的人机合作信息分发模型；二是推进算法相关法律法规的完善与发展；三是推动平台自律与用户素质的提高；四是合理选择算法决策与常规决策，建立参与式的算法决策框架；五是构建技术规范体系，增加算法的透明度，删除具有识别性的数据，完善智能相关制度。有学者认为，可

---

① 相关信息来源于中华人民共和国国家互联网信息办公室官网（http://www.cac.gov.cn/2022-01/04/c_1642894606258238.htm），访问日期：2022年3月5日。

以使用两个大框架来思考解决的合理路径："合理选择算法决策与常规决策"和"建立参与式的算法决策框架"。① 有学者认为可以用四个措施去规制"算法歧视"：构建技术规范体系、增加算法的透明度、删除具有识别性的数据、完善人工智能相关制度。②

本章思考题

1. 如何看待人工智能与国际人权法之间的联系？

2. 与人工智能有关的国际人权法与国内人权法之间关系如何？你认为二者的适用问题是怎样的？

3. 如何规避算法歧视的产生？

① 吴进进、符阳：《算法决策：人工智能驱动的公共决策及其风险》，载《开放时代》2021 年第 5 期，第 194－206 页，210 页。

② 梁宪飞：《对人工智能时代算法歧视的思考》，载《中国信息化》2020 年第 7 期，第 54－55 页。

第十一章　海洋无人系统的航行实践与国际法问题

21 世纪以来，全球海洋经济快速发展，海洋科技驱动日益强劲，海洋开发装备呈现高质量发展趋势。随着云计算、大数据、人工智能等新一轮信息技术在各领域的深入应用，智慧海洋成为实施海洋强国战略的又一角逐"高地"。① 无人潜航器等海上无人系统出现在我国海域并非偶然，而且随着该装置技术发展越来越成熟，诸如此类的事件会不断进入国人的视野。人工智能作为一种新技术，其运用于海上无人系统的实践与发展都会因其本身具有的不确定性造成安全风险，这种不确定性是无法消除的。② 若从国际法和国内法两个层面规制海上无人系统，首当其冲应解决其在国际法上的法律地位问题。对海上无人系统在国际法上的法律地位问题进行具体解读时，会从人工智能是否具有法律人格进一步思考至海上无人系统是否具有法律人格这一问题。③ 本章先了解海洋无人系统的概念与法律属性，再思考海洋无人系统的航行规制问题，最后探讨海洋无人系统入侵的应对与实例分析。

第一节　海洋无人系统的基本问题概述

海洋无人系统作为技术发展所催生的一种拥有高度智能的自主化系统，是目前各国海洋发展的重点方向。作为智慧海洋建设的重要装备之一，海上无人系统装备综合运用了现代工程技术、网络信息技术、人工智能技术等，实现深海进入、深海探测、深海开发，已成为海洋科技角逐和市场竞争的焦点。以智能船舶、无人水面艇、无人水下潜航器等为代表的

---

① 李佳佳、刘峰、马维良：《国内外海洋无人系统智能装备产业发展现状》，载《船舶工程》2020 年第 2 期，第 25 – 31 页。

② 参见李晟《人工智能的立法回应：挑战与对策》，载《地方立法研究》2019 年第 5 期，第 61 – 72 页。

③ 张书凝：《海上无人系统法律地位的认定》，载《上海法学研究》集刊 2021 年第 6 卷。

海洋无人系统智能装备在执行反潜、反水雷、远距离无人自主布雷、监视、跟踪等军事任务和开展海洋资源勘探、无人岛礁值守和监控、水下作业等深海作业方面正发挥着重要的作用。[①] 目前，海洋无人系统的发展已经促使相关学者去讨论与海洋无人系统法律属性相关的问题。有学者综合了学界的观点，认为无人船属于《联合国海洋法公约》下的船舶概念。然而，海洋无人系统与无人船之间在概念上还是存在较大的差别，前者是指"系统"与"装备"，而后者则更侧重于归类为船舶。既然二者无法等同，那么对于规则的适用问题，就应首先明确《联合国海洋法公约》本身的作用。

这里最为重要的是两者之间的逻辑关系。一方面，无人系统在海洋中被操纵航行应该要遵循《联合国海洋法公约》中的有关规定，比如海洋无人系统不能在沿海国未经允许的情况下擅入他国领海，或者给沿海国专属经济区内正常资源开发活动带来不正当的干扰。另一方面，《联合国海洋法公约》中的规定却不能全面地为海洋无人系统航行过程中所面临的诸多问题提供法律依据，比如当海洋无人系统作商业用途时是否可以无害地通过他国领海，海洋无人系统与其他船舶交互时是否要遵循有关船舶的通行和交互规定？这些问题都会因其不能等同于"船舶"，进而无法在依靠《联合国海洋法公约》得以全面地解决。因此，在国际法的视阈下，海洋无人系统航行的法律依据与《联合国海洋法公约》之间的关系简要归纳为：应遵守，但不全面。

一、海洋无人系统的概念

海洋无人系统逐渐出现在人们的视野中，而海洋无人系统的概念具体是什么？海洋无人系统主要指的是依靠远程操作或预设程序就能航行于海洋之中的特定系统和装备，操作人员只要进行远程控制即可让系统航行，并完成相应的作业任务。海洋无人系统的使用范围在逐步扩大，对他国管辖海域的航行安全也构成了威胁。在现有的海洋无人系统中，有部分海洋无人系统属于自主武器，它在执行任务的过程当中发挥着"军舰附属装备"的作用，而调整与规范海洋无人系统的专门国际法规范仍处于空缺

---

① 李佳佳、刘峰、马维良：《国内外海洋无人系统智能装备产业发展现状》，载《船舶工程》2020 年第 2 期，第 25 – 31 页。

的状态，即使是《联合国海洋法公约》也难觅直接性法律依据，无法从国际法的视阈中识别出规制海洋无人系统航行的有效手段，只能通过类比或类推的方法来适用。① 在学界讨论中，海上无人系统的范围一直是一个没有被明确的问题。部分学者明确将无人商船排除在海上无人系统的范围之外，学者董晓明就将海上无人系统明确分为无人水面艇、无人潜航器和无人水下预置系统，且将无人海上系统和海上无人系统作为两个不同的概念加以区分，认为无人海上系统包括无人水面艇、无人潜航器和无人水下预置系统，而海上无人系统则包括无人海上系统和海上部分的无人机。② 学者邢望望和朱玲则在确定海上无人航行器的法律地位时将其限缩为无人潜航器，并将无人商船与其并列讨论。

综上，海洋无人系统是在技术催生下所产生的新型的无人智能系统，它的使用范围随着其技术的发展而越来越广泛，然而关于它的范围分类并没有明确的标准，关于它的专门国际法规目前也处于空缺状态。

二、海洋无人系统的基本属性

海洋无人系统的法律属性，关乎着调整和适用其法律法规的性质。从主体层面而言，海洋无人系统的法律属性应具国家性，因海洋无人系统在不同海域内的航行活动所产生的行为应视为一种国家行为，它意味着操纵和控制海洋无人系统的主体不是私人主体。③ 如果个人或其他私人组织操控海洋无人系统的行为是受领导或受委托于本国政府，那么这种情况应当被认定为是"在国家领导或控制下的行为"，其应属于国家行为。对于私人主体操纵海洋无人系统所面临的法律问题，应在沿海国本国的行政法或海商法的范畴内予以解决，如涉及调整并规范海洋无人系统的近海航行秩序等领域。尽管它们是公法领域内的法律问题，但都不曾触及国际法的调整范围，故而不是本书研究的重点。

海洋无人系统的法律属性，还与人工智能的法律地位紧密相关。海洋无人系统作为广义上的人工智能，在国际法层面中应纳入主体地位，还是

---

① 郭中元、邹立刚：《南海无人潜航器事件的国际法评析》，载《海南大学学报（人文社会科学版）》2017年第4期，第17页。

② 参见董晓明著《海上无人装备体系概览》，哈尔滨工程大学出版社2020年版，第5页。

③ 周鲠生：《国际法（上册）》，武汉大学出版社2007年版，第61页。

客体地位?[①] 有诸多学者一般性地认为，使用划界的方式排除一部分人工智能作为特定领域中法律主体的资格，却仍保留着部分强人工智能独立承担法律责任的能力，这既是试图通过某个分界、某个技术标准来探讨人工智能的法律地位，也是折中论的最核心之意。[②] 人工智能的法律地位问题只是在一定程度上的影响海洋无人系统的法律属性，其最关键在于肯定海洋无人系统本身的智能性，在某些特定的情况下能够有自主性的判断。[③]然而，海洋无人系统始终都是受控于主体的，特别是在国际法层面来研究它的航行问题时，它始终都是受控于某个国家，而不是（也不能做到）完全的自主航行。因此，它不能具备主体或者类似主体的法律地位，只能当成客体来考虑。

三、应对海洋无人系统入侵的基本原则

据有关学者表示，我国面对海洋无人系统的入侵，可以遵循以下几个原则。

第一，体系融合原则。正如网络技术出现后人们激烈地讨论网络技术是否需要适用现存法律规制一样，人工智能技术在海洋领域的适用也让人们不得不去思考海洋无人系统是否适用国际海洋法。虽然对人工智能技术进行全面的国际立法可能是最好的方式，但由于国际条约制定的缓慢性与国际习惯法形成的滞后性，国际立法几乎难以系统地解决频繁更新的人工智能技术所产生的法律问题。[④] 在最优情形下，国际习惯法的产生至少需要 10 ～ 15 年；虽然条约的制定速度能快些，但是其仍滞后于技术的更新换代。[⑤] 故而，深入挖掘现有国际法法律规范中能够适用于海洋无人系统的部分是一条可供选择的道路。同时也应在原有的基础上进行一定的合力

①　孙南翔：《人工智能技术对国际法的挑战及应对原则：以国际海洋法为视角》，载《辽宁师范大学学报（社会科学版）》2020 年第 4 期，第 24－30 页。

②　孙道萃：《人工智能刑法主体地位的积极论：兼与消极论的答谈》，载《重庆大学学报（社会科学版）》2022 年 8 月 5 日，第 1－16 页。

③　唐辰明：《人工智能法律人格问题的思考》，载《云南社会科学》2019 年第 6 期，第 125－127 页。

④　孙南翔：《人工智能技术对国际法的挑战及应对原则：以国际海洋法为视角》，载《辽宁师范大学学报（社会科学版）》2020 年第 4 期，第 24－30 页。

⑤　COLIN B P. "A view from 40000 feet：international law and the invisible hand of technology". *Cardozo law review*, 2001, 23（1），p. 185.

创新，比如"虚拟登临权"的构思。①

第二，技术穿透原则。对人工智能的规制应穿透到人工智能本身并延伸到人工智能涉及研发的方方面面及其背后的实际控制者。技术传统原则认为一切人工智能技术的发展必须在可控范围内才被视为合法，若脱离了人类控制则不合法。即使在海洋法上，著名的"荷花号案"裁决指出，"在国际规则外，国家享有广泛的自由"。② 其他国家享有在沿海国领海的无害通过权，也必须遵循几项规定：①人工智能工具并未对沿海国进行武力威胁或使用武力；②人工智能行动应限于该船舶或系统内部，并未对沿海国的安全造成威胁；③人工智能行动未对沿海国防务或安全产生影响；④人工智能行动不应以干扰沿海国通信系统或其他设施或设备为目的。

第三，法律技术化原则。在实体层面，我们应探索通过技术手段解决法律关切的问题。在程序层面，我们也应探索通过法律手段解决技术问题，特别是应在技术创新中增加法治的理念。在国际海洋法中，为用户和相关个体提供技术性的正当程序权利是推动海洋法领域人工智能技术治理的应然路径。③

还有一点也至关重要，那便是加强自身海洋无人系统相关技术的研制，并将这种技术应用到海上安全监测及反侦察行动中，对想要通过海洋无人系统来威胁我国海洋安全和国家安全的行为进行有力的威慑，这样才能在技术强国、技术卫国方面发挥实际的效果。

虽然有《联合国海洋法公约》，但它无法为海洋无人系统的航行提供全面、充分的法律规制，国际法上也暂无一部专门调整和适用海洋无人系统航行的法律规范。就这一问题而言，国内外国际公法学者已经产生了激烈的探讨，他们都希望能够在目前的国际法规则之下寻求面向海洋无人系统的规制手段。同时，现今世界上主要海洋强国在其海洋无人系统的航行治理问题上也有了相应的实践方式，它们都在一定程度上呼应着三种理论背后所展现的不同做法，同时也注入了各国的实践，值得进行比较和分析。

---

① 孙南翔：《人工智能技术对国际法的挑战及应对原则：以国际海洋法为视角》，载《辽宁师范大学学报（社会科学版）》2020年第4期，第24－30页。

② 孙南翔：《人工智能技术对国际法的挑战及应对原则：以国际海洋法为视角》，载《辽宁师范大学学报（社会科学版）》2020年第4期，第24－30页。

③ 孙南翔：《人工智能技术对国际法的挑战及应对原则：以国际海洋法为视角》，载《辽宁师范大学学报（社会科学版）》2020年第4期，第24－30页。

第二节 海洋无人系统的航行规制问题与实践

随着海洋无人系统越来越多地被使用，海洋无人系统的相关问题必须得到相关的规制。从规范层面而言，海洋无人系统的国际法适用问题一直是备受关注的，这里面最核心之处在于，无论其外观如何或是否属于船舶，我们应如何看待和审视它的航行问题，是否能从现有的学说或国际法里寻觅规制的依据。一方面，我们需要正确地把握现有国际法规则对海洋无人系统航行的调整能力；另一方面，应尝试着论证和分析现有规则体系之下的规制问题，即是否应对其设置一个或若干个清晰的界限并加以束缚？换言之，解决海洋无人系统的相关纠纷应适用和涉入哪些法律规范之中。对此，本节试图以航行行为的法律规制为研究中心，适当地涉及可能需要考虑的不同海洋系统的内部属性，以期在论证的逻辑上能有一些新的突破和展现。

一、学界就海洋无人系统航行法律规制的法理探讨

目前，国际法学者对这一问题的理论研究，笔者认为，其中代表性的观点有以下三个方面。

1. 实际危害说

实际危害说认为，若要对海洋无人系统的航行进行全面的规制，除了现有能够适用的国际法规则之外，就在于这种行为是否具有实际的危害性。规制海洋无人系统航行所适用的法律是广泛的，既存在于国际法规则之中，有时也会与行政法或海商法规则相联系。有学者认为，海洋无人系统作为侵害方在受到攻击或被盗用控制时，可能会产生包括违反《联合国海洋法》公约第一百零一条在内的危害行为，此时需要以主观意图和实施的行为性质为评价标准，并不需要对海洋无人系统与控制者的位置有特殊的要求。[①] 实际危害说侧重于危害的结果，是结果导向型的理论，其产生的根源可能是主体的失控而让原本处于正常状态的海洋无人系统转变

---

① 王国华、孙誉清：《21世纪海盗：无人船海上航行安全的法律滞碍》，载《中国海商法研究》2018年第4期，第102 - 109页。

为侵害方，并攻击过往船只和其他临近的构筑物。如果实际危害本不存在，根据现有的国际法规则来看，若想将海洋无人系统的正常航行归咎于违规行为则会非常的困难，比如在不发生实际危害的情况下，如果其他国家的海洋无人系统擅闯本国的管辖海域，本国是否有足够的依据来认定这种行为违法？① 在 2016 年 12 月的"USNS Bowditch"号无人潜水器被扣事件中，我国是通过外交途径来解决这起事件的，并没有直接地公布"USNS Bowditch"号的实际违法性，所以也无法追究美国的国际责任。这也意味着，当实际损害不存在，并且在尚无一部直接调整和适用于海洋无人系统的国际法规范存在时，即使是《联合国海洋法公约》也无法为让美国承担相应的国际责任而提供充分的依据。

2. 管辖海域说

管辖海域说，是指以沿海国管辖海域为界限，对航行于不同水域内的海洋无人系统进行合法性评价。有学者以无人潜航器为例，认为我国未来可能会面临外国无人潜航器在我国管辖海域肆意航行的局面。为此，沿海国对于海洋无人系统航行的行为评价应推进至不同海洋区域（领海海域、专属经济区海域）来分析。② 支持海洋区域说的学者希望将海洋无人系统的航行纳入《联合国海洋法公约》的框架内进行考量，并使用《联合国海洋法公约》中的规定进行适用。在领海海域内可适用第二十条、二十一条的规定，而专属经济区海域内则注重适当顾及原则的运用，并在其豁免问题上适用《联合国海洋法公约》第五十八条和九十六条的有关规定。从广义的角度出发，海洋无人系统是一种设备和载具，而《联合国海洋法公约》中使用的词汇却是"船舶"，这必须要首先回答海洋无人系统本身是否可以类比为或拟作为《联合国海洋法公约》中的船舶。如果答案是否定的，那么海洋无人系统是否可以拟作为船舶进而适用公约的有关规定就会存在较大的争议。采纳管辖海域说的学者认为，海洋无人系统航行本身可以作为船舶的一种特殊形态，应归于海上载具，《联合国海洋法公约》可以对此进行扩大化适用，不能将其与"船舶"这个概念绝对区别开来。总体而言，管辖海域说的论述旨在点明海洋无人系统航行的国际法

---

① 贾兵兵：《国际公法：和平时期的解释与适用》，清华大学出版社 2015 年版，第 376 - 380 页。

② 初北平、邢厚群：《海事法律规则的适用与创新：以无人潜航器法律适用困境为例的分析》，载《南京社会科学》2020 年第 5 期，第 80 页。

适用与《联合国海洋法公约》之间的关系，这种论述无疑具有很大的借鉴性和可参考性。

3. 军事安全说

军事安全说，是指以海洋无人系统是否构成军事威胁为其法律规制的前提，其实则是强调国际人道法的规制作用。对于和平时期的海洋使用而言，其法律边界坐落于以海洋法为中心的各种国际海事法律法规之中，而对于那些作为军用设施的附属构筑物或本身即为军用的海洋无人系统，其界限不仅受海洋法规则的束缚，还要受到国际人道法、武装冲突法的约束。对此，有学者认为海洋无人系统航行的行为边界在于评价整个无人系统的军事威胁性，并且这个评价不应该只看到海洋无人系统的某个具体的部分，而应从整体的角度综合的进行评价。军事安全说成立的基础在于对海洋无人系统法律地位的认识较为统一，即无人船是否构成国际法意义上的"船舶"，其与军舰或军用附属设施之间的界限应如何划分。否则，军事安全说本身作为规制的手段就会存在相应的问题。

实际危害说与军事安全说之间既存在联系，又有很大的区别。其联系在于，二者都将海洋无人系统看作可能导致某种损害结果发生的设备或载具。从时间点来看，这种损害既可能是航行过程中所产生的损害，又可能是航行至目的地或特定地点所带来的损害威胁。而二者之间的区别就在于前者属于实际上的损害，而后者则属于实际损害威胁，或尚未发生损害，但是继续在现有的国际法框架下进行航行会产生较为严重的军事干预等。除此之外，军事安全说主要还是在军事层面和国防层面上讨论海洋无人系统的航行问题，而实际危害说则没有此种局限，所以相比之下前者的范畴更广。因此，从逻辑关联上来看，实际危害说可以包括"军事安全说"这一理论。

尽管三组理论都没有从正面的角度来回应海洋无人系统航行的规制问题，但至少谈及了未来应调整海洋无人系统航行的法律领域，并点出了其中的合法性评价的基准，这正是进一步开展对规制进行研究的基础。在这三组学说中，研究人员可以基于自身所要研究的问题出发，选取合适的理论使用，并得出相应的结论。但是，这三组不同的理论之间或多或少地存在着博弈和对峙的关系，并不能在"何为合法"这个问题上达成统一。实际危害说否认了海洋无人系统的实际位置，并将所要遵循的规范扩大到近乎全部的海事法律法规，因为广义上的这些法律法规都可能包含着对危险性行为的评价，而管辖海域说相比而言更为局限，它只是从海洋法的角度出发关注了沿海国管辖海域范围内的航行安全问题，并希望尽可能地与《联合国海洋法公约》的适用相一致。虽然海洋无人系统的航行必须要遵循《联合国海洋法公约》的有关规定，但管辖海域说可能试图"戛然而止"，认为《联合国海洋公约》可以解决因海洋无人系统航行所产生的诸多问题，它没有看到其在适用过程中的不足之处。同时，军事安全说又希望能够在海洋法的基础上将其"合规"性评价扩展适用到武装冲突法的范畴中，却不太关注它是否要被其他的涉海法律法规所束缚。因此，三组理论的着眼点和评价视角存在较为明显的差别，其包容度由广至窄分别为：实际危害说、军事安全说和管辖海域说。

二、英美海洋无人系统航行治理的国家实践与分析

除了国内外学界的相关研究与论证之外，还需要对英美国家海洋无人系统航行治理的国家实践进行深入的分析和比较，为阐述法律规制奠定相应的基础。英国、美国作为世界上的海洋强国，其海洋无人系统及相关科技装备十分发达，对海洋无人系统航行的立法与行政命令的合规性也有着深入的研究。通过梳理相应的资料可知，英美存在着关于海洋无人系统航行的合法性要求，其大体思路主要体现在以下三个方面。

第一，海洋无人系统应被视为是船舶（vessels）。2017 年《美国海军指挥官海上军事行动法》将海洋无人系统部署于军事，并将其称呼为"State watercrafts"和"vessels"，它们应该享有相应航行自由的权利。例如，船舶无害通过权、公海航行自由。既然并没有任何国际法对海洋无人系统的这些权利加以限制，那么海洋无人系统与《联合国海洋法公约》中相切合的船舶享有的通行权利就应当一致。实际上，从 2016 年 12 月的"USNS Bowditch"号无人潜水器被扣事件中就可以看到，美国希望最大限度地放宽对海洋无人系统航行自由的边界，并充分利用了《联合国海洋法公约》中的空白与间隙，为将美国海洋无人系统开入他国管辖海域实行非法探测和侦查提供所谓的"依据"和借口。

第二，强调《联合国海洋法公约》中相关制度应成为国际习惯。尽管美国不是《联合国海洋法公约》的缔约国，但是美国认为《联合国海洋法公约》中关于船舶航行的规定和制度已经可以被视为一种国际习

惯。① 在《美国海军指挥官海上军事行动法》中，海洋无人系统被认定属于船舶，那么它就要遵循《联合国海洋法公约》中已上升为国际习惯的那些规则，特别是该公约中所强调的公海自由原则。② 实际上，如何来享受公海自由及公海自由的享受主体并不仅限于船舶本身，公约也没有做出这样的限定。这就意味着海洋无人系统于公海中的航行是被国际法所允许的，或者说尚没有相关的国际法规则去禁止海洋无人系统的公海航行，甚至是专属经济区的范围内。对于这一点，美国确实是深谙其空白之处所在。③

第三，设立专门的部门来规范海洋无人系统的航行行为。美国所有海洋无人系统的水下操作和运行都必须要遵循美国现有的法律法规，尤其是美国海岸警卫队和航行安全咨询委员会设置的航行规则和其他相关的规范与守则。相比于其他国家而言，美国是最早关注海洋无人系统的立法和行政管理的国家之一，除了遵循国内的两个重要部门所设立的法律法规，美国国内还出台了关于调整海洋无人系统于水下操作和运营的政策性文件，可谓是立法与政策齐头并进。④

相比于美国，英国国内暂无专门的法律法规来解决关于海洋无人系统航行的问题，甚至也没有从法律法规上将其拟为军舰或军用附属设施等类似的概念。但与美国类似的是，英国皇家海军正在考虑在未来设置一部"UUVs Regulation"。他们认为，海洋无人系统应被视为普通的船舶，或者仅仅是"船舶"这一概念的适当延伸。⑤ 不过，在英国就海洋无人航行系统的国家实践中可以发现其远不止其所表述的那样简单，它的海洋无人系统已经与美国的海军进行了联合的军事演习和训练，其所从事的军事活动也十分频繁。尽管英国的相关法律法规存在相应的空白，但在这个领域内它与美国并不会有本质上的差别，故英美的相关做法可以合为一起进行论述。将英美海洋无人系统航行治理的国家实践与前述的理论学说相结合

---

① DoD, Office of the general Counsel. *Law of War Manual*, June 2015.

② 参见《联合国海洋法公约》第八十七条。

③ Oliver Daum. "The Implications of International Law on Unmanned Naval Craft". *Journal of Maritime Law & Commerce*, 2018, (1), pp. 89 – 90.

④ Department of Defense. *Unmanned Systems Integrated Roadmap FY* 2013 – 2038, Washington: Department of Defense, 2013.

⑤ Parliamentary Office of Science & Technology, House of Parliament. "Automation in Military Operations". *POST Note*, 2015 (511).

可知，英美两国均倾向于采用"管辖海域说"来评价海洋无人系统航行的合法性问题，因为这对于海洋无人系统来说会拥有更多的航行自由。在这样航行自由的状态下，英美两国已经开始逐步地完善本国立法和政策，试图占据在这一领域内话语权的制高地，并推动双边或多边协议的形成，从而真正的主导构建海洋无人系统航行的国际法规则。

三、海洋无人系统航行国际法规制的难点和本质

通过对海洋无人系统航行行为规制的学理探讨与治理实践的研究可知，即使是英美国家也没有从立法的层面回答出海洋无人系统应按照什么样的尺度和规则航行于国际水域之中，只是尽可能地强调航行自由，为本国的海洋无人系统航行"开道"。国内外学者只是从学理上提出几个路径和看法来观摩未来的走向和发展。笔者认为，回应这一问题需要在整理学者研究和治理实践的基础上进一步提炼总结出难点和本质，而关于这些则主要集中在以下三个层面。

（一）表层：海洋无人系统的客体法律属性

海洋无人系统航行的合规性问题之所以争论不断，最直接的问题在于无法确定海洋无人系统的客体法律属性，也无法精准的对其进行法律适用。尽管英美持肯定态度，但国际社会并没有一致性地肯定海洋无人系统是否直接归于船舶，从而适用《联合国海洋法公约》中有关船舶的相关规定，这就必然给它的基本界定带来困难。对于这个表层上的难点问题，英美国家试图通过国内法律法规和行业政策的制定来给予反馈，并力争推动未来在相关领域中国际规则的制定。然而，聚焦海洋无人系统的国际法属性与法律适用本质来说只是一个表层意义上的问题，其主要是分析海洋无人系统是否属于船舶、是否构成军舰等。实际上，无论其有何种国际法属性，也无论适用什么法律，包括我国在内的广大发展中国家更多的还是忌惮海洋无人系统所带来的安全性问题，尤其是海洋无人系统可能会侵犯沿海国管辖海域内所享有的合法权益。

直接将海洋无人系统视为是或者类推是船舶，进而适用《联合国海洋法公约》中关于船舶的有关规定是不利于发展中国家的。广大发展中国家并不能与发达国家之间在无人技术和自主武器等领域相抗衡，《联合国海洋法公约》的很多条款实际也不利于包括我国在内的广大发展中国

家。如果做出这样的假定，那么英美的海洋无人系统就可以在别国的管辖海域之中航行，甚至可以"无害"通过他国的领海，因为《联合国海洋法公约》本身也没有就哪种船舶可以或不可以无害通过他国领海进行限定。从自然科学的角度出发，海洋无人系统并不是"无人船"，而是指一系列"系统""装备"或"设备"综合构建而形成的总称，船舶只是这些形态中更为高级的样态，因此，海洋无人系统不能直接等同于船舶，也不宜直接得出类推适用船舶的决定，尽管它的航行确实要遵循《联合国海洋法公约》的有关规定，比如"其他国家在沿海国专属经济区内的适当顾及义务"和"公海航行自由"等，但不能说依据《联合国海洋法公约》的有关规定可以得出"海洋无人系统就是属于船舶"这样的结论。

（二）中层：沿海国专属经济区内航行安全的维护

面对海洋无人系统的航行规制，我国与包括英美在内的发达国家之间还暂时无法形成统一的共识，究其原因与专属经济区和争议海域的航行安全密切相关。实际上，美国海军已经在过去的 20 年内持续地在全球不同海域范围部署海洋无人系统，比如美国 2017 年在中东部署了 UUV MK18 和 Kingfish 等水下航行器以扩充其在中东水域的军事力量。更为重要的是，美国国防部官网指出，美国越来越倾向于在亚洲太平洋地区部署多个海洋无人航行系统以增强其海上军事实力，这就给包括我国在内的广大沿海国专属经济区的航行安全带来了威胁。[①] 2016 年 12 月的"USNS Bowditch 号事件"正是这个现象最有力的证明。

从反面的角度来论证，如果美国的这些行动及其所部署的海洋无人系统不具有侵害沿海国专属经济区内航行安全的风险，那么"军事安全说"本身就不会受到关注，也就不会唤起从国际公法的角度来研究海洋无人系统航行规制问题的探讨。此时，"实际危害说"便会成为其主导，而这一学说本身的合规性更多的还是来源于包括国际避碰规则在内的、属于海商法（私法）学科的调整范围的法律法规。既然整个海洋无人系统的航行均在《联合国海洋法公约》的框架下进行，并且也不会产生围绕着这一

① Department of Defense. "Remarks on'America's Growing Security Network in the Asia-Pacific' (Council on Foreign Relations)" （http://www. defense. gov/News/Speeches/Speech-View/Article/716909/remarks-on-americas-growing-security-network-in-the-asia-pacific-council-on-for/)，2020 - 6 - 17.

公约的适用而带来的争议，那么理应就不会存在争议，甚至也不会发生"USNS Bowditch 号事件"。然而，这些反面的假设是不可能成立的。这也正表明，海洋无人系统的航行已经切实的触及了国家管辖海域内的安全维护问题，亟须从国际公法的角度出发来应对这些问题所带来的不利后果，并给予相应的解决方案。

（三）深层：空白领域下国际规则制定的推动与话语权的表达

相比于前两个层面而言，空白领域下国际规则制定的推动与话语权表达是一个更为深层次的问题。关于海洋无人系统的航行问题，国际社会上既没有相应的国际条约，甚至也不曾产生较为稳定的国际习惯，这是因为能够使用并能驾驭海洋无人系统的国家是少部分的，且不是自传统时期就存在的。在这些国家中，包括我国在内的诸多科技大国都试图于这一领域里推动符合本国利益的"游戏规则"，而关键在于不同国家对"游戏规则"的立场和站位不同。美国希望借助包括海洋无人系统在内的诸多新型设备来扩大其在全球各个海域内的军事影响力，从而更便捷、迅速地掌握其他国家管辖海域内的相关信息以服务于其在全球不同地区的战略需要。所以从美国的角度来看，制约和束缚海洋无人系统的国际法规则应尽可能地减少，而公海航行自由的主张应是首要的，而这也是为何美国在"USNS Bowditch 号事件"中认为其无人潜航器应属于主权豁免船只应给予返还，并且其无人潜航器在中国南海海域的活动属于《联合国海洋法公约》中的公海航行自由等。

然而，我国在这一问题上的视角和立场不可能与美国相同。我国政府历来高度关注和重视南海地区的和平与稳定，对美国的这种以"航行自由"为旗号肆意地将海洋无人系统开至他国管辖海域内并从事探测的做法予以否认。我们希望与海洋无人系统相关的国际规则应更注重对其进行规制，而不是只强调"航行自由"，所应解决的问题包括海洋无人系统在航行的过程中应遵循什么样的国际法规则、航行至他国管辖海域内应采取什么样的措施及如何与沿海国之间进行沟通与对话等问题。因此，我国在这一领域内的话语权表达方向和立场与美国是不同的，而这也是构建海洋无人系统合规性边界难点的所在。

第三节 海洋无人系统航行国际法律规制下的我国应对方法

面对海洋无人系统航行法律规制的学理探讨与治理实践，以及其难点和本质，我们应充分认识到，直至目前为止，关于海洋无人系统的研究领域中，大部分都集中在开发、使用及系统本身的技术性发展等，而在运用过程中所可能发生的法律问题的研究并不完善，并且在短期内各个国家就这一问题形成相应共识并达成协议的可能性还是比较小的。在这样的情况下，我国应在理论和实践上有所应对。在应对海洋无人系统航行中所面临的海洋法问题时，应该从法理、制度及政策三个方面切入和着手。

一、法理：管辖海域说的理论临界点更适合我国

研究一个尚处于规范领域内空白的法律问题而言，理论的占位和立意非常重要，尤其是在现有的国内外学者对此问题已经进行了激烈探讨的前提下。在目前现有的三组学理中，管辖海域说的内容表达和其所体现的边界线更为适宜，具体可从以下两个角度给予佐证。

从正面角度出发，海洋无人系统的非法入侵本是在我国管辖海域内所面临的现实问题。继"USNS Bowditch 号事件"之后，美国使用海洋无人系统非法航行至他国管辖海域的案例频频发生，南海作为我国管辖海域，所面临的风险和威胁正在呈现出手段上的智能化和高科技化的发展态势，而面对这样的现实问题，只有管辖海域说所确立的理论临界点能够有效地切合我国管辖海域所面临的实际问题。管辖海域说本身的特色在于：虽大体遵循《联合国海洋法公约》，但却也充分考虑到沿海国专属经济区、大陆架及其他管辖海域内的安全性问题，而后者远不是《联合国海洋公约》所能直接解决的。因此，这一学说虽看似局限，但可论证和辩驳的空间较大，且聚焦维护包括沿海国专属经济区在内的管辖海域的航行安全，具有较好的针对性。况且，即使是不存在海洋无人系统的航行问题，美国所主张的"航行自由"等所产生的问题也是真正存在的。因此，围绕着这一学说来审视海洋无人系统航行的合规性问题可能会形成其他更为先进的理论观点，也会为其他理论问题的研究奠定基础。

反之，如在理论学说上采用实际危害说和军事安全说，可能容易产生"剑走偏锋"的现象。实际危害说所确立的边界其实太过广泛，没有瞄准海洋无人系统在海洋法领域内的特殊问题。如果不苛求海洋无人系统本身的定位却着眼于它的侵害行为，那么在判定合规性边界中的"规"时就会显得过于庞杂，不利于边界线的划定，军事安全说虽然将其合规性边界扩大到武装冲突法体系中，有其合理性所在，但如果海洋无人系统本身的设计和构造难以分类为军用设施或军舰的附属物时，将其边界扩大化地延伸到武装冲突法范畴中会显得非常的牵强。换言之，如果从其他政府公务用船、海上搜救船或其他海洋科考船舶中派遣出海洋无人系统用于非军事化的用途，那么这一理论的观点又是否能真正地解决问题？这些都有待深入的挖掘和研究。

二、制度：以完善相关法律法规推动话语权的表达

虽然管辖海域说可以成为一个学理支持，但是它的局限性也是存在的，最核心的原因是既有国际法不能全面的调整海洋无人系统的航行活动。在这样的情况下，推动我国自身国内法律规范及制度的构建就有着十分重要的作用。在经典海洋法案例"英挪渔业案"（*Anglo-Norwegian Fisheries Case*）中，挪威自 1812 年开始就通过发布敕令等各种各样的方式表明其所采用的直线基线法是确定其领海基线的基本方式，并且包括英国在内的相关国家对这一做法并没有明确地表示反对。直至今日，直线基线法仍是领海基线划定中的重要方法之一，而挪威在推动这种方法的过程中发挥着重要的作用。诚然，挪威的起步之路是通过国内敕令入手，逐步地将这一规则"由内至外"地推向开来，从而逐渐地推动其影响力。敕令本身的含义既包括了命令、法令，也包括了立法，它所表达的含义是广泛的。这给我们国家的启示是：面对一些当今国际法尚未涉及的空白领域，我们应通过在我国管辖海域范围内完善国内相关法规的方式来进一步推动和提高我国在这一领域内的国际话语权，从而能更有理有据地为维护我国海洋权益、防止他国海洋无人系统非法入侵而发声。

完善国内相关法律法规，并不一定是要专门的围绕这一问题单独立法。一方面，出台相关的立法不具有较高的时效性，可能无法及时的解决所面临的实际问题；另一方面，在我国涉海立法的种类与内容中，能够为这样一部立法提供支持和上位法依据的内容太过稀少。就目前的情况来

看，我国涉海管理部门（包括军事部门）可以在我国的管辖海域范围内围绕海洋无人系统的使用和管理发布一些行政命令或具有行政法属性的规范文件。实际上，这种做法目前正在被美国采纳。美国国防部已经表明了美国海岸警卫队和航行安全咨询委员会会设置相应的航行规则和其他相关的规范与守则来调整海洋无人系统的域内外活动，而不是出台某部成文立法。因此，从体例和内容上来看，若要对我国针对海洋无人系统航行的合规性问题进行调整和规制，采用行政命令或具有行政法属性的规范文件可能会更为及时和适宜。

在制度构建上应该着重关注以下三个问题：①海洋无人系统的分类。在未来，我国应该在出台的相应规范中大致的明确海洋无人系统的分类，并非要对每种分类进行法律上的定位，只要体现出对不同海洋无人系统进行法律适用上的差异，不能以一个广义的概念进行通盘的、不加分类的处理。②海洋无人系统入侵我国管辖海域的形态及相关禁止性规范。在进行一个基本的分类之后，我国应该在未来出台的相应规范中明确几种基本的入侵形态，如探测、侦查、分解等，并对这些行为的性质进行评价，进而构建相应的禁止性规范。③处理程序。对于发现外来海洋无人系统入侵的情况，我国国内有关部门之间应进行沟通和协调，正确的定位、追踪和捕获这些系统，并按照一定的法律程序进行处理，对有关涉事国家进行警告并返还无人系统，若有严重情形发生时对相应的设备予以销毁等。

除了国内法律制度之外，我国可以成为与周边国家和地区之间就海洋无人系统进行航行等问题创立相关协定的发起者和推动者，并与周边国家就海洋无人系统航行的机制构建开展合作。无论是我国与南海周边国家，抑或是与黄海周边国家，都没有建立系统、稳定的无人船海上航行合作机制。以我国南海为例，由于受到地缘政治因素的影响，我国南海海域中存在着与周边国家的争议海域，在解决这一问题前，达成一种合作机制是比较困难的。为此，我国可以提出构建海洋无人系统航行合作机制的若干建议，如信息共享机制、准入通行机制、指定航道通行机制等，并通过它们试图与周边各国在海事管理方面建立联系和合作，以切实的行动和付出推动南海周边国家之间开展海洋无人船的科技合作，形成相应的区域性国际标准。

三、机制：推动并构建与周边国家海上无人系统航行的合作机制

有诸多研究军事策略及国际关系的学者始终认为，若想从国际法的角度解决海洋无人系统所面临的适用空白之问题，应当首先解决海洋无人系统的法律定位，就像美国那样要先进行说明它是否属于 vessel 或是 warship。然而，这里并不建议直接将海洋无人系统进行法律上的定位。一方面，迫切地将海洋无人系统进行法律上的定位很可能会直接走向"军事安全说"的理论框架之中，这种引导的趋向与本文的立意并不相符，同时也可能会在我国管辖海域范围内增添诸多不稳定的因素；另一方面，海洋无人系统目前在国际法上还没有直接适用《联合国海洋法公约》的先例，同时也无法有充分的理论根据直接将其定性为船舶，目前只有在学理上将其进行类推的想法。这也意味着，即使一国管辖海域范围内围绕着海洋无人系统的航行问题产生争端，当事国之间也很难诉求某一具体的国际公约或援引已有的司法判例，而往往会依据沿海国在管辖海域范围内所设立的法律法规来进行处理（国内法依据）。从这一角度出发，海洋无人系统本身可自成一类，它并不一定要归类为某一个具体的类别，直接将海洋无人系统进行法律定位的做法也并不太合适。对于我国目前的实际情况而言，维护我国管辖海域的环境安全始终是首要的。海洋无人系统的具体类别和形态各式各样，难以形成较为统一的定位，但无论是哪种分类、进行什么样的定位，始终都不能对我国管辖海域安全构成威胁。只要确立这一个中心思想，那么就能在制度构建上寻得一根"主心骨"，在出台相应的法律法规或行政命令等时就有了良好的切入点，而这也是"管辖海域说"的真正意义和作用之所在。

如果不进行直接的定位，那么应如何切入来推动与周边国家共同构建航行合作机制？以提供海上公共服务产品为核心宗旨构建航行国家间的合作机制是一个很好的选择。我国在与周边国家就海洋无人系统航行的机制构建开展合作时，可以以提供海上公共服务产品、人道主义救援等为核心要义和宗旨。基于它的定位和信息收集功能，未来海洋无人系统在应急场景方面，可以用作智能水上救援机器。比如，利用卫星导航系统的高定位精度、高定位速度特性，依靠空中智能平台提供的目标准确位置信息，及

时航行至待救援目标的位置，迅速开展救援。① 在民用领域，目前已有多种适用于海洋调查的成熟产品，如英国 ASV 公司旗下的 C-worker 系列和 C-Endure、Ocean-Science 公司的 E-Boat 系列和 Sea-Robotics 等，这些产品可用于海洋环境保护、航道测量和海洋搜救等。据此，我国可充分利用这一技术和性能将海洋无人系统的航行和运作置于公共服务和人道主义救援的应用中，并以此为契机加大并推动我国与周边沿海国家之间的合作，深度地保障与周边国家海上货物运输及贸易活动的安全，这种做法能有效地缓解、回避因海洋无人系统航行所产生的敏感性问题，突出并体现其人道主义作用。

本章思考题

如何评价海洋无人系统航行法律规则的三种学说？

---

① 孙誉清：《商用无人船海难救助责任问题研究》，载《国际经济法学刊》2021 年第 1 期，第 129 – 132 页。

第十二章　人工智能与自主武器系统发展

情景导入

中国关于规范人工智能军事应用的立场文件[①]

军事作战领域使用人工智能技术，极有可能造成多方面的影响及潜在风险。战略安全、治理规则、道德伦理等都是应当被考虑的方面，因此人工智能安全治理是人类面临的共同课题。2021年12月14日，联合国《特定常规武器公约》第六次审议大会上，中国首次提交了规范人工智能军事应用的立场文件。从战略安全、军事政策、法律伦理、技术安全、研发操作、风险管控、规则制定、国际合作八个方面出发，规范人工智能军事的应用，表明了中国对于自主武器系统的一些看法及中国愿意同世界各国一同依照相关规定促进世界和平发展的态度。

在人工智能技术飞速发展的当代，各国之间的联系日益密切。人工智能在军事领域的应用，特别是关于自主武器的使用问题也随之越来越受到当今各国的关注。国际人道法的功能是在战争时对人的生命、尊严等最基本的人权进行保护，并对武力使用进行限制。其具体规则包括《日内瓦公约》和《海牙公约》体系。[②] 作为武力使用时具有高度智能的人工智能被称为自主武器，它颠覆了传统武器依靠人类操作才能运行的作战方式。由于该技术的发展仍处于起步阶段，尚未成熟，再加上自主武器本身具有一定的不确定性和不可控性，其很有可能会有悖于国际人道法所确立的基本原则，从而引发道德伦理危机和军事隐患。目前世界各国对自主武器的使用总体上持谨慎和限制的态度。本章将依据当今国际法的相关规定及部分学者的观点讨论与自主武器系统有关的国际法问题。

[①] 中华人民共和国外交部官网（https://www.mfa.gov.cn/web/ziliao_674904/tytj_674911/zcwj_674915/202112/t20211214_10469511.shtml），访问日期：2022年3月14日。

[②] 郑一：《论武装冲突中自主武器的使用和法律规制》，华东政法大学2020年硕士学位论文。

第一节 自主武器系统的界定

一、自主武器系统的定义及特性

（一）自主武器系统的定义

国际社会对自主武器系统这一概念并没有形成一个统一的定义。然而，许多国家、国际组织和相关学者纷纷试图对其进行界定。瑞典的斯德哥尔摩国际和平研究所归纳并整理了自主武器系统的三类定义。

第一类，倾向于将武器的自主性定义为类似于人类操作员角色。例如，"一旦启动，就可以在没有人类操作员干预的情况下选择和打击目标的武器系统"，这是美国国防部对于自主武器系统的定义。2018 年出版的《无人军队：自主武器与未来战争》中，保罗·沙瑞尔对于自主武器系统的定义是："能够独立完成全部作战任务周期，包括搜索目标、决定攻击和发动攻击的武器"。[①] 从保罗·沙瑞尔对自主武器系统的定义中，能够看出自主武器系统无论是否处于人类的监督之下，都拥有在启动之后，不需要人类干预，自主选择和打击目标的能力。人权观察组织同样也根据人类参与武器操作的程度对自主武器进行分类。人类参与的程度取决于一个人是"在回路中"（in-the-loop）、"在回路上"（on-the-loop）还是"在回路外"（out-of-the-loop）。这里的"loop"是指人类控制武器的决策过程，经过观察（observe）—定向（orient）—决定（decide）—执行（act）的一系列流程所形成的 OODA 循环。"完全自主武器"一词指的是"人在环外的武器且不允许人参与循环的武器"，但实际上，对这些武器的监督非常有限。[②]

第二类，定义自主武器系统的方法是把自主武器系统自身的感知和理

---

① ［美］保罗·沙瑞尔：《无人军队：自主武器与未来战争》，朱启超等译，世界知识出版社 2018 年版，第 57 - 58 页。

② Bonnie Docherty. "Losing Humanity, The Case Against Killer Robots", *Human Rights Watch*, 2012, pp. 25 - 34.

解能力作为定义其内涵的主要依据。譬如"能够理解更高层次的意图"是英国国防部对于自主武器系统的定义。这种定义表明，自主武器系统拥有一定的理解能力和感知能力，通过利用这些能力，在多种选择中它能够不在人类的监管和操纵下决定一整套的行动方案。英国进一步解释说，"根据这种理解及其对环境的感知，这样的系统能够采取适当的行动，以达到理想状态"。①

第三类强调武器系统中自主性的性质和自主性的法律影响。例如，2011 年在一个专家会议报告中，红十字会国际委员会将自主性武器系统分为自动武器系统（automated weapons system）和自主武器系统，并将自主武器系统定义为能够学习并且根据所部署环境中情况的改变调整自身功能的武器或者武器系统。到 2015 年的专家会议上，红十字国际委员会不再区分"自动"武器系统和"自主"武器系统，直接将"自主武器系统"定义为能够独立选择和攻击目标的武器系统，即在捕捉、追踪、选择和攻击目标的"关键功能"上具有自主性的武器系统。红十字国际委员会表示，自主武器系统是一种在其"关键功能"方面具有自主性的武器，是一种可以自行选择和攻击目标而无须人工干预的武器。② 红十字国际委员会强调，该定义并不用于确立标准或设定某项禁令，而是为了对这种武器系统包括在关键功能中具有自主性、但又未必引发法律问题的现有武器进行评估③，与此同时，瑞士目前将自主武器系统定义为"能够履行国际人道法规定的义务，特别是在打击环节中全部或者部分替代人类使用武力的武器系统"。然而，瑞士也承认，自主武器系统"可以并且应该变得更加具体和有目的性"。④ 中小发展中国家虽然没有具体界定自主武器系统的概念，但是认可该武器系统是具有较强的自主性、缺乏人类有效干

---

① UK Ministry of Defense. Development, Concepts and Doctrine Centre, Joint Doctrine Publication 0 - 01. 1：UK Supplement to the NATO Terminology Database, 2011 - 9, p. A - 2.

② 马光：《论自主武器的国际法规制》，载《福建江夏学院学报》2020 年第 10 期，第 36 页。

③ ICRC. *International Humanitarian Law and the Challenges of Contemporary Armed Conflicts.* 2011, p. 39.

④ ICRC. *Expect Meeting：Technical, Military, Legal and Humanitarian Aspects*（https://www.icrc. org/en/publication/4221-expert-meeting-autonomous-weapon-systems. pdf），2022 - 4 - 14.

涉并会引发军备竞赛危机的武器系统。①

虽然国际社会并没有对自主武器系统形成一致共识，但国家利益分歧明显。美国、英国、以色列等军事技术先进的国家，不愿受到武器发展的限制，如美国在界定自主武器时，主张现有的武器并未受到《3000.09 号指导文件》②中的限制。而其他发展中国家由于技术、经费投入大而屡屡难以发展本国的自主武器，为了避免在未来战争中出现不利于本国的局面，提出要对自主武器系统的研发、部署、应用进行限制或禁止。③

（二）自主武器系统的特性

自主武器系统具有自主性、人工智能性、武器系统性三个特性。

自主性体现在三个方面：第一个方面，自主性不同于自动性，自主武器系统的关键特征在于它们的自主性（autonomous），这可以理解为它们有独立于人类操控而行动的能力。这种自主性分为完整自主能力和非完整的自主能力，完整自主能力即该武器可以独立于人类而进行一些活动，非完整自主能力则指的是这种武器一定程度上受到人类操作员的影响。比如自动驾驶汽车，它在行驶过程中就会拥有一定的自主性，从而去选择如何避开其他车辆和路人。而自动（automatic）是指机器按照"预先编好的操作序列"自动运转。比如烧水壶，它的程序便是在水烧开后自动断开电源连接；自动售卖机，它的程序就是在顾客付款后商品会从出货口出来；自动取款机，它的程序就是当你输入密码并按照流程操作后会出现存款和取款各种选项。当然，还有自动洗衣机、自动电饼铛等。从自主和自动的不同中，我们能够清晰地看出，自主与自动最大的不同就是是否拥有一定的"自我思考"，即是否有"智能"，而自主性是自主武器系统非常重要的特性，这一特性直接关系到它是否在人的控制下进行各项活动，是否会失控，是否会造成无法估量的危害。第二个方面，人机关系中人类操作员对武器所起作用的大小也至关重要，人类一定会对其起控制作用，但

①　Government of Switzerland. Towards a "Compliance-Based" Approach to LAWS, 2016 – 3 – 30. (Informal Working Paper submitted by Switzerland at the Informal Meeting of Experts on Lethal Autonomous Weapons Systems, Geneva, 2016 – 4, pp. 11 – 15.)

②　美国国防部公布的《3000.09 号指导文件》，2017 年修改，制定了对自主武器的管理政策。

③　曹华阳、况晓辉、李响等：《致命性自主武器系统的定义方法》，载《装备学院学报》2017 年第 3 期，第 39 页。

区别是所起作用大小。① 第三个方面侧重于自主武器系统的关键自主功能，自主武器系统的所有功能并不都是其主要功能，其辅助功能对技术及智能的需求可能低于其主要功能的相关需求。红十字国际委员会将自主武器系统定义为在选择目标和攻击目标这两项"关键功能"上具有自主性的武器系统。② 由于自主武器系统可能被部署于军事各领域，在搜索、判断、决策、指示、打击等方面有不同任务导向，其中搜索并非战场上的关键功能，而只是辅助功能，因此，自主武器系统的自主性在于能否自主判断、决策、指示和打击军事目标。如韩国在韩朝"三八线"附近部署的SGR-1 哨兵机器人，可以在黑暗中自动搜寻并瞄准目标，予以打击。

人工智能性作为自主武器系统的技术支持，是其非常鲜明的特点。自主武器正是由于有了人工智能（AI）的强大支撑，融合大数据、算法等技术，才能在智能性、感知性、推理性方面取得突破性进展。③ 而自主武器作为一种机器学习（machine learning，ML）系统，机器可以根据输入的程序建立起自己的模型，然后通过该模型继续输出，通过数据信息提取、分析判别并做出预测。自主武器系统通过传感器进行数据交换，从中智能优化不断进行机器学习，从而自主做出判断。④ 比如在两国之间的边境上部署的武装墙，自主武器系统在墙的顶部设有监控系统和反应系统，当有"不法分子"想越境时，这面墙可以根据周围的环境感知并自主评估该"不法分子"是跨境者、战斗人员还是平民，从而决定是否使用武力。如美军的打击和致命性自主化系统就是一种以人工智能为驱动力的打击系统。陆军计划利用人工智能技术的发展改进该系统的瞄准和火力控制技术，以便使地面战斗车辆具有获取、识别和打击目标的能力，其速度至少比目前的人工流程快3 倍。而不断精进相关人工智能技术，研发出适合各种环境的自主武器系统也是当前各国发展军事力量、提高军事水平的重要举措。

① ［澳］蒂姆·麦克法兰：《决定日益自主化军事系统之法律影响的因素》，李强译，载《红十字会国际评论》2015 年第3 期，第1 页。

② ICRC. *Autonomous Weapon Systems*：*Implications of Increasing Autonomy in the Critical Functions of Weapons*（https://www. icrc. org/zh/publication/4283-autonomous-weapons-systems），2022 – 3 – 14.

③ 夏天：《基于人工智能的军事智能武器犯罪问题初论》，载《犯罪研究》2017 年第6 期，第13 页。

④ 封帅、周亦奇：《人工智能时代国家战略行为的模式变迁：走向数据与算法的竞争》，载《国际展望》2018 年第4 期，第43 页。

武器系统性可以从一些相关的国际议定书中看出来，比如从 1977 年《日内瓦公约第一附加议定书》第三十六条中可以看出，自主武器系统并非仅指武器，而是包含自主武器本身及一系列作战方法的统称。哈佛大学人道主义政策与冲突研究项目组编撰的《空战与导弹战国际法手册及评注》中，武器的实质是"战斗行动中所使用的战争手段，能导致人员伤亡、物体毁损"。① 也就是说，在人类操作员激活武器之后，武器系统——通过其传感器、编程和连接的武器——承担通常由人类执行的瞄准功能。② 可见，武器通常是武器系统的组成部分，武器系统包含从研发到部署的各种人工智能技术构成的装置。

二、自主武器系统的法律地位

前文阐释了自主武器系统的定义及特性，自主武器系统的法律地位又是怎样的？目前对其法律地位主要有三种观点：第一种观点认为，自主武器系统是"战斗员"，因为随着自主武器系统的不断成熟，其越来越像一个主动的"战斗员"，似乎不再单纯是一个处于被动地位的武器系统。第二种观点认为，自主武器系统不仅仅是单一的某个方面，它是武器与战斗人员的结合。人类所拥有的自主性与智能化特征在自主武器系统中得到体现，使得自主武器系统可以像人类战斗员那样拥有自主选择的能力，利用这种能力它能够自主选择作战方式并使用武器攻击敌对目标，在这个意义上自主武器系统的地位类似于"战斗员 + 武器"。第三种观点认为，自主武器系统是一种新式的武器，这种新式武器包含武器系统。③ 在《新武器、作战手段和方法法律审查指南》中，红十字国际委员会对相关问题进行了规定，武器的合法性应当包括该武器的设计及该武器在战场上是如何被使用的。

《第一附加议定书》第四十三条中，战斗员被定义为"有权参加敌对行动的冲突一方的武装部队成员"，如果将自主武器系统看作人类，那么

---

① 哈佛大学人道主义政策与冲突研究项目组：《空战和导弹战国际法手册及评注》，王海平译，中国政法大学出版社 2015 年版，第 109 页。

② ICRC. *Autonomy, artificial intelligence and robotics：Technical aspects of human control*，Geneva，2019 - 8，p.5.

③ ［澳］蒂姆·麦克法兰：《决定日益自主化军事系统之法律影响的因素》，李强译，载《红十字国际评论》2015 年第 3 期，第 1 页。

它似乎也可以被视为战斗员，[①] 有违作为人在责任承担上的义务。此外，战斗员在伤病、成为战俘时，可以享受一定的待遇，但自主武器系统不能直接享受作为战斗员的权利，因此，无论是将自主武器系统界定为战斗员抑或是战斗员与武器的结合都是无法成立的。若将自主武器系统视作新式武器，包括传感器、自主锁定目标并进行决策的一个整体的武器系统，虽然有一定的合理性，但在归类到武器系统中时，忽略了自主武器系统在作战手段和方法的人工智能性，因此，自主武器系统的法律地位是集武器、作战手段和方法于一体的集合体。

第二节　自主武器系统存废的国际法之辩

人工智能的发展使得各种自动化、智能化武器变为可能。从侦测索敌技术，到各种军用无人设备，再到战斗机器人（或杀手机器人），人工智能在军事领域已经得到极为广泛的应用。在这其中，自主武器系统（无人干预的情况下独立搜索、识别并攻击目标）（autonomous weapon system, AWS）是最受瞩目的主体，而在自主武器系统中，最具争议的当属掌握生杀大权的致命性自主武器系统（lethal autonomous weapon system, LAWS）。国家是否有权研究、开发和使用以杀戮为目的的人工智能武器？是否应该予以禁止？如何保障人工智能武器在战场上会作出"合理行为"？对武器违反的义务，又应由何者承担怎样的责任？这是国际组织、国家和学者们主要关心的问题，也是本节我们需要去探讨的。

一、支持自主武器存在的观点及理由

认为自主武器使用合法并支持自主武器系统继续存在的原因主要有三个：现实需求、武器本身和使用方式。在论证人工智能作为武力使用的合法性时，多数学者都将现实需求置于首位。在此，其合理性主要分为以下两个部分。

第一，推动信息化战争的发展。当前，全球正面临新理论科技革命和产业变革，新兴技术不断拓展适用领域的广度和深度，进军更加先进和新

---

① 陈聪：《军事智能化的法律应对》，载《中国社会科学报》2018年1月31日，第5版。

出现的一些领域。同时，由于科技发挥了巨大的引领作用，军事领域的革命也愈演愈烈，新军事革命火热进行。全球范围内，世界各国战斗力的构成模式发生了巨大的演变，无论是从理论和体制来说，还是从武器发展来说，这些多维的变化都对战斗力构成模式产生了巨大冲击。人工智能、大数据、区块链越来越多地嵌入军事武力的运用中。对战争的理解程度，正是敌对双方对抗的重大内容。学者王莉认为，现今社会的军事技术群以智能化为代表，而智能化技术的日新月异使得战争形态也随着时间的变化不断发生多种方面的改变。军事技术群作为战争的主体，应当提升技术敏感性，不仅应在人工智能的思想认知领域，还应在人工智能的行动控制领域这两个方面共同努力。在双重维度之下，实现智能技术对于信息化和机械化的重大突破。①

第二，维护国家安全。在推动信息化战争发展的基础上，人工智能作为武力适用的最终目标仍然是以维护国家安全为目的。由于世界多极化的不断发展，经济全球化的迅速演进，社会信息的不断膨胀，文化越来越多样的现实情况，国际社会上的不定因素也随之增加。为了应对来自他国军事建设的安全风险，持续加大科技投入，将人工智能研究成果转化运用于军事武力层面，有利于预防和应对安全挑战，形成协同作战的统一管理系统，提高作战能力。学者陈聪就此提出基于责任能力认定方面的观点，以论证智能武器的工具合法性。"由于责任能力的欠缺，即使是经过了伦理化改造的智能武器，其在现行国家法框架下仍然不具备战斗员的法律身份"②，即智能武器仍然属于武器的范畴，处于武器审查的规制范围。因而，当人工智能作为武力使用通过审查标准时，其必然也就拥有了使用的合法前提，能够作为合法武力使用于战争中，同其他武器一样受现行国际法规的相关约束。

面对自主武器存在之后所面临的风险问题，多数学者皆从人类介入控制的层面提出应对方法，其中分为事前预防、事中决定和监督：其一，事前预防，即介入决策过程的预防措施。有学者认为，"我们应使智能武器在其生命周期内必须以符合国际人道法的原则运行，二者取决于该武器的

---

① 王莉：《人工智能在军事领域的渗透与应用思考》，载《科技导报》2017 年第 15 期，第 15－19 页。

② 陈聪：《论智能武器法律挑战的伦理应对："道德准则嵌入"方案的合法性探讨》，载《暨南学报（哲学社会科学版）》2019 年第 5 期，第 63－71 页。

具体性能和使用环境的可能性"。① 其二,事中的决定和监督。作为人工智能武器的制造者和控制者,人是智能化作战链的开端,对智能武器拥有最终决定权和全程监督权,能够通过理解力和控制力避免军事技术的异化。就其性能而言,虽然人工智能武器具有一定程度上的自主能力,但始终受人类所编辑的程序所控制,在出现例外情况时并不具有开放性解决问题的能力,其工具属性的本质特征决定了其在使用过程中的下位性和被支配性。而当我们把智能武器定义为一种工具时,便是在侧面肯定了人类对其的控制权。因而,在出现工具使用中的可靠性和技术性的不足时,智能武器应当充分发挥和依赖人类的理解力和控制力来弥补其中的缺漏。

二、反对自主武器存在的观点及理由

也有反对自主武器存在的声音。该群体认为自主武器使用不合法,他们支持自主武器系统废止的原因主要有以下四个。

第一,拥有智能技术优势的一方更有可能逃避国际人道法的约束。出于成本效率等因素的考虑,之前选择外交谈判来处理的问题,现在更有可能使用智能化作战的手段来解决。这种情况反而不利于降低国际关系中使用武力处理问题的可能性,由此导致的战争会加剧对人类的威胁。此外,相关国际法的发展与人工智能武器发展的速度不匹配时,就会产生一些国家利用法律漏洞的情况。人工智能武器技术相对发达的国家可能采取一些措施打压那些人工智能武器技术并不发达的国家,试图抑制技术不发达国家相关武器的研发、应用,他们可能以继续研发相关技术不利于国际社会和谐为借口,企图修改相关规定以获得在人工智能武器方面的绝对优势。这种部分发达国家在技术和法规上的优势,对整个国际关系的稳定性是巨大的挑战,不利于传统国家关系的延续。

第二,自主武器的具体性能和使用环境的不同决定了智能武器对国际人道法的遵守状况具有不确定性。智能武器无法理解人类的感情、情绪、习惯等,无法像人一样思考和行动。加之军民两用物体广泛应用于战争,致使平民与战斗员、民用物体与军事目标的区分难度增大。学术界对于人工智能武器有着一些不同且特别的定义,例如,机器人杀手、完全自主武

---

① 谢丹、罗金丹:《智能武器的法律挑战与规制》,载《国防》2019 年第 12 期,第 29 - 34 页。

器、致命自主机器人等，学者认为这是一种不需人类控制，依赖自身判断进行攻击的武器。即使在某些方面存在着困难，但人工智能武器必须被纳入国际人道法的法律框架，其不应当成为例外。

第三，自主武器系统的使用可能违反国际人道法的一些基本原则。以无人机为例，随着科技的不断发展，无人机逐渐不再需要人类的操纵，可以自行设计自己的飞行轨迹及打击目标，所以无人机违反区分原则的风险非常大，也很有可能杀害无辜平民。战争环境一般是呈现不对称性的，交战的主体也具有复杂性，这使得人工智能武器对战斗目标和无辜平民的区分难度较大，容易导致滥杀滥伤的情况出现。人工智能武器的发展是一个漫长艰巨的过程，短时间内难以取得巨大突破，目前的技术使得智能武器难以具备像战斗员一样识别的能力和意识，对目标进行有效保护较为困难。智能武器的应用将使得战争中的法律与伦理观念受到极大冲击。

第四，人工智能技术发展水平的不同使得发达国家和发展中国家之间的人工智能武器发展水平差距也越来越大。在处理与国际社会关系时，因为综合国力有所不同，发达国家和发展中国家会选择不同的策略，同时，军事、民用、商业等领域人工智能应用水平的不同进一步拉大国际法主体之间的力量差距，进而打破原有稳定的国际关系体系。此外，资金投入、人才培养、原有设备也是影响人工智能武器发展的重要因素。从民生领域延伸到战备领域，技术似乎总是存在一定的鸿沟，当这些鸿沟大到一定程度便不可避免的导致新领域下的军备竞赛，造成不同国家之间的竞争压力进一步加大。

三、有关自主武器是否应当存在的折中观点

对于自主武器的存废也有着折中的观点，该观点并不认为自主武器系统应当完全在无人状态下使用而不加以任何限制，也不认为应当完全禁止自主武器系统的使用，而是认为应当在人类的适当控制之下使用自主武器系统。

从相关国际法层面进行分析，《联合国宪章》第一章第二条第四款规定："各会员国在其国际关系上不得使用威胁或武力，或以与联合国宗旨不符之任何其他方法，侵害任何会员国或国家之领土完整或政治独立。"可以看出，这条规定禁止了那些危害其他会员国的武力使用，并在法律层面上具有了强制约束力。然而，在普遍禁止之外，国际法还针对两种情况

授予了武力使用的合法性，《联合国宪章》第七章第四十二条和第五十一条中指出，这两种例外分别是：①安理会授权以武力维持或恢复国际和平及安全；②会员国受武力攻击时行使单独或集体自卫。从之前的战争实际情况来看，武力如何分配和使用一直都被武器使用者牢牢掌控，因此新军事技术本身似乎不会对武力使用的合法性产生太大的影响。但是，在军事决策领域中，人工智能技术使用越来越广泛，人类有意或者无意地将武力使用的决策权授予自主武器系统。苏联研发的"死手"（或称为"周长"）系统及1983年"彼得洛夫事件"引发的意外核战争危机都在提醒人们，自主化决策与指挥控制系统存在着巨大的安全风险。此外，从国际法角度来看，新情况的出现使得前文提到的武力使用的第二种合法情况——单独或集体自卫带来了挑战，也不再容易适用。人工智能的自主决策和指挥控制系统及自主武器系统在缺乏人工干预的情况下，判断其自卫的条件是一个较为困难的问题。因为目前的人工智能技术在可解释性、认知能力方面较为薄弱，所以以此为依托的相关自主武器系统没有办法像受过训练的人类一样对模糊不定与复杂多变的情况做出正确而恰当的判断。例如，在边境部署的自动岗哨武器，在海空巡逻的无人机或无人舰艇，可能因为算法引起的误判或是系统故障而对他国人员或资产主动发起攻击，而这种行为将直接违反国际法关于武力使用的规定，但是这种违背使用者意图的非法武力攻击难以找到明确的主体来承担法律责任。此外，当应用于军队决策与指挥控制的人工智能系统出现与人类意图相反的攻击或不合时宜的攻击时，不仅会产生更严重的后果，还可能进一步引起意外性的战争，威胁和平。

从以上相关国际法及假设情况的分析中，可以看出，目前使用自主武器系统的合法性依旧存在很大争议，即使可以从一些具体国际法条款中得到一些启发，然而由于情况总是不断变化，故而仍未有一个确切的答案。但是，在适度范围内基于自己国家安全层面而不危害他国合理关切所进行的自主武器系统研究应当是被允许的，应在不违背国际人道法的相关规定，并确保始终处于人类的控制之下，促进世界局势的稳定，不危害世界和平与发展的大趋势。

第三节　自主武器系统的发展态势及国际法规制

一、自主武器系统的发展态势

当前，全球自主武器系统发展主要呈现三个方面的特点：①美国凭借先进的人工智能技术，建立起了覆盖海陆空和网络空间多维度的自主武器军备系统，在实际意义上成了自主武器系统发展的领跑者，并且在实战中积极推进相关自主武器系统的应用。②一些传统军事强国相互竞争，掀起研发自主武器系统、实战中应用自主武器系统的新军备竞赛。以俄罗斯、以色列、法国、英国等国为例，虽然与美国领跑地位仍存在较大差距，但在一些领域也取得了突破性的进展。一些非传统军事强国也在自主武器系统的发展上做出了自己的努力，例如，引进相关技术、仿制相关武器及在作战过程中应用相关技术。一些技术较为落后的国家也在努力缩短与世界军事强国的巨大差距，发展自主武器系统或许是这些国家军备领域"弯道超车""换道超车"的一种战略手段。③不仅仅在国家行为之间存在自主武器系统的适用，现在自主武器系统的适用已经扩展到了国际贸易、技术转移等方面，由于缺乏相关有效的监督，非国家行为体获得和使用自主武器系统更为方便。有关学者认为，核武器的研发目前仍需一个国家花费巨大资源才有可能实现，这种资源的整合包括政治努力、军事努力，自主武器系统与核武器系统相比，似乎更加容易获得。

在某种程度上，自主武器系统的运用似乎已经成了各国发展军事力量的必然之路，即使各个国家之间技术水平差异较大，但只要有一个国家还在发展相关的技术，那么其他国家也会被迫卷入发展浪潮里。自主武器系统的军事优势使得在战场中部署自主武器成为必然，人类将让机器更高效地完成任务。例如在复杂环境下利用自主武器探索战场环境，在军备不足时使用无人加油机、无人后勤车等，这些都是自主武器系统在现代化战场上所能起到的重要作用。无论对自主武器系统持支持还是反对态度，自主武器系统的发展似乎都是必然的。

二、有关自主武器的现有国际法规制

（一）国际人道法的一般原则

国际人道法的相关协定中最基本的一个原则是区分原则，该原则有以下要求：冲突各方必须区分战斗员与非战斗员，区分武装部队与平民，区分军事目标与非军事目标。战斗员在战争进行中可以被攻击，但是当他们不处于战斗情形并放下武器时，他们的身份也随之改变，就不能够再对他们进行攻击。

国际人道法的避免不必要痛苦原则禁止使用那些可能会造成不必要痛苦或过分伤害的武器和军事技术，这个原则中的"不必要痛苦"揭示了这样一种逻辑关系——战争不在于杀死更多的人或是以残忍手段伤害对方战斗员，战争的直接目的在于取得军事目标的胜利。故而，只要使得战场上影响战争胜利的因素消减到不会影响取得军事目标的程度，就不应当再继续伤害那些不会再对结果造成影响或是选择投降的战斗员。

自主武器系统作为集武器、作战手段为一体的体系，自然应当适用区分原则、避免不必要痛苦原则，在具体研发和应用过程中必须以这些原则来进行约束。

（二）其他国际人道法的相关规则

相较于核武器和大规模杀伤性武器，自主武器系统的相关国际法规范、国际习惯等都缺乏相关规制。由于目前尚未形成专门的条约来约束自主武器系统，要了解有关自主武器系统的相关规制，应当从国际习惯、国际条约和重要国际组织的决议中去分析。

目前的国际法里，主要对核武器、生化武器等大规模杀伤性武器和特定常规武器进行了禁止和限制。1948 年，联合国常规军备委员会通过的决议里，大规模杀伤性武器被定义为"原子爆炸武器、放射性材料武器、致命性化学武器和生物武器，以及将来研制出来的、毁伤效果类似原子弹和上述其他武器的任何武器"。[①] 1991 年，联合国安理会第 687 号决议里，

---

① United Nations. *The United Nations and Disarmament* 1945 – 1985, New York：United Nations, 1985, p. 107.

将核武器（nuclear weapon）、生化武器（biochemical weapon）并称为大规模杀伤性武器。① 1980 年，《特定常规武器公约》相关附加议定书里，为了减轻那些具有过分伤害力和具有滥伤滥杀作用武器的伤害，一些具体类型的常规武器被禁止或限制使用，例如地雷、燃烧武器、特种碎片武器等。②

目前的国际法里，对于作战手段和方法的限制主要依靠一些条约规范，战争法一直比较关注作战手段和方法。1868 年，《彼得堡宣言》禁止在武装冲突中使用特定武器；《日内瓦公约》禁止在武装冲突中使用具有过分伤害力和滥杀滥伤作用的武器等野蛮或残酷的作战方法和手段；《第一附加议定书》禁止不分皂白的战争手段和作战方法。此外，《第一附加议定书》第三十六条、第五十一条等更加明确的规定了，面对战争时，哪些作战方法和作战手段不应该使用。③

从有关国际人道法的规定里，我们能够看到在使用自主武器系统时，也应当遵守这些规范，对作战手段和方法进行了合法规制。只有各国共同努力，共同在国际法框架下发展和使用自主武器系统，才能够促使世界和平发展，减少无辜伤亡。

三、自主武器系统的运用对国际法的影响

自主武器系统对当今国际法，特别是国际人道法体系产生了一定的影响，主要表现在以下三个方面。

第一，冲击既有的人道法原则。国际人道法中的区分原则要求在未能区分的情况下避免贸然发起进攻，然而当机器去决策时，未必能够准确分辨，甚至出现认知偏差，这样就会造成难以挽回的结果。保罗·沙瑞尔认

---

① 参见联合国安理会文件《S／RES／687（1991）号决议：伊拉克和科威特的局势》。

② 《特定常规武器公约》的《第一议定书》，即《关于无法检测的碎片的议定书》，禁止使用其主要作用是以碎片伤人且碎片在人体内无法用 X 射线检测的任何武器。《第二议定书》，即《禁止或限制使用地雷（水雷）、饵雷和其他装置的议定书》及其《技术附件》，对地雷（水雷）、饵雷等武器的使用作出限制。1996 年得到修订，进一步限制地雷的使用和转让，规定所有杀伤人员地雷须具有可探测性，所有遥布杀伤人员地雷须具有自毁和自失能功能。1998 年 12 月生效。《第三议定书》，即《禁止或限制使用燃烧武器议定书》，对燃烧武器的使用作出了规定。《第四议定书》，即《激光致盲武器议定书》，禁止使用以致人眼永久性失明为作战目的的激光武器。1995 年 9 月达成，1998 年 7 月 31 日生效。

③ 参见《第一附加议定书》第三十五条、第三十六条、第五十一条。

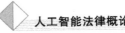

为自主武器系统在复杂的现实情况下，想要根据战场周围的平民人身安全及财产安全来判断是否进行攻击、遵循相称性原则非常困难。① 此外，自主武器系统的附带损害难以评估。《马顿斯条款》通过强调战争法中的"人道原则"和"公众良知"以警醒世人，某些事项即便是在没有条约或习惯的约束下，仍应受到人道和良知的约束。然而，对于自主武器系统这个新兴武器技术的发展，即便它的技术很先进，但是如果在规范设置的过程中不注意把握《马顿斯条款》中公众良知和人道原则，那么不论新武器的技术层面多完善，都不能成为未来战争时代研发、部署、使用这个新武器的理由。

第二，在战争归责方面比较困难。自主武器的发展带来了问责忧虑，作为禁止自主武器使用的主要代表、人权观察高级研究员邦妮·多彻蒂（Bonnie Docherty）指出，自主武器可能造成"问责空白"的困境。当自主武器系统误杀无辜平民，破坏生活水源，或侵犯公民私人财产时，应由谁来承担责任？特别是自主武器系统发生故障，或者算法出现偏差时，让任何人来担责都未必能真正的获得充足的法理依据。在战争的实际进行中，自主武器系统不仅可能造成"问责空白"，还可能导致战争责任分配的困难。其一，由于算法的不透明可能导致在匿名攻击中难以追溯自主武器系统的实际控制者，如2020年发生的伊朗高级核物理学家穆赫辛·法赫里扎德（Mohsen Fakhrizadeh）遇刺事件，系被一种卫星遥控的人工智能机枪杀害。这种攻击方式更为隐秘，攻击者更加易于逃避战争追责。其二，责任风险极有可能被转嫁给他国，通过利用计算机黑客的方式，操控其他国家自主武器系统进行违反人道主义的攻击，而让自主武器系统的所属国承担责任，如发配给中情局的美国哨兵隐形无人机，在伊朗执行秘密任务时被俘获，说明在高度智能侦查领域也面临战争责任转嫁风险，而无法追究自主武器系统带来的问责问题。

第三，完备的有关自主武器系统法律审查的国际机制尚未在现行国际法中建立起来。尽管《第一附加议定书》第三十六条确立了对新武器、作战手段和方法的法律审查制度，红十字国际委员会通过的《新武器、作战手段和方法法律审查指南》（简称《指南》）也为各国确立法律审查机制的实体和程序方面提供了框架性建议，但该《指南》仅是红十字国

① ［美］保罗·沙瑞尔：《无人军队：自主武器与未来战争》，朱启超等译，世界知识出版社2019年版，第288页。

际委员会提供的一个建议性文件，对各缔约国如何审查新武器、作战手段和方法不具有国际法约束力。① 故而，在原本的审查系统都不完备的情况下出现新情况，会使得原本的体系在受到冲击的情况下变得更加脆弱。

四、自主武器系统的国际法规制的完善和发展

由于自主武器系统的发展及其对国际法造成的一系列冲击，为了维护国际社会的稳定并使国际法发挥必要的效力，有必要寻找合适的理念及合适的方法来规范自主武器系统的发展，可以主要集中在三个方面：推动相关国际法规范的形成、实现人类的最终有效控制、推动形成国家法律审查机制。

（一）推动相关国际法规范的形成

目前国际社会暂无相关的国际法规范以调整自主武器系统的使用和运行，而正是这种国际法规则的缺失，使得未来自主武器的使用和发展充满了不确定性，并且很大可能威胁各国公民的生命健康权。在各国联系越来越密切、国际合作越来越频繁的环境下，加强各国合作，共同致力于构建调整和约束自主武器系统之使用的国际法规范是未来的重要趋势。应当促进各个国家、相关国际组织对自主武器系统进行共同关注，并以此为合力共同推动自主武器系统的国际法规制走向不断完善。②

习近平总书记在 2018 年 9 月 17 日召开的世界人工智能大会致信中说："中国愿在人工智能领域与世界各国共推发展、共护安全、共享成果。"中国作为崛起中的新兴国家，作为人工智能技术的领跑者之一，近年来也在不断努力为自主武器系统的国际立法贡献中国智慧与中国力量。在推动有关国际法规形成的过程中，中国将依法履行相关国际公约项下的义务，努力提高国际话语权，为构建人类命运共同体、促进世界和平与稳定而努力。学者何蓓认为，中国可以从三个方面努力："应不断提升在该领域内的话语权，在现有国际法框架内，积极研制使用自主武器系统，实

---

① 李寿平：《自主武器系统国际法律规制的完善和发展》，载《法学评论》2021 年第 1 期，第 165－174 页。

② 何蓓：《性质与路径：论自主性武器系统的国际法规制》，载《西安政治学院学报》2016 年第 4 期，第 102 页。

现武器技术现代化的超越；在国际合作基础下，积极推动相关军控谈判和制度建构；建立健全国内法律制度，防范和抵御研发和使用自主武器系统带来的风险。"①

（二）实现人类的最终有效控制

不论基于何种原因，保留人类对于自主武器系统核心功能有意义和适度的控制都非常的必要。《习惯国际人道法》一书中提到，目前军事机器人技术快速发展，各国应当采取必要措施来防止武器冲突中由于人类丧失对于自主武器系统的控制而导致的难以预料的情况。② 威廉·布斯比（William Boothby）博士是英国军方的一位学者，他认为采取一些预防手段来应对自主武器失控很有必要。具体的预防手段包括：在决策过程中，让人类起到决定作用；限定攻击的时空目标和手段，把攻击对象局限于合法的军事目标范围内。③ 虽然目前的自主武器系统已经具备了较高的识别标准，但是在面对军用目标和民用目标的识别方面，面对一些需要价值判断的问题时，与人类相比它依旧存在较大的不足。故而应当继续保留人类的控制，在致命性武器作出决定时，应当先由人类进行判断，这符合国际人道法的相关要求。

（三）推动形成国家法律审查机制

1868 年 12 月 11 日，英国、奥匈帝国、俄国等 17 国代表于圣彼得堡签订《圣彼得堡宣言》（Declaration of St. Petersburg）。《圣彼得堡宣言》是禁止使用特定武器的国际公约之一，也是世界上第一部明确提出审查新武器合法性的文件。1977 年的《第一附加议定书》第三十六条提出，"在研究、发展、取得或采用新的武器、作战手段或方法时，缔约一方有义务断定，在某些或所有情况下，该新的武器、作战手段或方法的使用是否为本议定书或适用于该缔约一方的任何其他国际法规则所禁止"，这条规定从某种层面而言已经成了现行国际法中有关新武器法律审查机制的主要依据，为各国设定了审查新武器的义务，明确了应接受审查的对象、审查主

---

① 何蓓：《自主武器系统的国际法问题研究》，武汉大学 2018 年博士学位论文，第 159 页。

② ［比］让-马里·亨克茨，［英］路易斯·多斯瓦尔德-贝克主编：《习惯国际人道法》，法律出版社 2007 年版，第 45 页。

③ William Boothby. *Weapons and the Law of Armed Conflict*，Oxford：Oxford University Press，2009，p. 233.

体和时机等问题。

法律审查作为一种预防机制，是能够有效防止自主武器系统的研发、取得和应用违反国际人道法的预防机制。然而当前技术的发展使得对自主武器系统进行法律审查的时机不易把握，法律审查的内容难以预测，法律审查的标准难以界定，[①] 这些都对新武器审查机制带来了挑战，国际社会亟待推动各国建立自主武器系统的法律审查国家机制。有关学者提出了三个对策去加强自主武器系统法律审查机制：一是各国应当完善自己的国内法规范，先在国内落实有关自主武器审查的各项程序，如瑞典、美国、挪威、澳大利亚等国目前已经建立起这种审查机制。二是在概念和战略层面挖掘"有意义的人类控制"在新武器的法律审查机制中的重要作用。三是各国之间新武器审查机制程序的透明度，分享更多的信息和好的实践经验。[②]

2006 年，红十字国际委员会出台了《新武器、新作战手段和方法法律审查指南》。该指南对新武器的审查标准、审查机构、审查程序等具体问题作出了说明，能够在一定程度上为各国提供框架性的建议和有意义的参考方案。此外，我国也在积极推动新武器相关法律审查并提出中国方案。各国共同努力，加强国际方面的合作、交流，共同致力于维护世界局势稳定，自主武器系统的国际法律审查机制建立及完善才会更有希望。

本章思考题

如何从国际法的视角看待自主武器的合法性？

---

① 何蓓：《自主武器系统的国际法问题研究》，武汉大学 2018 年博士学位论文，第 163 页。
② 何蓓：《自主武器系统的国际法问题研究》，武汉大学 2018 年博士学位论文，第 164 页。

参 考 文 献

［1］ 贝卡利亚. 论犯罪与刑罚［M］. 黄风, 译. 北京: 中国法制出版社, 2005.

［2］ 曹瀚予. 大数据在立法后评估中的应用析论［J］. 自然辩证法通讯, 2018（11）: 12.

［3］ 陈瑞华. 什么是真正的直接和言词原则［J］. 证据科学, 2016（3）: 266 – 269.

［4］ 程啸. 侵权责任法教程［M］. 4 版. 北京: 中国人民大学出版社, 2020.

［5］ 崔亚东, 王涛, 等编. 世界人工智能法治蓝皮书［M］. 上海: 上海人民出版社, 2019.

［6］ 戴曙. 民事司法的数字化变革与重塑［D］. 上海: 华东政法大学, 2021.

［7］ 戴霞. 市场准入法律制度研究［D］. 重庆: 西南政法大学, 2006.

［8］ 费尔巴哈. 德国刑法教科书［M］. 徐久生, 译. 北京: 中国方正出版社, 2010.

［9］ 冯子轩, 罗璨, 谭玲, 等. 人工智能与法律［M］. 北京: 法律出版社, 2020.

［10］ 福田雅树, 林秀弥, 成原慧. AI 联结的社会［M］. 宋爱, 译. 北京: 社会科学文献出版社, 2020.

［11］ 韩旭至. 人工智能法学研究的批评与回应［N］. 中国社会科学报, 2020 – 11 – 11.

［12］ 何蓓. 自主武器系统的国际法问题研究［D］. 武汉: 武汉大学, 2018.

［13］ 黄瑶. 国际法［M］. 北京: 北京大学出版社, 2007.

［14］ 贾章范, 张建文. 智能医疗机器人侵权的归责进路与制度构建［J］. 长春理工大学学报（社会科学版）, 2018（4）: 35 – 41.

［15］ 江伟, 肖建国. 民事诉讼法［M］. 北京: 中国人民大学出版社, 2015.

［16］姜世明. 民事诉讼法：上册［M］. 台北：新学林出版股份有限公司，2013.

［17］金薇吟. 学科交叉方法探析［J］. 科学学研究，2006（5）：667－671.

［18］李寿平. 自主武器系统国际法律规制的完善和发展［J］. 法学评论，2021，39（1）：165－174.

［19］李享，罗天宇. 人工智能军事应用及其国际法问题［J］. 信息安全与通信保密，2021（1）：99－108.

［20］蔺春来. 人工智能军事应用与国际人道法发展［J］. 国防，2019（12）：35－40.

［21］刘洪华. 论人工智能的法律地位［J］. 政治与法律，2019（1）：11－21.

［22］刘宪权. 人工智能时代的刑事责任演变：昨天，今天，明天［J］. 法学，2019（1）：93.

［23］刘宪权. 涉人工智能犯罪刑罚规制的路径［J］. 现代法学，2019（1）：76.

［24］刘艳红. 人工智能法学研究的反智化批判［J］. 东方法学，2019（5）：124.

［25］罗洪洋，陈雷. 智慧法治的概念证成及形态定位［J］. 政法论丛，2019（2）：25－35.

［26］宋伟彬. 传闻法则与直接言词原则之比较研究［J］. 东方法学，2016（5）：20－27.

［27］孙建伟，袁曾，袁苇鸣. 人工智能法学简论［M］. 北京：知识产权出版社，2019.

［28］孙占利，孙志伟，刘薇，等. 人工智能与互联网前沿法律问题研究［M］. 北京：法律出版社，2019.

［29］杨立新. 医疗损害责任一般条款的理解与适用［J］. 法商研究，2012（5）：65－71.

［30］杨紫烜，徐杰. 经济法学［M］. 7版. 北京：北京大学出版社，2015.

［31］叶明，朱静洁. 理性本位视野下智能机器人民事法律地位的认定［J］. 河北法学，2019（6）：10－21.

［32］叶欣. 私法上自然人法律人格之解析［J］. 武汉大学学报（哲学社

会科学版），2011（6）：127.

［33］伊泽慧. 论自主武器系统的国际法规制［D］. 北京：外交学院，2021.

［34］袁曾. 人工智能有限法律人格审视［J］. 东方法学，2017（5）：53－54.

［35］张杰，宋莉莉. 智能医疗机器人侵权的法律规制［J］. 学理论，2019（6）：91－92.

［36］张明楷. 法益初论［M］. 北京：中国政法大学出版社，2003.

［37］张玉洁. 智能量刑算法的司法适用：逻辑、难题与程序法回应［J］. 东方法学，2021（3）：187－200.

［38］周光权. 刑法中的因果关系和客观归责论［J］. 江海学刊，2003（3）：122.

［39］周光权. 行为无价值论之提倡［J］. 比较法研究，2003（5）：28.

［40］周详. 智能机器人"权利主体论"之提倡［J］. 法学，2019（10）：3－17.

［41］BURRELL J. How the machine thinks：understanding opacity in machine learning algorithms［J］. Social science electronic publishing，2015，3（1）：1－12.

［42］DATTERI E. Predicting the long-term effects of human-robot inter action：a reflection on responsibility in medical robotics［J］. Science and engineering ethics，2013，19（1）：139－160.

［43］DAUM O. The implications of international law on unmanned naval craft［J］. Journal of maritime law & commerce，2018，48（1）：89－90.

［44］DOCHERTY B. Losing humanity：the case against killer robots［J］. Human rights watch，2012（5）：25－34.

［45］FUNKHOUSER K. Paving the road ahead：autonomous vehicles，product liability，and the need for a new approach［J］. Utah law review，2013（1）：437.

［46］HUMOLONG J，NAINGGOLAN P. Military application of unmanned underwater vehicles：in quest of a new legal regime？［J］. Indonesian journal of international law，2018，16（1）：61－83.

［47］HUNT L. Inventing human rights：a history［M］. NY：W. W. Norton & Co.，2007.

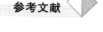

[48] KROLL J A. Accountable algorithms [J]. University of pennsylvania law review, 2017, 165 (3): 657 – 660.

[49] MICHAL C. Analysis of the legal status of unmanned commercial vessels in U. S. admiralty and maritime Law [J]. Journal of maritime law & commerce, 2016, 47 (2): 125 – 147.

[50] RIIVKIN B S. Unmanned ships: navigation and more [J]. Gyros-copy and navigation, 2021, 12 (1): 96 – 108.

[51] ROBERTS A, GUELFF R. Documents on the law of war [M]. Oxford: Oxford University Press, 2000.

[52] SCHMITT M N, GODDARD D S. International law and the military use of unmanned maritime systems [J]. International review of the red cross, 2016, 98 (206): 583.

[53] SEARLE J R. Minds, brains and programs [J]. Behavioral and brain sciences, 1980, 3 (3): 420 – 446.

[54] STUART K, LOWELL B. The Naval protection of shipping in the 21st century: an australian perspective [J]. Paper in australian maritime affairs, 2011 (34): 47 – 48.

[55] WANG X, LING Z. A functional approach to reassessing the legal status and navigational rights of ships and shipshaped structures [J]. Transport policy, 2021, 106 (4).

后　　记

法律与人工智能是一门前沿的交叉学科，随着人工智能技术的不断进步，其引发的法律问题亟须解决。目前，相关研究仍在初始阶段，而在教学和科研过程中，我们也深感法律与人工智能相结合的学科探索存在诸多难题，于是决定编写本书，希望能为法律与人工智能相关课程的教学提供参考，为学生的学习提供依据。

本书内容的主要贡献者包括：第一编（广州航海学院助理研究员陈石）、第二编（深圳大学法学院特聘研究员薛波）、第三编（大连海洋大学法律与人文学院讲师邢政）、第四编（中山大学法学院助理教授王崇）。此外，中山大学法学院的部分同学参与了各章节资料的收集、整理及协助撰写，具体分工如下：第二章（刘恩池），第三章（王梓洺），第四章（彭玉瑶、王灏琳），第五章（黄俊杰），第六章（张煦之），第七章至第九章（柏祎雯、章芷凡），第十章至第十二章（雷飞飞）。全书由王崇整理、统稿及审阅。

本书能顺利出版，也离不开中山大学出版社李先萍等编辑的支持，感谢他们的付出。

编委团队深知，书中难免存在未能顾及的错漏或不足之处，恳请读者批评指正，以便后续内容的修订、完善。

王崇

2023 年 2 月